# 古典文獻研究輯刊

二五編

潘美月・杜潔祥 主編

第 6 冊

漢志諸子略通考（下）

司馬朝軍 著

國家圖書館出版品預行編目資料

漢志諸子略通考（下）／司馬朝軍 著 ── 初版 ── 新北市：花
木蘭文化事業有限公司，2017〔民 106〕
目 8+246 面；19×26 公分
（古典文獻研究輯刊 二五編；第 6 冊）
ISBN 978-986-485-244-4（精裝）
1. 漢書 2. 研究考訂
011.08                                                    106015021

ISBN-978-986-485-244-4

9 789864 852444

古典文獻研究輯刊
二五編 第 六 冊                    ISBN：978-986-485-244-4

## 漢志諸子略通考（下）

作　　者　司馬朝軍
主　　編　潘美月　杜潔祥
總 編 輯　杜潔祥
副總編輯　楊嘉樂
編　　輯　許郁翎、王筑　美術編輯　陳逸婷
企劃出版　北京大學文化資源研究中心
出　　版　花木蘭文化事業有限公司
社　　長　高小娟
聯絡地址　235 新北市中和區中安街七二號十三樓
　　　　　電話：02-2923-1455／傳真：02-2923-1452
網　　址　http://www.huamulan.tw 信箱 hml810518@gmail.com
印　　刷　普羅文化出版廣告事業
初　　版　2017 年 9 月
全書字數　664566 字
定　　價　二五編 8 冊（精裝）新台幣 15,000 元

# 漢志諸子略通考（下）

司馬朝軍　著

# 目次

**上 冊**

高華平教授序

一、儒 家 ………………………………………………………………… 1

　《晏子》八篇 …………………………………………………………… 1

　《子思》二十三篇 ……………………………………………………… 25

　《曾子》十八篇 ………………………………………………………… 33

　《漆雕子》十三篇 ……………………………………………………… 42

　《宓子》十六篇 ………………………………………………………… 45

　《景子》三篇 …………………………………………………………… 47

　《世子》二十一篇 ……………………………………………………… 48

　《魏文侯》六篇 ………………………………………………………… 50

　《李克》七篇 …………………………………………………………… 52

　《公孔尼子》二十八篇 ………………………………………………… 54

　《孟子》十一篇 ………………………………………………………… 57

　《孫卿子》三十三篇 …………………………………………………… 69

　《芉子》十八篇 ………………………………………………………… 99

　《內業》十五篇 ……………………………………………………… 100

　《周史六弢》六篇 …………………………………………………… 102

　《周政》六篇 ………………………………………………………… 104

　《周法》九篇 ………………………………………………………… 104

　《河間周制》十八篇 ………………………………………………… 105

　《讕言》十篇 ………………………………………………………… 106

　《功議》四篇 ………………………………………………………… 108

　《甯越》一篇 ………………………………………………………… 108

　《王孫子》一篇 ……………………………………………………… 109

　《公孫固》一篇 ……………………………………………………… 111

　《李氏春秋》二篇 …………………………………………………… 112

　《羊子》四篇 ………………………………………………………… 113

　《董子》一篇 ………………………………………………………… 113

　《俟子》一篇 ………………………………………………………… 116

　《徐子》四十二篇 …………………………………………………… 116

　《魯仲連子》十四篇 ………………………………………………… 117

　《平原君》七篇 ……………………………………………………… 120

《虞氏春秋》十五篇 …………………………… 122

《高祖傳》十三篇 ……………………………… 123

《陸賈》二十三篇 ……………………………… 125

《劉敬》三篇 …………………………………… 127

《孝文傳》十一篇 ……………………………… 128

《賈山》八篇 …………………………………… 129

《太常蓼侯孔臧》十篇 ………………………… 130

《賈誼》五十八篇 ……………………………… 132

河間獻王《對》上下、《三雍宮》三篇 ………… 137

《董仲舒》百二十三篇 ………………………… 138

《兒寬》九篇 …………………………………… 146

《公孫弘》十篇 ………………………………… 147

《終軍》八篇 …………………………………… 149

《吾丘壽王》六篇 ……………………………… 150

《虞丘說》一篇 ………………………………… 152

《莊助》四篇 …………………………………… 153

《臣彭》四篇 …………………………………… 157

《鉤盾冗從李步昌》八篇 ……………………… 158

《儒家言》十八篇 ……………………………… 158

桓寬《鹽鐵論》六十篇 ………………………… 159

劉向所序六十七篇 ……………………………… 162

揚雄所序三十八篇 ……………………………… 165

　　右儒五十三家。八百三十六篇　入揚雄一家
　　三十八篇 …………………………………… 170


中　冊

二、道　家 ……………………………………… 201

《伊尹》五十一篇 ……………………………… 201

《太公》二百三十七篇　《謀》八十一篇，
　《言》七十一篇，《兵》八十五篇 …………… 208

《辛甲》二十九篇 ……………………………… 215

《鬻子》二十二篇 ……………………………… 216

《筦子》八十六篇 ……………………………… 228

《老子鄰氏經傳》四篇⋯⋯⋯⋯⋯⋯ 238

《老子傅氏經說》三十七篇⋯⋯⋯⋯ 248

《老子徐氏經說》六篇⋯⋯⋯⋯⋯⋯ 249

劉向《說老子》四篇⋯⋯⋯⋯⋯⋯⋯ 249

《文子》九篇⋯⋯⋯⋯⋯⋯⋯⋯⋯⋯ 251

《蜎子》十三篇⋯⋯⋯⋯⋯⋯⋯⋯⋯ 258

《關尹子》九篇⋯⋯⋯⋯⋯⋯⋯⋯⋯ 260

《莊子》五十二篇⋯⋯⋯⋯⋯⋯⋯⋯ 264

《列子》八篇⋯⋯⋯⋯⋯⋯⋯⋯⋯⋯ 273

《老成子》十八篇⋯⋯⋯⋯⋯⋯⋯⋯ 283

《長盧子》九篇⋯⋯⋯⋯⋯⋯⋯⋯⋯ 284

《王狄子》一篇⋯⋯⋯⋯⋯⋯⋯⋯⋯ 285

《公子牟》四篇⋯⋯⋯⋯⋯⋯⋯⋯⋯ 285

《田子》二十五篇⋯⋯⋯⋯⋯⋯⋯⋯ 287

《老萊子》十六篇⋯⋯⋯⋯⋯⋯⋯⋯ 289

《黔婁子》四篇⋯⋯⋯⋯⋯⋯⋯⋯⋯ 291

《宮孫子》二篇⋯⋯⋯⋯⋯⋯⋯⋯⋯ 292

《鶡冠子》一篇⋯⋯⋯⋯⋯⋯⋯⋯⋯ 292

《周訓》十四篇⋯⋯⋯⋯⋯⋯⋯⋯⋯ 303

《黃帝四經》四篇⋯⋯⋯⋯⋯⋯⋯⋯ 303

《黃帝銘》六篇⋯⋯⋯⋯⋯⋯⋯⋯⋯ 306

《黃帝君臣》十篇⋯⋯⋯⋯⋯⋯⋯⋯ 307

《雜黃帝》五十八篇⋯⋯⋯⋯⋯⋯⋯ 308

《力牧》二十二篇⋯⋯⋯⋯⋯⋯⋯⋯ 308

《孫子》十六篇⋯⋯⋯⋯⋯⋯⋯⋯⋯ 309

《捷子》二篇⋯⋯⋯⋯⋯⋯⋯⋯⋯⋯ 310

《曹羽》二篇⋯⋯⋯⋯⋯⋯⋯⋯⋯⋯ 311

《郎中嬰齊》十二篇⋯⋯⋯⋯⋯⋯⋯ 311

《臣君了》二篇⋯⋯⋯⋯⋯⋯⋯⋯⋯ 312

《鄭長者》一篇⋯⋯⋯⋯⋯⋯⋯⋯⋯ 312

《楚子》三篇⋯⋯⋯⋯⋯⋯⋯⋯⋯⋯ 313

《道家言》二篇⋯⋯⋯⋯⋯⋯⋯⋯⋯ 314

　　右道三十七家，九百九十三篇⋯⋯ 315

三、陰陽家 ……………………………………………… 345
　　《宋司星子韋》三篇 …………………………………… 345
　　《公檮生終始》十四篇 ………………………………… 348
　　《公孫發》二十二篇 …………………………………… 349
　　《鄒子》四十九篇 ……………………………………… 349
　　《鄒子終始》五十六篇 ………………………………… 350
　　《乘丘子》五篇 ………………………………………… 359
　　《杜文公》五篇 ………………………………………… 360
　　《黃帝泰素》二十篇 …………………………………… 361
　　《南公》三十一篇 ……………………………………… 361
　　《容成子》十四篇 ……………………………………… 362
　　《張蒼》十六篇 ………………………………………… 363
　　《鄒奭子》十二篇 ……………………………………… 365
　　《閭丘子》十三篇 ……………………………………… 366
　　《馮促》十三篇 ………………………………………… 366
　　《將鉅子》五篇 ………………………………………… 367
　　《五曹官制》五篇 ……………………………………… 367
　　《周伯》十一篇 ………………………………………… 369
　　《衛侯官》十二篇 ……………………………………… 369
　　于長《天下忠臣》九篇 ………………………………… 370
　　《公孫渾邪》十五篇 …………………………………… 372
　　《雜陰陽》三十八篇 …………………………………… 373
　　　　右陰陽二十一家，三百六十九篇 ………………… 374
四、法　家 ……………………………………………… 387
　　《李子》三十二篇 ……………………………………… 387
　　《商君》二十九篇 ……………………………………… 390
　　《申子》六篇 …………………………………………… 398
　　《處子》九篇 …………………………………………… 402
　　《慎子》四十二篇 ……………………………………… 403
　　《韓子》五十五篇 ……………………………………… 409
　　《游棣子》一篇 ………………………………………… 422
　　《鼂錯》三十一篇 ……………………………………… 422
　　《燕十事》十篇 ………………………………………… 424

《法家言》二篇 ………………………………………… 425
　　右法十家，二百一十七篇 ……………………… 425

## 下　冊

### 五、名　家 …………………………………………… 447
《鄧析》二篇 …………………………………………… 447
《尹文子》一篇 ………………………………………… 453
《公孫龍子》十四篇 …………………………………… 461
《成公生》五篇 ………………………………………… 468
《惠子》一篇 …………………………………………… 469
《黃公》四篇 …………………………………………… 472
《毛公》九篇 …………………………………………… 473
　　右名七家，三十六篇 …………………………… 474

### 六、墨　家 …………………………………………… 483
《尹佚》二篇 …………………………………………… 483
《田俅子》三篇 ………………………………………… 486
《我子》一篇 …………………………………………… 487
《隨巢子》六篇 ………………………………………… 488
《胡非子》三篇 ………………………………………… 490
《墨子》七十一篇 ……………………………………… 492
　　右墨六家，八十六篇 …………………………… 506

### 七、縱橫家 …………………………………………… 533
《蘇子》三十一篇 ……………………………………… 533
《張子》十篇 …………………………………………… 536
《龐煖》二篇 …………………………………………… 539
《闕子》一篇 …………………………………………… 540
《國筮子》十七篇 ……………………………………… 541
秦《零陵令信》一篇 …………………………………… 541
《蒯子》五篇 …………………………………………… 542
《鄒陽》七篇 …………………………………………… 544
《主父偃》二十八篇 …………………………………… 545
《徐樂》一篇 …………………………………………… 546
《莊安》一篇 …………………………………………… 547

《待詔金馬聊蒼》三篇 …………………… 548

　　右從橫十二家，百七篇 …………………… 549

八、雜　家 …………………… 559

《孔甲《盤盂》二十六篇 …………………… 559

《大命》三十七篇 …………………… 560

《五子胥》八篇 …………………… 561

《子晚子》三十五篇 …………………… 563

《由余》三篇 …………………… 564

《尉繚》二十九篇 …………………… 566

《尸子》二十篇 …………………… 569

《呂氏春秋》二十六篇 …………………… 573

《淮南內》二十一篇 …………………… 582

《淮南外》三十三篇 …………………… 593

《東方朔》二十篇 …………………… 595

《伯象先生》一篇 …………………… 596

《荊軻論》五篇 …………………… 597

《吳子》一篇 …………………… 598

《公孫尼》一篇 …………………… 599

《博士臣賢對》一篇 …………………… 599

《臣說》三篇 …………………… 600

《解子簿書》三十五篇 …………………… 601

《推雜書》八十七篇 …………………… 601

《雜家言》一篇 …………………… 601

　　右雜二十家，四百三篇 …………………… 603

九、農　家 …………………… 621

《神農》二十篇 …………………… 621

《野老》十七篇 …………………… 624

《宰氏》十七篇 …………………… 625

《董安國》十六篇 …………………… 626

《尹都尉》十四篇 …………………… 627

《趙氏》五篇 …………………… 628

《氾勝之》十八篇 …………………… 629

《王氏》六篇 …………………… 632

《蔡癸》一篇 ……………………………………………………… 632

　　右農九家，百一十四篇 ………………………………………… 633

**十、小說家** ………………………………………………………… 641

《伊尹說》二十七篇 ……………………………………………… 641

《鬻子說》十九篇 ………………………………………………… 642

《周考》七十六篇 ………………………………………………… 643

《青史子》五十七篇 ……………………………………………… 643

《師曠》六篇 ……………………………………………………… 645

《務成子》十一篇 ………………………………………………… 647

《宋子》十八篇 …………………………………………………… 647

《天乙》三篇 ……………………………………………………… 648

《黃帝說》四十篇 ………………………………………………… 649

《封禪方說》十八篇 ……………………………………………… 650

《待詔臣饒心術》二十五篇 ……………………………………… 651

《待詔臣安成未央術》一篇 ……………………………………… 652

《臣壽周紀》七篇 ………………………………………………… 652

《虞初周說》九百四十三篇 ……………………………………… 653

《百家》百三十九卷 ……………………………………………… 654

　　右小說十五家，千三百八十篇 ………………………………… 655

　　凡諸子百八十九家，四千三百二十四篇。

　　出蹴鞠一家，二十五篇 ………………………………………… 658

**徵引文獻要目** …………………………………………………… 689

# 五、名　家

**《鄧析》二篇**。鄭人，與子產並時。（師古曰：「《列子》及《孫卿》並云子產殺鄧析。據《左傳》，昭公二十年子產死，定公九年駟歂殺鄧析而用其竹刑，則非子產所殺也。」）

## 【存佚著錄】

今存，即〈無厚〉、〈轉辭〉二篇。劉向《別錄》云：「臣所校讎中《鄧析書》四篇，臣敘書一篇，凡中外書五篇，以相校，除複重為二篇，皆定殺青而書，可繕寫也。子產卒後二十年而鄧析死，傳或稱子產誅鄧析，非也。其論無厚者，言之異同，與公孫龍同類。」《隋書·經籍志》、《舊唐書·經籍志》、《新唐書·藝文志》子部名家類皆著錄「《鄧析子》一卷」，《郡齋讀書志》卷三、《宋史·藝文志》子部名家類著錄「《鄧析子》二卷」，《四庫全書總目》子部法家類著錄「《鄧析子》一卷」。清嚴可均（1762～1843）《鐵橋漫稿》卷五〈鄧析子敘〉：「《漢志》名家：《鄧析》二篇，鄭人，與子產並時。《隋志》、《舊》、《新唐志》皆一卷，《意林》一卷二篇，《崇文編目》言劉歆校為二篇，今本二篇即歆所分，而前有劉向奏稱除複重為一篇者，蓋歆冠以向奏，唐本相承如此也。或言此奏當為歆作，知不然者，《意林》及楊倞注《荀子》皆云向，不云歆也。……因據各書引見，改補五十餘事，疑者闕之。舊三十二章，今合併為三十一章，節次或不相屬，而詞悁完具。各書徵用，鮮出此外。惟《御覽》八十《符子》引鄧析言曰：『古詩云：堯、舜至聖，身如脯臘。桀、紂無道，肌膚二尺。』今本無之，當是佚脫。」

## 【作者情況】

劉向《別錄》曰：「鄧析者，鄭人也。好刑名，操兩可之說，設無窮之辭。當子產之世，數難子產之法。記或云：子產起而戮之。於《春秋左氏傳》，昭公二十年，而子產卒，子太叔嗣爲政；定公八年，太叔卒，駟歂嗣爲政；明年乃殺鄧析，而用其《竹刑》。……《竹刑》，簡法也；久遠，世無其書。子產卒後二十年，而鄧析死。傳說或稱子產誅鄧析，非也。」《列子‧仲尼》篇：「鄭之圃澤多賢，東里多才。圃澤有伯豐子者，行過東里，遇鄧析。」張湛注曰：「鄧析，鄭國辯智之士，執兩可之說，而時無抗者，作竹書，子產用之也。」譚戒甫《公孫龍子形名發微》中有〈鄧析傳略〉，可參考。

## 【辨偽源流】

《四庫全書總目》子部〈鄧析子〉提要曰：「其書《漢志》作二篇，今本仍分〈無厚〉、〈轉辭〉二篇而並爲一卷。然其文節次不相屬，似亦掇拾之本也。」梁啓超（1873～1929）《古書真偽及其年代》曰：「《鄧析子》既不是鄧析的書，也不是戰國人所偽造，完全是後世不學無術的人向壁虛造的。」其《漢書藝文志諸子略考釋》又曰：「今所傳者蓋偽書。……『無厚』爲戰國時名家最樂道之一問題──《墨子‧經上》篇『厚，有所大也』，『端，體之無厚而最前者也』。《莊子‧天下》篇引惠施說：『無厚不可積也，其大千里。』又〈人間世〉篇：『以無厚入有間。』皆其義。厚即幾何學上之體，「無厚」者指點、線、面也。歆所見《鄧析子》原書，必有說無厚之義者。歆以校《公孫龍子》，認其所說爲同類。今本首列〈無厚〉篇，其文曰：『天之於人無厚也，君之於民無厚也，父之於子無厚也，兄之於弟無厚也。』此蓋因歆敘有此二字，不得而解，因望文生義，其爲後人師心臆造無疑。『同異』亦當時名家一問題，〈天下篇〉所謂『以堅白屯同異之辯相訾』也。今本云：『異同之不可別，是非之不可定，久矣。』名家以辨同異、明是非爲職志，安肯作此說？篇首兩節，其舛誤已如此。此外，全書皆膚廓粗淺，掇拾道家言，與名家根本精神絕相反，蓋唐、宋後妄人所爲，決非《漢志》舊本也。鄧析有無著書，本屬疑問，無厚、同異諸論，皆起自《墨經》以後。疑原書已屬戰國末年人依託，今本又偽中出偽也。」孫次舟（？～2000）《鄧析子偽書考》曰：「鄧析本無著書之事……《左傳》只言鄧析爲竹刑，並未言其著他書。……設鄧析於竹刑之外，尚有他書，恐必爲法家言，如韓非〈說難〉之流，而《漢志》乃著其書於名家，寧非可疑？況《左傳》言鄧析之死，爲造

竹刑，《呂覽》言鄧析之死，爲妄議法律，設二者克出於一，則鄧析雖有著書，亦當爲鄭之執政者所毀滅，萬無使其流傳之理。故予於《漢志》名家所著錄之《鄧析》書，疑其非出於鄧析之手，而爲後人所依託也。」呂思勉（1884～1957）《經子解題・鄧析》曰：「此書有採掇先秦古書處，又有後人以己意竄入處。覈其詞意，似係南北朝人所爲。如『在己爲哀，在他爲悲』，『患生於宦成，病始於少瘳，禍生於懈慢，孝衰於妻子』等，皆絕非周、秦人語也。僞竄處固已淺薄，採掇古書處亦無精論，無甚可觀。」劉咸炘（1896～1932）《學略・諸子略》曰：「《鄧析子》亦未定眞僞。」劉咸炘（1896～1932）《子疏》定本卷下〈陰陽辨說第九〉：「《七略》二篇，今書亦二篇，皆條記，而言頗雜亂。……馬敍倫曰：『施、龍所論無厚之旨，即《莊子・大下》篇所謂無厚不可積也。其大千里，其見於荀卿、韓非之書及《呂氏春秋》者亦然，與此無厚義殊。是書所明義，尚法而不能堅，治名而不能精，又雜而不醇，似聚斂眾書爲之。晉魯勝注〈墨辨〉，序言自鄧析至秦時名家世有篇籍，率頗難知，後學莫復傳，於今遂亡絕。然則《漢志》所錄，魯勝既不得見，此爲後人掇拾殘文，僞託舊傳，故不徒勦取之失，抑且甚失其義，不然，何以與周、秦人所稱並不合哉。』此說最是。晁公武已謂爲駁雜不倫，後人附益大盜一節及怒出不怒云全同《莊子》。韓非以堅白、無厚並稱，今乃爲刻薄之義，顯然後人臆度之詞。胡適謂開端數句或是鄧析語，含有激烈亡政治思想，非也。惟六朝、唐人引者皆與今本合，是其出甚早。吾疑此亦《尹文子》之類，乃六朝人雜集古子遺文爲之，雖非鄧析書，其文則誠古子之文耳。」張舜徽（1911～1992）《漢書藝文志通釋》卷三曰：「今觀傳世之《鄧析子》，此類言論不多，而惟掇拾黃、老、申、韓之言以成書，知非先秦之舊無疑。今本一卷，仍分〈無厚〉、〈轉詞〉二篇。雖與《漢志》所載篇數合，然其文節次不相屬，僞跡固顯然易見也。」然今人董英哲〈鄧析子非僞書考辨〉認爲《鄧析子》一書流傳有序，並非僞造，亦非抄掇，但有殘缺，並非全本。〔註1〕

## 【學術源流】

　　先秦名家大致經過了春秋末期到戰國早期的孕育發生期，戰國中期的形成期和戰國後期的演變期等三個發展階段。在春秋末期名家的孕育發生期，

---

〔註1〕　董英哲：《先秦名家四子研究》，上海古籍出版社，2014 年版，第 101～137 頁。

道家老子的「道可道，非常（恆）道；名可名，非常（恆）名」；儒家孔子的「必也正名乎」的主張，和鄧析等人的「好刑名，設無窮之詞，操兩可之說」的法律辯訟，都是名家發生的重要源頭。但由於老子爲道家之祖，孔子爲儒家之祖，鄧析就被當成了名家之始了。《荀子・非十二子》將鄧析與惠施並列，視爲名辯的代表；《漢志》著錄名家著作也首列「《鄧析》二篇」，都把鄧析當作「一位名家學派的先驅人物」。〔註2〕

## 【學術大旨】

《列子・力命》篇曰：「鄧析操兩可之說，設無窮之辭。」《荀子・非十二子》曰：「不法先王，不是禮義，而好治怪說，玩琦詞，甚察而不急，辯而無用，多事而寡功，不可以爲治綱紀，是惠施、鄧析也。」又〈解蔽〉篇曰：「惠子蔽於辭而不知實，由辭謂之道盡論矣。」《淮南書・詮言訓》云：「公孫龍粲於詞而貿名，鄧析巧辯而亂法。」宋晁公武（1105～1180）《郡齋讀書志》卷三曰：「班固錄析書於名家之首，則析之學，蓋兼名、法家。今其書大旨訐而刻，眞其言也。其間時勦取他書，頗駁雜不倫，豈後人附益之與？」宋王應麟（1223～1296）《漢藝文志考證》卷七曰：「《隋志》：一卷；〈無厚〉、〈轉辭〉二篇。其論無厚者，言之異同，與公孫龍同類。《韓非子》曰：『堅白、無厚之辭章，而憲令之法息。』《淮南子》曰：『鄧析巧辯而亂法。』」明宋濂（1310～1381）《諸子辨》曰：「夫析之學，兼名法家者也。其言『天於民無厚，君於民無厚，父於子無厚，兄於弟無厚』，刻矣。夫民非天弗生，非君弗養，非父弗親，非兄弗友，而謂之無厚，可乎？所謂不能屏勃屬全夭折，執穿窬詐僞誅之。堯、舜位爲天子，而丹朱、商均爲布衣，周公誅管、蔡，豈誠得已哉？非常也，變也。析之所言如此，眞不法先王，不是禮義，而好治惟說者哉！其被誅戮宜也，非不幸也。」明方孝孺（1357～1402）《遜志齋集》卷四〈讀鄧析子〉：「鄭人鄧析所著〈無厚〉、〈轉辭〉二篇，其言皆嚴酷督責之行，韓非、李斯之徒也。嗚呼！先王之澤竭，而仁義道德之說不振，刑名者流著書以干諸侯，用之而亡國者何限？其遺毒餘焰蔓延於天下，生民受其害，至今而未已，不亦哀哉！予擇其可取者二百言著於篇，餘皆焚之。夫水濁則無掉尾之魚，政苛則無逸樂之士。故令煩則民詐，政擾則民不定。不治其本而務其末，譬如拯溺錘之以石，救火投之以薪。爲君當若冬日之陽，

---

〔註2〕 許抗生：《先秦名家研究》，湖南人民出版社，1986年版，第9頁。

夏日之陰，萬物自歸，莫之使也。恬臥而功自成，優游而政自治，豈在振目扼腕，手據鞭朴而後爲治歟？心欲安靜，慮欲深遠。心安靜則神策生，慮深遠則計謀成。心不欲躁，慮不欲淺。心躁則精神滑，慮淺則萬事傾。怠生於宦成，病始於少瘳，偏生於懈慢，孝衰於妻子。目貴明，耳貴聰，心貴公。以天下之目視則無不見，以天下之耳聽則無不聞，以天下之知慮則無不知。」明楊愼（1488～1559）《鄧子序》曰：「人謂東方曼倩，學不純師。余於鄧析子亦云。從來虛無則老、莊司化，刑名則商、韓執契，經濟則敬仲持籌，飛箝捭闔則鬼谷導機。蓋悉有專門，各不相借，凜凜乎如畫界而守也。今觀是書，則經緯相雜，玄黃至陳，宮商迭奏，初無定質。其言『神不可見，幽不可見』，『智者寂於是非，明者寂於去就』，則鬼穀子家言也。其言『百官有司，各務其刑』，『循名責實，察法立威』，則申、韓氏意也。其言『達道者，無知之道，無能之道』，『聖人以死，大盜不起』，則漆園語也。其言『心欲安靜，慮欲深遠』，『尊貴無以高人，聰明無以籠人，資給無以先人，剛勇無以勝人』，則柱下史『知雄守雌，知白守黑』之遺教也。至云：『藏形匿影，群下無私』，『明君視民而出政』。又云：『民一於君，事斷於法』，『君人者不能自專而好仟下，則智日困而數日窮』，則又皆管大夫不失政柄、君臣明法之旨也。然篇中多御轡勵臣之語，鄧析殆長於治國者與？雖其書合纂組以成文，然皆幾幾乎道，可謂列素點絢，流潤發彩，言之成服者矣。」明王世貞（1526～1590）《鄧子序》曰：「按《左氏》，駟歂嗣子太叔爲政，始殺析。其人不足論。其文辭，戰國策士倪耳。循名責實，察法立威，先申、韓而鳴者也。至謂天於人，父於子，兄於弟，俱無厚者，何哉？先王之用刑也，本於愛。析之用刑也，本於無厚。於乎！誅晚矣。〈轉辭〉篇『與智者言，依於辯』數語，同《鬼谷子》，豈後人傳其旨益其辭也耶？要之，小人之言，往往出於機心之發，故不甚其遠耳。《呂氏春秋》記析嘗教獲溺屍者、購溺屍者交勝而不可窮，固市井舞之魁也。孰謂駟歂失刑哉？」王愷鑾《鄧析子校正・附錄》引張鴻舉〈鄧子小引〉：「骨塡肉補之藥，長於養體益壽，而不可以救喝溺之急。務寬含垢之政，可以蒞敦御樸，而不可以拯衰弊之變。此《鄧析》一書所由作也。或謂子產殺其身而用其言，倘亦疑其無厚一論，微有過情焉者乎？今讀其書，雖覺仁氣少而義氣多，然其通練精深之言，眞可與申、商並垂不朽。」《四庫全書總目》子部〈鄧析子提要〉：「其言如『天於人無厚；君於民無厚，父於子無厚，兄於弟無厚，勢者君之輿，威者君之策』，則其旨同於申、韓。如『令

煩則民詐，政擾則民不定，心欲安靜，慮欲深遠』，則其旨同於黃、老。然其大旨主於勢，統於尊，事核於實，於法家為近。故竹刑為鄭所用也。至於『聖人不死，大盜不止』一條，其文與《莊子》同。析遠在《莊子》以前，不應預有勸說，而《莊子》所載又不云鄧析之言。或篇章殘闕，後人撥《莊子》以足之歟？」孫德謙（1869～1935）《諸子通考》卷四曰：「名家之學，原本禮官。禮官則以人之名位既各不同，而禮數亦因之而異，故重在辨名。及後官失其守，遂為名家之業。……後世名家《鄧析》、《尹文子》書中，誰不條禮？其於異同之故，則言之最詳，蓋猶得禮官之意矣。」又曰：「（鄧）析之本書，綜覈名實，確乎其為名家。凡讀古人書，知其為某家，則探研乎此書之真，不可因他說而致疑於此。析，名家也，其書循名責實，宗旨既得其真，則就名家以求之，析自有一家之長也。即書中言及於法，如『奉法宣令，臣之職也』，『民一於君，事斷於法』諸語，未嘗不涉及於法，然在析不過辨名實耳。後世以析曾造竹刑，遂因其首篇〈無厚〉，謂析之用刑，失忠厚之道，此大不然。夫名之與法，學可相通，而要其區別，使名、法無分，古人亦何必析之為二家哉？故讀其書者，以名為歸可耳。」陳朝爵（1876～1939）《漢書藝文志約說》卷二曰：「老子薄仁義，又云天地、聖人不仁，故其變為申、韓。而鄧析在春秋時即有此學說，是又申、韓之先河，真老氏之別子。當時儒、道兩家分道揚鑣可見已。」馮友蘭（1895～1990）《中國哲學簡史》曰：「鄧析的本領是對於法律條文咬文嚼字，在不同案件中，隨意作出不同的解釋。這就是他能夠『苟察繳繞，使人不得反其意』的方法。他專門這樣解釋和分析法律條文，而不管條文的精神實質，不管條文與事實的聯繫。換句話說，他盡注重『名』而不注重『實』。名家的精神就是這樣。由此可見，辯者本來是訟師，鄧析顯然是最早的訟師之一。不過他僅只是開始對於名進行分析的人，對於哲學本身並沒有作出真正的貢獻。所以真正創建名家的人是晚一些的惠施、公孫龍。」張舜徽（1911～1992）《漢書藝文志通釋》卷三曰：「鄧析為鄭大夫，與子產同時，子產治鄭，而鄧析務難之。子產嘗鑄刑書於鼎，鄧析則別造竹刑，用以教人，宣揚法治。『從之學訟者，不可勝數』（見《呂氏春秋·離謂》篇）。是固春秋末期法家先驅也。然而『操兩可之說，設無窮之辭』（劉向敘錄語）。長於辯論，故漢人又列入名家。考《荀子·不苟》篇云：『山淵平，天地比，齊、秦襲，入乎耳，出乎口，鉤有鬚，卵有毛，是說之難持者也，而惠施、鄧析能之。』〈非十二子〉篇又云：『不法先王，不是

禮義，而好治怪說，玩琦辭，甚察而不惠，辯而無用，是惠施、鄧析也。』《淮南子‧詮言》篇亦云：『鄧析巧辯而亂法。』」

## 《尹文子》一篇。說齊宣王。先公孫龍。（師古曰：「劉向云與宋鈃俱遊稷下。鈃音形。」）

### 【存佚著錄】

今存。三國時仲長氏分爲〈大道上〉、〈大道下〉二篇，今有殘缺。《隋書‧經籍志》、《舊唐書‧經籍志》、《郡齋讀書志》子部名家類著錄「《尹文子》二卷」，《新唐書‧藝文志》、《宋史‧藝文志》子部名家類著錄「《尹文子》一卷」，《四庫全書總目》子部雜家類著錄「《尹文子》一卷」。

### 【作者情況】

《漢書‧古今人表》列尹文子於第四等中上。仲長氏《尹文子序》：「《尹文子》者，蓋出於周之尹氏。齊宣王時，居稷下，與宋鈃、彭蒙、田駢同學於公孫龍，公孫龍稱之。」清梁玉繩（1744～1819）《人表考》曰：「尹文子始見本書《藝文志》，亦曰尹文。齊宣王時人。尹文，複姓。」

### 【辨僞源流】

宋洪邁（1123－1202）《容齋續筆》卷十四「尹文子」條曰：「又別一書曰《尹子》，五卷共十九篇，其言論膚淺，多及釋氏，蓋晉、宋時衲人所作，非此之謂也。」明宋濂（1310～1381）《諸子辨》：「仲長統序稱：『其出於周尹氏，齊宣王時居稷下，與宋鈃、彭蒙、田駢同學於公孫龍。』按：龍客於平原君，君相趙惠文王，宣王死下距惠文王之立已四十餘歲，是非學於龍者也。統卒於獻帝讓位之年，而序稱其黃初末到京師，亦與史不合。嗚呼！《素問》以爲黃帝所作，而有『失侯失王，脫營不醫』之文，殊不知秦滅六國，漢諸侯王國除，始有失侯王者。《六韜》謂出於周之呂牙，而有『避正殿』之語，殊不避正殿乃戰國後事。《爾雅》以爲周公所制，而有『張仲孝友』之言，殊不知張仲乃周宣王時人。予嘗驗古書眞僞，每以是求之，思過半矣；又況文辭氣魄之古今絕然不可同哉！予因知統序蓋後人依託者也。嗚呼，豈獨序哉？」梁啓超（1873～1929）《漢書藝文志諸子略考釋》曰：「今存二篇，疑僞。今本《尹文子》二篇，精論甚多，其爲先秦古籍毫無可疑，但指爲尹文

作或尹文學說，恐非是。《莊子·天下》篇尹文與宋鈃並稱，其學『以爲無益
於天下者，明之不如其已』。名家所提出種種奧賾詭瑣之問題，皆宋、尹一派
所謂『無益於天下』者也。故彼宗專標『見侮不辱』、『情慾寡淺』兩義，以
此周行天下，上說下教。自餘一切閞言，皆從剪斷。《呂氏春秋·正名篇》引
尹文語，專論『見侮不辱』，正與《莊子》所說同。然則尹文非鄧析、惠施一
派之名家明矣。今本《尹文子》『名以檢形，形以定名』等語，皆名家精髓，
然與《莊子》所言尹文學風，幾根本不相容矣。卷首一序，題云『山陽仲長
氏撰定』，似出仲長統所編次，然序中又有『余黃初末始到京師』語。統卒於
漢建安中，不能及黃初，疑魏晉人所編，託統以自重。其書則本爲先秦名家
言，編者不得其主名，遂歸諸尹文耶？尹文爲齊愍王時人，見《呂氏春秋》。
班云宣王，亦微誤。」顧實（1878～1956）《漢書藝文志講疏》三〈諸子略〉
曰：「其爲魏、晉間人所依託無疑。」呂思勉（1884～1957）《經子解題·尹
文子》曰：「此書言名法之義頗精，然文甚平近，疑經後人改竄矣。按《漢志》，
《尹文子》一篇。《隋志》二卷。《四庫提要》云：『前有魏黃初末山陽仲長氏
序，稱條次撰定，爲上下篇。《文獻通考》著錄作二卷。此本亦題〈大道〉上
篇、下篇，與序文相符，而通爲一卷。蓋後人所合併也。序中所稱熙伯，蓋
繆襲之字。其山陽仲長氏，不知爲誰。李淑《邯鄲書目》以爲仲長統。然統
卒於建安之末，與所云黃初末者不合。晁公武因此而疑史誤，未免附會矣。』
按：四庫著錄之本與今通行本同。此序恐係僞物。《群書治要》引此書，上篇
題〈大道〉，下篇題〈聖人〉，與今本不合，則今本尙定於唐以後也。今本兩
篇，精要之論，多在上篇中。然上篇實包含若干短章；因排列失次，其義遂
不易通。蓋條次撰定者，於此學實未深造，此篇蓋《漢志》之舊。其文字平
近處，則後人所改。下篇由雜集而成，蓋後人所附益，非漢時所有。」馬敍
倫（1885～1970）《莊子義證·天下》篇云：「今《尹文子》二篇，詞說庸近，
不類戰國時文，陳義尤雜出仲長統所撰定。然仲長統之序，前儒證其僞作，
蓋與二篇並出僞作。」陳柱（1890～1944）《諸子概論》云：「今人唐鉞謂：
現行《尹文子》上下篇，可懷疑之點甚多。甲、序之來歷可疑；乙、引用古
書而故意掩晦來源；丙、用秦以後詞語；丁、文體不似先秦書；戊、勦襲別
書之大段文字；己、襲用古書而疏謬；庚、一篇之中自相矛盾；辛、書中無
尹文子之主張；壬、書中有與尹文主張相反者；癸、書中之錯誤與序中之錯
誤相同。故決今本《尹文子》是僞書，其言蓋允。」唐鉞（1891～1987）《尹

文與〈尹文子〉》曰:「唐初到今日所流行的《尹文子》,大約是陳、隋間人的偽託。」〔註 3〕劉咸炘（1896～1932）《子疏》定本卷上〈墨宋第五〉:「近人唐鉞謂其義皆淺而不屬,乃依仿《莊子》而誤解其語,是也。又上篇引彭蒙言雉兔在野云云,下篇言引田子使入自為用云云。又《意林》引兩貴不相臨云云,皆《慎子》文。田、慎固同道,然謂田子與宋子相問答,彭蒙在側,越次而對,則似彭蒙乃田子之徒,與《莊子》文亦背。唐鉞據此諸疑斷為偽書,是也。然其言名、法諸文,則頗似古書,與他長段之冗弱者不類,吾疑亦如《列子》真書,存者無多,而後人附益之耳。」然今人董英哲認為《尹文子》　書並非偽書,但有殘缺,屬於名家著作。〔註 4〕羅根澤（1900～1960）《尹文子探源》曰:「今本《尹文子》殊不如此。篇中雖時有莊子論述之語,而味其意與莊子所言不合。……全書主旨,與尹文不合,冀牽莊子論述尹文之語,以掩天下之目,塞後世之口,用心良苦,而草蛇灰線,未能盡滅,適以自曝其偽。」

## 【學術大旨】

　　《莊子・天下》篇云:「不累於俗,不飾於物,不苟於人,不忮於眾。願天下之安寧,以活民命。人我之養,畢足而止,以此白心。古之道術有在於是者,宋鈃、尹文聞其風而悅之,作為華山之冠以自表。見侮不辱,救民之鬥;禁攻寢兵,救世之戰。以此周行天下,上說下教,雖天下不取,強聒而不捨者也。雖然,其為人太多,其自為太少。……以禁攻寢兵為外,以情慾寡淺為內。其小大精粗,其行適至是而止。」仲長氏《尹文子序》曰:「著書一篇,多所彌綸。《莊子》曰:『不累於物,不苟於人,不忮於眾,願天下之安寧,以活民命,人我之養,畢足而止,以此白心,見侮不辱,此其道也。』而劉向亦以其學本於黃老,大較刑名家也,近為誣矣。」宋晁公武（1105～1180）《郡齋讀書志》卷三曰:「今觀其書,雖專書刑名,然亦宗六藝,數稱仲尼,其叛道者蓋鮮。豈若龍之不宗賢聖,好怪妄言哉?」宋洪邁（1123～1202）《容齋續筆》卷十四「尹文子」條曰:「劉歆云:其學本於黃老,居稷下,與宋鈃、彭蒙、田駢等同學於公孫龍。今其書分為上、下兩卷,蓋漢末仲長統所銓次也。其文僅五千言,議論亦非純本黃老者。……詳味其言,頗流而入于謙愛。」

〔註 3〕　陳柱:《陳柱講諸子》,長征出版社,2008 年版,第 137～138 頁。
〔註 4〕　董英哲:《先秦名家四子研究》,上海古籍出版社,2014 年版,第 411～439頁。

宋高似孫（1158～1231）《子略》卷三曰：「班固《藝文志》名家者流，錄《尹文子》。其書言大道，又言名分，又言仁義禮樂，又言法術權勢，大略則學老氏而雜申、韓也。其曰：『民不畏死，由過於刑罰者也；刑罰中，則民畏死；畏死，則知生之可樂；知生之可樂，故可以死懼之。』此有希於老氏者也。又有不變之法，齊等之法，理眾之法，平準之法，此有合於申、韓。然則其學雜矣，其學清矣，非純乎道者也。」宋黃震（1213～1280）《黃氏日鈔·讀諸子》曰：「《尹文子》二篇，以〈大道〉自名，而所學乃公孫龍之說，九流所列為名家者也。因緣白馬非馬之說，而生好牛、好馬之說，復掇拾名實相亂之事以證之。無理而迂，不足言文，而顧以夫子『正名』為據。嗚呼！夫子之所謂名者，果此之謂乎？道喪俗壞，士有謬用其心如此者！」明方孝孺（1357～1402）《遜志齋集》卷四〈讀尹文子〉曰：「《尹文子》一卷，劉向定為刑名家書。仲長統分為上下二篇，且以劉向之論為誣。然向謂為刑名家者，誠是也，特善於鄧析、田駢者耳。其說治國之道，以為人君任道不足以治，必用法術權勢。術者，人君之所密用，群下不可妄窺。勢者，製法之利器，群下不可妄為。非刑名家而何？但其為民之心頗切，末章尤中時君之弊。使舉而行之，名實正而分數明，賞罰嚴而事功舉，亦足以善其國。然其苛刻檢柅，而難於持循蹈履，非王者之道，以故君子不取。而統獨好之，遂因以斥向，殆有所激而然耶？」明王世貞（1526～1590）《讀書後》卷一《讀尹文子》曰：「《尹文子》非偽書，其言刑名者，真能言刑名家者也。所謂智巧皆當與眾共之，獨行之賢不足以成化，獨能之事不足以周務，出群之辨不可為戶說，絕眾之勇不可以征陣，是以聖人任道以夷其險，立法以理其差，使賢愚不相棄，能鄙不相遺。能鄙不相遺，則能鄙齊功。賢愚不相棄，則賢愚等慮。此名語也。他所證多諸家書，頗覈而不倍道，故存之。」明羅明祖（1600～1643）《羅紋山全集》卷四〈讀尹文子〉曰：「大史公曰：申、韓皆原於道德之意。吾讀《尹文子》，此信矣。其造理犀利，已入木八九分，而詞色削薄，格局離披，多欠精旺。又云真質處以縱逸行之。今時作論浮縟，此可藥。」《四庫全書總目》子部雜家類〈尹文子提要〉曰：「其書本名家者流。大旨指陳治道，欲自處於虛靜，而萬事萬物則一一綜覈其實，故其言出入於黃、老、申、韓之間。《周氏涉筆》謂其自道以至名，自名以至法，蓋得其真。晁公武《讀書志》以為誦法仲尼，其言誠過，宜為高似孫《緯略》所譏。然似孫以儒理繩之，謂其淆雜，亦為未允。百氏爭鳴，九流並列，各尊所聞，各行所知，自

老、莊以下，均自爲一家之言。讀其文者，取其博辨閎肆足矣，安能限以一格哉！序中所稱熙伯，蓋繆襲之字。其山陽仲長氏不知爲誰。李淑《邯鄲書目》以爲仲長統，然統卒於建安之末，與所云黃初末者不合。晁公武因此而疑史誤，未免附會矣。」清沈欽韓（1775～1831）《漢書藝文志疏證》卷二曰：「《說苑》尹文對齊宣王曰：『事寡易從，法省易因。』其書言『有形者必有名，有名者未必有形。形而不名，未必失其方圓白黑之實。名而不可不尋名以檢其差，故名以檢形，形以定名，名以定事，事以檢名』，大旨爲公孫龍所祖述，龍又加嵬瑣焉。」孫德謙（1869～1935）《諸子通考》卷四曰：「名物之名三者，其說出《尹文子・大運》上篇，曰：『名有三科：一曰命物之名，方圓白黑是也；二曰毀譽之名，善惡貴賤是也；三曰況謂之名，賢愚愛憎是也。』立此三科，正名之道，要不能外乎此。故曰：『名以檢形，形以定名；名以定事，事以檢名。察其所以然，則刑名之於事物，無能隱其理。』若是讀《尹文子》者，可以得辨名之旨，而其書之列人名家，萬無可疑。高似孫謂其『學老氏而雜申、韓』，自漢以後，於諸子之學不能識其家數，遂不足以窺其立言之指，故如《子略》之言，尹文幾不得爲名家。洪容齋《隨筆》云：『詳味其言，頗流而入於謙柔。』則又以爲近墨家矣。此皆不善讀書者也。夫名家未嘗不言法，所謂『以法定治亂』，『百度皆準於法』，是爲其兼法而言，不知此仍綜覈名實耳，非雜申、韓者也。吾嘗謂治百家之術者，當從《漢志》。彼既列在某家，即就此家以考求之。如《尹文》爲名家，但知其爲名家之書可耳。道家之學，無所不包，《老子》曰：『無名天地之始，有名萬物之母。』亦及乎名之有無矣。《尹文》云：『大道治者，則名、法、儒、墨自廢。』謂之學老氏，有何不可？然《尹文》要爲名家，全書都係名家之說，而又混入道家乎？至《容齋》謂流入兼愛，卻亦有見。……諸子之書，萬變而不離其宗，此其所以爲專家。名而取道、法，與墨、雜視之，猶能知尹文之家數乎？夫家數不明，丙部之學宜其絕聞於後世耳，豈不可歎哉？」陳朝爵（1876～1939）《漢書藝文志約說》卷二曰：「案其首篇云：『名以檢形，形以定名，名以定事，事以檢名。』『檢』猶『檢察』之『檢』，謂證驗也。名家循名責實，故曰檢。然物情巧幻，亦假名以售欺。故司馬談又云：『使人儉而善失眞。』」呂思勉（1884～1957）《經子解題・尹文子》曰：「此書之旨，蓋尊崇道德，故謂道貴於儒、墨、名、法，非法術、權勢之治，所得比倫。夫所貴於道者，爲其能無爲而治也；無爲而治，非不事事之謂，乃天下本無事可爲之謂；天

下所以無事可爲者，以其治也；天下之所以治，以物各當其分也。蓋天下之物，固各有其分；物而各當其分，則天下固已大治矣。然此非可安坐而致，故必借法以致之。所謂『道不足以治則用法，法不足以治則用術，術不足以治則用權，權不足以治則用勢；勢用則反權，權用則反術，術用則反法，法用則反道』也。夫權與術與勢，皆所以行法；法則所以蘄致於道也。法之蘄致於道奈何？曰：使天下之物，各當其分而已。然非能舉天下之物，爲之強定其分，而使之守之也。能使之各當其固有之分而已。所謂『圓者之轉，非能轉而轉，不得不轉；方者之止，非能止而止，不得不止。故因賢者之有用，使不得不用；因愚者之無用，使不得用』也。夫如是，則『形以定名，名以定事』之術，不可不講矣。……上篇之大旨如此。此篇雖經後人重定，失其次序；其文字疑亦有改易。然諸書言形名之理，未有如此篇之明切者，學者宜細觀之。又此書上篇，陳義雖精，然亦有後人竄入之語。如『見侮不辱，見推不矜；禁暴寢兵，救世之鬥』；乃《莊子》論《尹文》語，此篇襲用之，而與上下文意義，全不相涉。即其竄附之證。蓋古人之從事輯佚者，不肯如後人之逐條分列，必以己意爲之聯貫。識力不及者，遂至首尾衡決，亦非必有意作僞也。下篇則決有僞竄處。如『貧則怨人賤則怨時』一節，斷非周、秦人語，亦全非名家之義也。」郭沫若（1892～1978）《十批判書・稷下黃老學派的批判》曰：「《莊子・天下篇》以宋鈃、尹文爲一系。宋鈃既言黃老意，可知尹文是以道家而兼名家。宋、尹之書均失傳，傳世《尹文子》乃僞託。最近我在《管子》書中發現了他們的遺著，便是〈心術〉、〈內業〉、〈白心〉的幾篇。〈心術〉、〈內業〉是宋子書，〈白心〉屬於尹文子，我已有《宋鈃尹文遺著考》詳細論證之，兩人毫無疑問是屬於道家的。這些道家，他們都是以『發明黃老道德意』爲其指歸，當然都有一些共同的傾向。但他們的派別也不盡相同，《莊子・天下》篇分析得很清楚。在那兒我們看出，宋鈃、尹文爲一派，田駢、愼到爲一派，關尹即環淵爲一派。莊子雖然不是稷下先生，但他自認是繼承了老聃、關尹的道統的。大抵宋鈃在這一批人中年齡較大，資格較老：因爲在《孟子》書中，我們看到孟子稱之爲『先生』，而又自稱爲『軻』，他的年齡必然比孟子還要老些，至少亦必上下年紀。其他的人都是晚輩，雖然關尹有爲老聃弟子之說，但那是漢人的附會，眞實的年代和田駢、愼到會差不了好多。」〔註 5〕宗白華（1897～1986）《中國哲學史提綱》：「宋鈃，即

〔註 5〕 郭沫若：《十批判書》，人民出版社，2012 年版，第 121 頁。

宋牼，宋榮子，是戰國一個大思想家。他的學說，大體可謂有四個要點：（1）別宥，宋子『接萬物以別宥爲始』，別宥即別囿，即辨別偏而去之，破除成見，這是認識眞理的第一步工夫。（2）『語心之容』（寬容），命之曰心之行，『見侮不辱』，『禁攻寢兵』，宋子認爲，受侮並不是辱，不必因受侮而鬥爭，而戰爭更廢止。他認爲人心本來是寬容的，而且應當寬容。這是宋子『救民之鬥』、『救世之戰』物理論。（3）『情慾寡淺』，或『人情慾寡』。宋子以爲人情本來欲寡不欲多，本來是得滿足即滿足的，勸人不必爭多。（4）功利，宋子法重功利，他以爲『無益於天下者，明之不如也』。他勸秦楚之王罷兵（見《孟子·告子篇》），『我將言其不利也』。從功利的觀點反對戰爭，反對『苛察』。總之，宋子的主要理論與實踐，是與墨家一致的，『見侮不辱，禁攻寢兵』是墨子『非攻』，『君子不鬥』理論之發展。『人情慾寡』是墨子『節用』理論之發展。尹文的學說，大致與宋子相同。《漢書·藝文志》尹文子列在名家。《呂氏春秋》高誘注說：尹文作名書二篇。《呂氏春秋·正名篇》載尹文說齊王，從名理面來辯護見侮不辱。大概尹文係發揮宋子之說而名理的根據的。現代學者中，有人（郭沫若）以爲《管子》之〈白心〉、〈心術〉、〈內業〉諸篇爲宋、尹遺著。但證據並个允足，〈白心〉諸篇學術與莊、荀、韓諸子中所述宋子遺說甚少相同之處。劉向校書時，不將此諸篇編在宋子、尹文子中，必有根據，現在是不便強將此諸篇算在宋、尹姓下的。」〔註6〕楊東蓴（1900～1979）《中國學術史講話》第二講〈學術思想的解放與分野〉曰：「《尹文子》中最重要之處，就是論名與法的關係……觀其正名，實類於名家，故《漢書·藝文志》以《尹文子》列名家。但是，所謂『萬事皆歸於一，百度皆準於法』，卻是法家之所本。」葉長青（1902～1948）《漢書藝文志問答》：「尹文雖道家，而其書則名家也；何以知之？《呂氏春秋·正名》篇曰：『尹文見齊王。』高誘注：『尹文，齊人，作《名家》一篇，在公孫龍前，公孫龍稱之。』是也。」侯外廬（1903～1987）等《中國思想通史》第一冊第十章〈楊朱學派的貴生論和宋尹學派的道體觀〉第四節〈宋尹學派的調和色彩〉：「宋鈃、尹文學派，就其思想本身而言，是稷下學宮中道家的一個支流，其學術內容並沒有突出之處。但從中國古代思想史的發展看來，此派的地位頗關重要，如郭沫若所說，發現了這一學派，『就好像重新找到了一節脫了節的連環扣一樣，道家本身的發展，以及它和儒、墨兩派間的互相關係，才容易求

得出他們的條貫』。著者認爲，此派思想在學術史上的承轉價值實高於其思想本身的價值。本書已經一再指出，齊之稷下先生頗類似於古典社會的代議士，其中有各式各樣的人物，也有各式各樣的流派，各種史料記載他們『不治而議論』、『各著書言治亂之事以干世主』、『不任職而論國事』和『講集議論』，這種精神顯示了古代民主的生活。宋鈃、尹文就是在這樣情況之下活動頗力的人物。這裡我們要說明的是，各派學士既濟濟一堂，『講集議論』，久而久之，自然會經過互相影響，沖淡其本身之學派性，而受他派的感染，甚至形成調和色彩的折中派。知道了稷下學宮的這一情況，我們對於宋尹學派之不盡爲道家及糅雜儒、墨的道理，就可以理解了。」〔註7〕張舜徽（1911～1992）《漢書藝文志通釋》卷三曰：「尹文之學，與墨爲近。故洪邁《容齋續筆》云：『詳味其言，頗流而入於謙愛』也。顧其言主術，悉歸本黃、老。今觀〈大道上〉、〈大道下〉二篇，發明人君南面之術，時有善言，非盡後人所依託。然今本二篇，復多殘闕，亦有竄改。此殆唐、宋以來人所爲，又非如《文心雕龍·諸子》篇所言『辭約而精，尹文得其要』之舊矣。」王錦民《古學經子》曰：「所謂『稷下四子』是指宋鈃、尹文、田駢、慎到，四子均曾在稷下講學，在戰國時代頗有影響。先秦典籍中述諸子學術，皆論及稷下四子……四子在戰國學術中的地位十分顯赫。稷下四子在學術上有共同點，即均學黃老之術。班固說宋鈃云：『孫卿道宋子，其言黃老意。』劉向說尹文云：『其學本於黃老，居稷下，與宋鈃、彭蒙、田駢等同學於公孫龍。』司馬遷說田駢云：『田駢，齊人，學黃老道德之術。』說慎到云：『慎到，趙人，學黃老道德之術。』可知此四子均可視爲稷下道家，但四子的學術都顯得博雜，所學各有區別，均可以自名一家，其大略言之，宋鈃主墨，尹文主名，田駢主道，慎到主法。」〔註8〕

---

〔註 7〕 侯外廬等：《中國思想通史》第一冊，人民出版社，2011 年版，第 315 頁。侯外廬又曰：「宋、尹在其淵源上還是屬於道家，因爲他們的思想體系雖糅雜了各種學派的因素，而其所持之道體觀實爲此一體系之出發點。我們考察了此派與儒、墨、道三者之離合同異，不能不把它列爲道家的一個支派。我們可以這樣說，宋、尹一派的主要論點是道家自然天道觀的倫理化，就此種倫理化而言，一方面折中於墨家利天下的實際活動，另一方面又折中於儒家內心存養的道德情操。司馬遷父子謂道家採儒、墨之善，這一點在宋尹學派的思想體系中，表現得最爲明顯。」今按：宋尹學派已經開始走上雜家化的道路。

〔註 8〕 王錦民：《古學經子》，華夏出版社，2008 年版，第 300～301 頁。

# 《公孫龍子》十四篇。趙人。(師古曰：「即爲堅白之辯者。」)

## 【存佚著錄】

今存六篇，亡八篇，六篇篇目爲：〈跡府〉、〈白馬論〉、〈指物論〉、〈通變論〉、〈堅白論〉、〈名實論〉。《隋書・經籍志》不著錄《公孫龍子》，而子部道家著錄「《守白論》一卷」，《舊唐書・經籍志》、《新唐書・藝文志》子部名家類皆著錄「《公孫龍子》三卷」，《崇文總目》、《宋史・藝文志》子部名家類著錄「《公孫龍子》一卷」。清洪頤煊《讀書叢錄》卷十四「公孫龍子」條云：「《公孫龍子》，《漢書・藝文志》十四篇，《新》、《舊唐志》俱作三卷，今止存一卷，凡六篇。《文苑英華》卷七百五十八有〈公孫龍子論〉，云咸亨二年歲次辛未十二月庚寅，有宗人王先生因出其書以示僕，凡六篇，勒成一卷。唐初所傳即是此本。」

## 【真偽考辨】

清姚際恒（1647〜約1715）《古今偽書考》以本書《漢志》所載，而《隋志》無之，故定爲偽書。梁啓超（1873〜1929）《漢書藝文志諸子略考釋》曰：「《唐志》二卷。今所存六篇，《道藏》本分上、中、下三卷，蓋殘缺之書，卻不偽。」顧實（1878〜1956）《漢書藝文志講疏》三〈諸子略〉曰：「《隋志》不著錄，《舊唐志》三卷，賈公彥之子賈大隱曾爲作注。《通志》一卷，亡八篇，則殘於宋矣。今本止六篇。然首篇〈跡府〉，疑非原書。」陳直《周秦諸子述略》云：「〈跡府〉篇首云『公孫龍六國時辯士』，似非其自撰。周、秦諸子類此者多，不足怪也。蓋亦惟〈跡府〉篇爲然，餘五篇則龍自著也。」

## 【作者情況】

《史記・孟荀列傳》曰：「趙亦有公孫龍，爲堅白同異之辯。」又《平原君列傳》：「平原君厚待公孫龍，公孫龍善爲堅白之辯。及鄒衍過趙，言至道，乃絀公孫龍。」《漢書・古今人表》列公孫龍於第六等中下。清梁玉繩《人表考》曰：「公孫龍始見《趙策》、《列子・仲尼》、《莊子》〈秋水〉、〈天下〉。字子秉，趙人。」又汪琬（1624〜1691）《堯峰文鈔》卷九〈辨公孫龍子〉曰：「勝國之末，吳中異學繇興，有謂孔子獨傳道於弟子公孫龍者，遂奉《公孫龍子》數篇以絀曾子。噫，何其謬也！殆〈王制〉所謂行僞而堅、言僞而辨者也。雖其說誕妄，或不足以惑眾，然而吾不可不論。按《史記・仲尼弟子傳》，龍字子石，《家語》以爲衛人，鄭御名又以爲楚人，已莫知其眞。追論歲月，決非趙之辯

堅白同異者也。龍少孔子五十三歲，〈年表〉孔子卒於魯哀公之十六年，是歲周敬王十四年也，龍年二十歲，至周赧王十七年，是歲趙惠文王元年封公子勝爲平原君，距孔子卒時已一百七十九年矣，龍若尚在，當一百九十八歲，得毋爲人妖？與〈平原君傳〉君厚待公孫龍，及騶衍過趙言至道乃絀龍，史明言龍辨害道而顧倡爲孔子傳道之說，何其謬也。又孔穿嘗辨龍所謂臧三耳者，穿則孔子六世孫，其世系明白可考，而龍與穿同時，顧得見其六世祖邪？其必不然也審矣。且孔子之門畔孔了者眾矣，諸弟子之後，或流而爲荀卿，或流而爲莊周、禽滑釐，紛紛籍籍，皆異學也。龍堅白之辨，悖又甚焉。使果嘗受業孔子，果老壽二百年不死，則孔子復作，亦當不免於鳴鼓之誅，況可推爲傳道者哉？莊周曰：桓團、公孫龍，辨者之徒，能勝人之口，不能服人之心。然則龍特辨士，當時不謂之知道，龍亦未嘗以道自詡也。故吾謂春秋、六國間當有兩公孫龍，決非一人，其傳道云云，此吳中無忌憚者之言，絕無據依者也。劉歆《七略》有《公孫龍子》十四篇，在名家。又莊周謂惠子曰：儒、墨、楊、秉四，與夫子爲五。或謂秉即龍也。蓋其字子秉，並附之以竢考。」清淩揚藻（1760〜1845）《蠡勺編》卷二十「公孫龍子」條亦曰：「蓋春秋、六國間有兩公孫龍子無疑也。」今按：關於公孫龍的生平事跡，譚戒甫於《公孫龍子形名發微》中的〈傳略〉敘述已較爲完備。

## 【學術淵源】

清張惠言（1761〜1802）〈書墨子經說解後〉曰：「觀墨子之書，〈經說〉、〈大小取〉盡同異堅白之術，蓋縱橫、名、法家、惠施、公孫、申、韓之屬皆出焉。」清陳澧《東塾讀書記・諸子》曰：「公孫龍之學，出於墨氏。」韋政通《中國思想史》第七章〈惠施與公孫龍〉曰：「自晉代魯勝以來，對公孫龍的思想淵源，有一種很流行的看法，認爲他的思想源自墨家（有的指墨子，有的指《墨辯》，有的二者並指），在魯勝心目中，根本把『辯經』視爲墨子本人的著作，所以以爲惠施、公孫龍皆『祖述其學』。清人張惠言、陳澧輩皆沿其說。其後梁啓超也說：『惠施、公孫龍，皆所謂名家者流也，而其學實出於墨。墨經言名學過半，而施、龍辯辭，亦多與經出入。公孫龍亦嘗勸燕昭王偃兵，可見皆宗墨學。』因此，這個看法在民國以後依舊流行。這個看法可不可靠呢？……我們的看法是，公孫龍討論的論題，如白馬、堅白之類，這些概念早就存在，如堅、白之概念曾見於《論語》，白馬之概念則見於孟子與告子的論辯，但這些概念在公孫龍的思想裏，完全賦予了新的意義和新的

論式，成了一家之言；就如仁與性的概念，在孔、孟以前早就有了，他們卻利用來發展出一套仁學和人性論的情形正相同；戰國中期以後的諸子，由於儒、墨、道三家思想已風行，諸子沒有不受其影響的，公孫龍也不例外。如要問公孫龍與三家的關係孰深孰淺？大體說，與儒家的關係最遠，與道家的關係，已不及惠施為近。比較起來，在三家中，他與墨家的關係確實最近，但絕非如魯勝所說是『祖述其學』，他們之間並無淵源的關係。關於這一點，我覺得歷來研究墨子者，以楊壽籛先生辨之最精，所說亦最近真，他說：『夫公孫與墨之淵源，無可考見。或者以其生於墨後，當亦曾受墨說之濡染，以引其趣，則夫學之成也，謂得助力於墨，斯或可矣。然得其助力，不必遂受其範圍。蓋公孫之學，視墨（應指〈墨辯〉）則已大進，其說不特不可綴益於墨，以余所見，乃在在有以非墨者，〈堅白論〉一篇，其最著者也。』就今存《公孫龍子》看，從文字的表式到思想的內容，他的確代表一個獨特的心靈，風格上和他最相似的，是他的前輩惠施，這兩位齊名於世的辯者之間是否有淵源上的關係，由於文獻缺乏，今亦不可考。」〔註9〕

## 【學術大旨】

《荀子·正名》論曰：「析辭擅作名以亂正名，使民疑惑，人多辯訟，則謂之大奸。」《淮南子·詮言訓》曰：「公孫龍粲於辭而貿名。」漢王充（27～97？）《論衡·案書》篇曰：「公孫龍著堅白之論，析言剖辭，務折曲之言，無道理之較，無益於治。」梁劉勰《文心雕龍·諸子》曰：「公孫之『白馬』、『孤犢』，辭巧理拙，魏牟比之鴞鳥，非妄貶也。」宋謝希深（994～1039）《公孫龍子注序》曰：「今閱所著書，六篇多虛誕不可解。繆以膚識注釋，私心尚在疑信間，未能怡然無異也。昔《莊子》云：『公孫龍能勝人之口，不能服人之心，辯者之囿也。』厥有旨哉！」元吳萊（1297～1340）《淵穎集》卷六〈讀公孫龍子〉曰：「世所傳《公孫龍子》六篇，龍蓋趙人。當平原君時，曾與孔子高論臧三耳，至其著堅白同異，欲推之天下國家，使君臣上下狥名責實，而後能治者，可謂詳矣。自太史公、劉向、班固之徒率稱其出古之禮官，及夫噭者為之，然後有敵。公孫龍豈所謂訐者哉？然獨不明立一定之說，而但虛設無窮之辭，亦徒為紛更變亂而已，何其細也。……公孫龍蓋有審於是，而言之或過。是以頗滯於析辭而反暗於大禮，察焉而無用，辨焉而不急。」

---

〔註 9〕 韋政通：《中國思想史》，上海書店出版社，2003 年版，第 158～159 頁。

明宋濂（1310～1381）《諸子辨》曰：「龍，趙人，平原君客也。能辯說。傷明王之不興，疾名器之乖實，以假指物而混是非。冀時君之有悟，而正名實焉。予嘗取而讀之，白馬非馬之喻，堅白同異之言，終不可解；後屢閱之，見其如捕龍蛇，奮迅騰驤，益不可措手。甚哉！其辯也。然而名實愈不可正，何邪？言弗醇也。天下未有言弗醇而能正。苟欲名實之正，甌火之。」明方孝孺（1357～1402）《遜志齋集》卷四〈讀公孫龍子〉曰：「君子無用乎辨也，豈惟無事乎辨，亦無事乎言也。充乎心，不得已而後言。正言之而理不明，不得已而後辨，辨而無所明，言而不出乎道，則亦無用乎言與辨矣。若公孫龍之辨，不亦費其辭乎？孔子所謂正名，數言而煥然矣。龍術為白馬、指物、通變、堅白、名實之論，枝蔓繁複，累數千言，然其意不越乎正名而已。傳有之曰：『有德者必有言。』有德之人，一言而有餘。不知道者，萬言而不足。故善學者必務知道。」羅明祖（1600～1643）《羅紋山全集》卷四〈讀公孫子〉曰：「辨才無礙，總是口舌機變，非吾儒之所謂極精微也。已開後世清談法門，然周人肆，晉人簡，蓋季末縱橫風氣也。」《四庫全書總目》子部雜家類〈公孫龍子提要〉：「其書大旨疾名器乖實，乃假指物以混是非，借自馬而齊物我，冀時君有悟而正名實，故諸史皆列於名家。《淮南鴻烈解》稱，公孫龍粲於辭而貿名。揚子《法言》稱，公孫龍詭辭數萬。蓋其持論雄贍，實足以聳動天下，故當時莊、列、荀卿並著其言，為學術之一。特品目稱謂之間，紛然不可數計，龍必欲一一覈其真，而理究不足以相勝，故言愈辨而名實愈不可正。然其書出自先秦，義雖恢誕，而文頗博辨。陳振孫《書錄解題》概以淺陋迂僻譏之，則又過矣。」清周中孚（1768～1831）《鄭堂讀書記》子部雜家類〈公孫龍子提要〉曰：「即其所存六篇核之，大旨欲綜覈名實，而恢詭其說，務為博辯。楊倞《荀子注》所謂曲說異理，不可為法也（〈修身〉篇堅白同異注）。呂東萊稱：『告子彼長而我長之，彼白而我白之。斯言也，蓋堅白同異之祖。孟子累章辨析，歷舉玉、雪、羽、馬、人五白之說，借其矛而伐之，而其技窮（見《漢志》考證引）。』陳直齋亦稱『其為說淺陋迂僻，不知何以惑當時之聽』云。」清方濬頤（1815～1888）《二知軒文存》卷十三〈讀公孫龍子〉曰：「子石遊仲尼之門，作平原之客，其論堅白異同，意主循名責實，原不背於聖道，特假物取譬，離奇夭矯，翻瀾鼓舌，純以辭勝，而意為辭掩，辯則善矣，達則未也。欲冀時君之悟，徒貽譬者之譏，所以言語一科，不得與宰我、子貢並列，正謂其強辭奪理，過於鑿空，毫無實際，轉令聞者生厭耳。

然其用筆之妙，固不可及，鈍根人宜三服之。」陳朝爵（1876～1939）《漢書藝文志約說》卷二引陳澧曰：「《墨子》〈大取〉、〈小取〉篇語有與公孫龍相似。龍之學蓋出於墨子，然墨子言『白馬，馬也』，龍則云『白馬非馬』。其說云：『求馬，黃、黑馬皆可致；求白馬，黃、黑馬不可致。』又云：『堅、白、石三可乎？曰不可。視不得其所堅，拊不得其所白。』皆較墨說更轉而求深。然其末篇云『古之明王審其名實，慎其所謂』，其大旨不過如是。」呂思勉（1884～1957）《經子解題・公孫龍子》曰：「今名家之書，傳者極少。《墨經》及《經說》皆極簡質，又經錯亂難讀。此外，唯見《莊子・天下》、《列子・仲尼》兩篇，亦東鱗西爪之談。此書雖亦難通，然既非若《墨經》之簡奧；又非如《莊》、《列》之零碎，實可寶也。《漢志》十四篇，《唐志》三卷，今僅存六篇，蓋已非完帙，《通志》載陳嗣古、賈士隱兩注，皆不傳。今所傳者，為宋謝希深注，全係門外語，絕無足觀。讀者如欲深求，當先於論理學求深造；然後參以名家之說散見他書者，熟讀而深思之也。」劉咸炘（1896～1932）《子疏》定本卷下〈陰陽辨說第九〉：「首篇述其與孔穿辨及其大旨，曰：『病名實之散亂，因資材之所長，為守白之論。』末引尹文謂齊王以白馬非馬喻士不一類，求之不當泥於一名一行，是蓋其宗旨以辨名當實為致士、來民之道也。惜其意淺而言多，鄒衍詆為『煩文相假、使人不得其意』，是也。名辨之學，凡可分八九科，而龍書五論凡三科，〈白馬論〉、〈堅白論〉辨形色兼名之異也。〈指物論〉辨大其實與小別，名之異也。〈通變論〉辨數名一不可為二也。〈名實論〉則總論物實位謂四者之當辨。大抵大旨少而衍文多。其通變之論推及兩明相爭而國亂，是與道家上無為下有為之進相會者也。《呂氏春秋・審應》篇載公孫龍謂趙惠王曰：『偃兵之意，兼愛天下之心也。』又〈應言〉篇載龍說燕昭王以偃兵，蓋亦與墨家近。胡適謂古諸子皆有名學，本無名家。謂墨家後人於宗教墨學之外，分出科學墨學。據《莊子》南方之墨俱誦《墨經》，相謂別墨，以惠施、公孫龍為別墨徒。其說非也。施、龍皆非南方人。龍等所辨與《墨經》頗有異同，今人已有舉者。惠施大觀，契於莊子，非墨所及，其泛愛萬物與墨之兼愛所持不同，未可皮傅。……墨翟之辨主於分析，法家尚可以取資。若惠施之超異求同，乃反合於道家渾一之說，法家無所用之。名家、陰陽家無大宗旨可言，公孫龍之說雖繁，不過以證核實用人，特法之枝節耳。衍、奭之所推，尤虛而無用。文質之義，亦史學之一義，未見其足以自樹也。……是名家、陰陽固與道家相出入，而與宋儒形上之辨，為同一

所究者也。然則謂名家止言論理，陰陽家止近巫祝者，非疏略歟？」陳柱（1890
～1944）《諸子概論》引欒調甫《名家篇籍考》云：「《公孫龍子》之名〈守白
論〉，本書〈跡府〉篇云：『疾名實之散亂，因資財之所長，爲守白之論。假
物取譬以守白辯。』此其命名之由者。一也。《隋志》雖錄於道家，然確知其
不爲道家者，因老子云：『知其白，守其黑，爲天下式。』道家旨在守黑，而
論名守白，顯非道家之言。二也。唐成玄英《莊子疏》云：『公孫龍著守白之
論，見行於世。』又云：『堅白，公孫龍《守白論》也。』此唐人猶有稱《公
孫龍子》爲《守白論》者。三也。復合隋、唐兩《志》考之，《隋志》道家有
《守白論》，而名家無《公孫龍子》；《唐志》名家有《公孫龍子》，而道家無
《守白論》。是知其本爲一書，著錄家有出入互異。四也。至《隋志》著錄在
道家，乃由魏、晉以來學者好治老、莊書，而因莊、列有記公孫龍堅石白馬
之辯，故亦摭拾其辭，以談微理。此風已自晉人爰俞開之，而後來唐之張遊
朝著《沖虛白馬非馬證》，《新唐志》列入道家。宋之陳元景錄〈白馬〉、〈指
物〉二論以入其論著《南華餘錄》，亦在《道藏》。然則《隋志》之錄〈守白〉
於道家，又何足疑？此其五也。」張舜徽（1911～1992）《漢書藝文志通釋》
卷三曰：「公孫龍，戰國趙人，字子秉。爲堅白同異之辯，當時《莊》、《列》、
《荀卿》並著其言。相傳龍嘗乘白馬度關，關司禁曰：『馬不得過。』公孫曰：
『我馬白，非馬。』遂過。故《初學記》卷七引《別錄》曰：『公孫龍持白馬
之論以度關。』則其〈白馬論〉爲尤著名也。其書《漢志》著錄十四篇，至
宋僅存〈跡府〉、〈白馬〉、〈指物〉、〈通變〉、〈堅白〉、〈名實〉六篇。惟〈跡
府〉篇疑爲後人所集錄，餘皆龍之自作也。其意蓋疾名實之散亂，假物取譬，
以明是非，自『白馬非馬』之論外，又有『離堅白』之說，謂石之堅與白可
分爲二。著重於分析感覺與概念，區分個別與一般、具體與抽象，以致過於
強調事物之差別，此其所蔽也。抑公孫龍說趙惠王偃兵，見《呂覽・審應》；
說燕昭王偃兵，見《呂覽・應言》，則其禁攻息戰之說，與尹文同，不徒以雄
辯見稱於世矣。」馮友蘭（1895～1990）《中國哲學簡史》曰：「公孫龍也揭
示了在形象和屬性之外的共相。他討論到，共相不可能成爲經驗的對象。人
可以看見一件白的什麼東西，但是無法看見作爲共相的『白』。凡名詞指向的
共相都在另一個世界裏，那裏沒有形象和屬性，其中有些共相甚至沒有名字。
在那個世界裏，『堅硬』就是『堅硬』，『白』就是『白』，如公孫龍所說『獨
而正』，每個共相都是獨立而又眞實的。惠施說：『泛愛萬物。』公孫龍也說：

『欲推是辯，以正名實，而化天下焉。』兩人都顯然認為，他們的哲學是內聖外王之道。但是，真正把名家所揭示的形象之外的世界的意義充分發揮出來的乃是道家。道家反對名家，然而真正繼承名家的卻是道家。惠施和莊子兩人是好朋友，正好說明了這一點。」〔註 10〕金觀濤、劉青峰《中國思想史十講》：「先秦名家留下的東西不多，名家對儒家從道德規範談名，完全沒有興趣，名家最著名的辯題是『白馬非馬』、『堅白石離』。人們一提到名家就說是詭辯。二十世紀八十年代，我和青峰曾探討為什麼先秦思想家沒有發現邏輯學的三段論，翻看了不少中國哲學史書，看看任繼愈（1916～2009）的書，看看馮友蘭（1895～1990）的書，看他們如何解公孫龍（前 320～前 250）的『白馬非馬』，都講得令人一頭霧水。後來找到勞思光的書，幾句話就講明白了。他指出，『白馬非馬』的論題，關鍵在於弄清楚『非』字是什麼意思。『非』這個詞有兩個意思，一個是否定同一性，另一個是否定類屬性，這兩類否定都是用一個『非』字，很容易帶來意義的混淆。名家講『白馬非馬』中的『非』，是否定同一性，白馬當然和馬不是同一的。所以，公孫龍講你要選白馬，就只能選擇白馬；而你要選馬，那麼黃馬、黑馬什麼馬都可以。因為『非』還具有否定類屬性的意思，毫無疑問，白馬當然是屬於馬一類的。如果把『非』字的否定類屬性和否定同一性兩個意思攪和在一塊，『白馬非馬』就變成詭辯了。假定搞清楚了『非』的不同含義，就一點詭辯都沒有了。……雖然先秦名家和墨家在邏輯上都有重要發現，但是並沒有發展出古希臘那樣的邏輯體系和理型論。為什麼會這樣？原因很簡單。名家把名與實相剝離，是為了否定儒家以『名』來指稱道德，而並沒有更高的理性邏輯追求。」〔註 11〕楊國榮《中國哲學史》曰：「從理論上看，相異於惠施因突出概念的靈活性與生動

〔註10〕　馮友蘭：《中國哲學簡史》，天津社會科學院出版社，2007 年版，第 83 頁。另外一個版本翻譯作：「公孫龍不像惠施那樣強調『實』是相對的、變化的，而強調『名』是絕對的、不變的。……公孫龍也發現了超乎形象的世界，因為他所討論的共相同樣不能夠是經驗的對象。人能夠看見某個白物，而不能夠看見白的共相。一切有名可指的共相都在超乎形象的世界裏，但是並不是在超乎形象的世界裏的一切共相都有名可指。在超乎形象的世界裏，堅的共性是堅的共性，白的共性是白的共性，這也就是公孫龍所說的『獨而正』（《公孫龍子·堅白論》）。……充分運用名家對於超乎形象的世界的發現，這件事情卻留給了道家。道家是名家的反對者，又是名家真正的繼承者。惠施是莊子的真正好朋友，這個事實就是這一點的例證。」

〔註11〕　金觀濤、劉青峰：《中國思想史十講》，法律出版社，2015 年版，第 34～35 頁。

性而違背同一要求並由此倒向相對主義，公孫龍不僅把概念之間在內涵和外延上的差異，而且把概念與對象之間應有確定的對應關係這一要求絕對化，以至於推向對象屬性的相互分離，認爲一般屬性可以脫離具體對象而獨立自存，最終倒向了絕對主義。當然，從哲學史的演進看，公孫龍的『白馬非馬』、『離堅白』等論題深刻揭示了邏輯思維所包含的內在矛盾，對思維形式的絕對性給予了更多的關注，同樣包含著認識發展的必要環節。」〔註 12〕高華平《先秦諸子與楚國諸子學》曰：「正如《淮南子·氾論訓》論先秦諸子所云：『百家殊業，而皆務於治。』即使是『專決於名而失人之情』的公孫龍之學，亦當如劉向所謂：『論堅白同異，以爲可以治天下。』故作爲名家學者而其言行中涉及仁義之論、偃兵之說，也是不難理解的。值得注意的是，公孫龍之徒之所以屬於名家、屬於職業的辯者，與其他學派（如墨家、道家乃至如惠施之類）長於名辯的政治家的區別，並不在於二者之間的論題是否一致，而在於即使是面對同樣的事情、同樣的論題，名家與其他學派的著眼點和思維方式也是並不相同的。他們完全是從名實關係出發來『苛察繳繞』的，而其他諸子學派則主要著眼於現實的利益或政治關係。」〔註 13〕

## 《成公生》五篇。與黃公等同時。（師古曰：「姓成公。劉向云與李斯子由同時。由爲三川守，成公生游談不仕。」）

### 【存佚著錄】

今亡佚。《隋書·經籍志》、《舊唐書·經籍志》、《新唐書·藝文志》皆不著錄，早已亡佚。

### 【作者情況】

清姚振宗（1842～1906）《漢書藝文志條理》卷二曰：「劉向《別錄》曰：『成公生與李斯子由同時，由爲三川守，成公生遊談不仕。』鄭樵〈氏族略〉曰：『以爵諡爲氏者，有成公氏，姬姓，衛成公之後，以諡爲氏。』鄧名世《古今姓氏書辯證》：『成公氏，李利涉《編古命氏》曰：出自姬姓，周昭王子成公男之後。《漢·藝文志》有成公生，與李斯子由同時而不仕。』按此條班氏

---

〔註 12〕 楊國榮：《中國哲學史》，中國人民大學出版社，2012 年版，第 74 頁。
〔註 13〕 高華平：《先秦諸子與楚國諸子學》，北京師範大學出版社，2016 年版，第 218～219 頁。

注『與黃公等同時』，明是在黃公之前，惠子之後。今列惠子之前，似寫者顚倒亂之。」葉長青（1902～1948）《漢書藝文志問答》：「姚說未審。《莊子・徐无鬼》篇曰：『莊子謂惠子曰：儒、墨、楊、秉（注：公孫龍字子秉）四，與夫子爲五。』〈天下篇〉曰：『辯者以此與惠施相應，終身無窮。桓團、公孫龍，辯者之徒。』據此，則惠施者，名家之別派，疑成公生乃傳公孫龍之學者，不得列惠子後也。」

## 《惠子》一篇。名施，與莊子並時。

### 【存佚著錄】

今亡佚。《隋書・經籍志》、《舊唐書・經籍志》、《新唐書・藝文志》皆不著錄，早已亡佚。《惠子》之輯本有四種：其一爲明歸有光所輯《惠子》，見《諸子彙函》卷十三；其二爲清馬國翰所輯《惠子》一卷，見《玉函山房輯佚書》子編名家類，馬國翰序曰：「《戰國策》魏惠王、襄王、哀王皆紀其事言。《莊子・至樂》篇云：『惠子相梁。』則施魏人，作相在惠、襄之世，至哀王時猶存也。……茲從群書所引，輯錄十四節。篇中策議惟在勢位間，度其得失，而籌其利害，辯言簧鼓，強口御人。《呂覽・淫辭》篇記其爲魏惠王爲法，翟翦以『鄭衛之音』譏之。《莊子》亦云：『惠施多方，其書五車，其道舛駁，其言中。』然以彈喻弓，以尺棰辯用，殊令人解頤也。」其三爲錢基博所輯《惠子徵文記》，見《名家五種校讀記》；其四爲李峻之所輯《惠子》，見《古史辨》第六冊《呂氏春秋中古書輯佚》。孫啓治等曰：「馬國翰據《莊子》、《韓非子》、《呂氏春秋》、《說苑》采其言凡四十節。錢基博僅得四節，唯其中採《荀子・不苟》篇所引一節爲馬所無。李峻之從《呂氏春秋》採得七節，均已見馬輯。《諸子彙函》所載僅二節，題曰彈喻，實見於《說苑》、《戰國策》。」〔註14〕

### 【作者情況】

《莊子・天下》篇云：「惠施多方，其書五車。其道舛駁，其言也不中。」又曰：「惠施之口談，自以爲最賢。南方有畸人焉，曰黃繚，問天地所以不墜

---

〔註14〕 孫啓治、陳建華：《中國古佚書輯本目錄解題》，上海古籍出版社，2009年版，第213頁。

不陷，風雨雷霆之故。惠施不辭而應，不應而對。遍爲萬物說，說而不休，多而無已。猶以爲寡，益之以怪。」《荀子》曰：「惠子蔽於辭而不知實。」《漢書·古今人表》列惠施於第六等中下。清梁玉繩《人表考》曰：「惠施始見《楚》、《魏策》、《莊子·天下》、《荀子》〈不苟〉、〈非十二子〉。惠又作慧，亦曰惠公，亦曰惠子。宋人，爲魏惠王相，惠王請令周太史更著其名爲仲父。」

## 【學術大旨】

清章學誠（1738～1801）《文史通義·言公》曰：「惠施白馬、三足之談，因莊生而遂顯，雖爲射者之鵠，亦見不羈之才，非同泯泯也。」清方濬頤（1815～1888）《二知軒文存》卷十三〈讀惠子〉曰：「惠施與公孫龍同時，龍善辯，施則善譬，人以止譬間之，王即以無譬難之施，若無譬，施復何言乎？施若徑告王：以不可無譬，王豈遂善之乎？於是以彈喻彈，而王曰：未諭。以弓喻彈，而王曰：可知。以喜譬之，王得善譬之。施雖有止譬之客，而卒不能聽無譬之言，客之口鈍，施之口利，以鈍口攻利口，鈍者敗已。至齊荆之役，群臣左右皆爲張儀言，而莫爲惠施言，王亦聽張儀言，而弗聽惠施言。斯時施之說不幾窮乎？乃復創爲半可之論，加以劫主之名，動王之疑，而自護其短。嗚呼！此其所以爲策士也。」梁啓超（1873～1929）《漢書藝文志諸子略考釋》曰：「《莊子·天下篇》云：『惠施多方，其書五車。』似施所著述甚富，此僅一篇者，殆漢時已散佚矣。今並此一篇亡之，惠子學說可考見者，僅〈天下篇〉所引十事而已。」馮友蘭（1895～1990）《中國哲學簡史》論惠施的相對論：「惠施、公孫龍代表名家中的兩種趨向，一種是強調實的相對性，另一種是強調名的絕對性。這種區別，在著手從名實關係中分析名的時候，就變得明顯了。……例如「美」是絕對美的名，而「美的事物」只能是相對美。惠施強調實際事物是可變的、相對的這個事實，公孫龍則強調名是不變的、絕對的這個事實。……《莊子·天下》篇保存有惠施的『十事』，我們所知道的惠施思想，僅只是從此『十事』推演出來的。第一事是『至大無外，謂之大一；至小無內，謂之小一』。這兩句話都是現在所謂的『分析命題』。它們對於實，都無所肯定，因爲它們對於實際世界中什麼東西最大，什麼東西最小，都無所肯定。它們只涉及抽象概念，就是名：『至大』、『至小』。……像這樣再分析『大一』、『小一』這些名，惠施就得到了什麼是絕對的、不變的概念。從這個概念的觀點看，他看出實際的具體事物的性質、差別都是相對的、可變的。一旦理解了惠施的這種立場，我們就可以看出，《莊子》中所說

的惠施十事，雖然向來認為是悖論，其實一點也不是悖論。除開第一事以外，它們都是以例表明事物的相對性，所說的可以叫做相對論。」張舜徽（1911～1992）《漢書藝文志通釋》卷三曰：「惠施多方，其書五車云云……則惠施當時述造必豐。《漢志》僅錄一篇，知漢世已散佚殆盡，今並此一篇亦亡矣。《徐无鬼》篇稱惠施死，莊子曰：『自夫人之死也，吾無與之言矣。』可知惠施在當時，乃好辯善說之人，實名家鉅子。……自《荀子·非十二子》篇，取與鄧析並論，斥之為『不法先王，不是禮義，而好治怪說，玩琦辭，察而不惠，辯而無用，多事而寡功，足以欺惑愚眾。』於是信從其言者漸寡。其後儒學勃興，而其書悉歸亡佚，非無故也。其學說今可考見者，惟《莊子·天下》篇而已。」韋政通（1927～？）《中國思想史》第七章〈惠施與公孫龍〉：「他是當時一個重要的思想家，可惜歷史上沒有能保留下他自己的著作，現在我們能從別人的記敘中得知其思想的一鱗半爪。他雖曾在現實政治中活躍，但他的思想卻是屬於智性的、超實用的傾向，在先秦諸子中，實代表一條新的思路。……從以上十點來看，他的思想所表現的興趣，主要是在自然哲學的範圍；自然哲學中所討論的幾個主要問題氣如物質、運動、時間、空間，惠施都已涉及。此外，他也涉及到邏輯問題、認識問題。把這些問題集合起來，可以看出，其中所反映的是一個智性的心態。這種心態，在墨子的三表法和老子的形上學中，都曾表現過，但墨子和老子思想的重點，畢竟是在政治和社會方面。〈天下〉篇所見的惠施，不但和政治及社會無關，也與儒家的道德問題無關，他是由超現實、超實用，純由智性本身發展出來的一套思想，由於思想取向的獨特，才使他在先秦思想中獲得一獨立的地位。」

〔註15〕楊國榮《中國哲學史》曰：「從總體上看，惠施主張合同異，強調同異關係的相對性，強調概念的靈活性與可變性，具有明顯的相對主義傾向。這種傾向若被推向極端，不僅容易忽視對象質的相對穩定狀態，還會因模糊概念內涵的確定性而違背形式邏輯同一律的要求，從而在雙重意義上倒向相對主義。不過，邏輯思維本身包含著內在的矛盾。一方面，邏輯思維有相對靜止的狀態，概念和對象之間有確定的對應關係，概念的內涵具有確定性；另一方面，在思維過程中，把具體對象進行理性分解來加以考察是必要的，但為了把握對象的內在聯繫和變化發展的法則，概念又應該是靈活的、生動的、在對立中統一的。就此而言，儘管惠施的『歷物十事』最終倒向了相對主義，

---

從哲學史的演進看，他揭示了邏輯思維的內在矛盾的一個側面，突出了思維形式的相對性，無疑又包含著認識發展的必要環節。」〔註16〕高華平《先秦諸子與楚國諸子學》曰：「《莊子·天下》篇記載了惠施『歷物十事』，《漢書·藝文志》也著錄《惠子》一篇於『名家』，歷代學者也因此視惠施為名家中人。但惠施曾擔任魏相多年，他與一般辯者的所謂清客身份是完全不同的。他雖然以其在當時的政治地位及其『治農夫者』的有閒情趣，再附以善辯的技能與好辯的習慣，被後人目為名家的開創者，但他『是當時最活躍的政治活動人物』，實際不是名家那樣的職業的清談家。同時，《莊子·天下》篇曾說：『惠施多方，其書五車，其道舛駁，其言也不中。』……故《莊子·天下》篇不以惠施為『辯者之徒』，而近人雖多將惠施列入名家，卻或以惠施學說與莊子最相近，或以為『惠施在政治方面的措施和思想和法家是一類的』。這就說明，惠施本是一位不守一家的學者，他的學術是非常駁雜的，不應簡單地歸入名家，更不是所謂名家的『創始人』。」〔註17〕

## 《黃公》四篇。名疵，為秦博士，作歌詩，在秦時歌詩中。（師古曰：「疵音才斯反。」）

### 【存佚著錄】

今亡佚。《隋書·經籍志》、《舊唐書·經籍志》、《新唐書·藝文志》皆不著錄，早已亡佚。

### 【作者情況】

清姚振宗（1842～1906）《漢書藝文志條理》卷二曰：「《廣韻》一東『公』字注：『又複姓，秦有博士黃公疵。』（按此作『疵』，似刊誤也。）按《秦始皇本紀》：『三十六年，使博士為《仙真人詩》，及行所游天下，傳令樂人歌弦之。』黃公疵為博士，蓋即是時也。」

### 【學術源流】

清沈欽韓（1775～1831）《漢書藝文志疏證》卷二曰：「《文選注》三十四

---

〔註16〕 楊國榮：《中國哲學史》，中國人民大學出版社，2012年版，第71頁。
〔註17〕 高華平：《先秦諸子與楚國諸子學》，北京師範大學出版社，2016年版，第213～214頁。

黃子曰：『駿馬有晨風、黃鵠，皆取鳥名馬。』」張舜徽（1911～1992）《漢書藝文志通釋》卷三曰：「周壽昌曰：『此四篇，《七略》不入歌詩家，而以入名家，必是別有文，注特指其一端也。』按：班注謂其爲秦博士時嘗作歌詩耳，非謂此四篇即其歌詩也。語意甚明。此四篇自是其論涉名理之文，而早亡矣。」

## 《毛公》九篇。趙人，與公孫龍等並游平原君趙勝家。(師古曰：「劉向《別錄》云論堅白同異，以爲可以治天下。此蓋《史記》所云『藏於博徒』者。」)

### 【存佚著錄】

今亡佚。《隋書・經籍志》、《舊唐書・經籍志》、《新唐書・藝文志》皆不著錄，早已亡佚。

### 【作者情況】

清姚振宗（1842～1906）《漢書藝文志條理》卷二曰：「《史・信陵君列傳》：『魏公子無忌者，魏昭王少子也。公子既矯魏王令奪晉鄙軍存趙，獨與客留趙。聞趙有處士毛公藏於博徒，薛公藏於賣漿家，公子欲見兩人，兩人自匿不肯見。公子聞所在，乃閒步往從此兩人游，甚歡。平原君聞之，謂其夫人曰：「始吾聞夫人弟公子天下無雙，今乃妄從博徒、賣漿者游，公子妄人耳。」夫人以告公子。公子曰：「無忌自在大梁時，常聞此兩人賢，至趙，恐不得見。以無忌從之游，尚恐其不我欲也。」公子留趙十年不歸。秦聞公子在趙，日夜出兵東伐魏。魏王患之，使使往請公子。公子恐其怒之，乃誡門下：「有敢爲魏王使通者，死。」賓客莫敢勸。毛公、薛公往見公子曰：「公子所以重於趙，名聞諸侯者，徒以有魏。今秦攻魏，魏急而公子不恤，使秦破大梁而夷先王之宗廟，公子當何面目立天下乎？」語未及卒，公子立變色，告車趣駕歸救魏。』劉向《別錄》曰：『《毛公》九篇，論堅白同異，以爲可以治天下，此蓋《史記》所云毛公藏於博徒，薛公藏於賣醪家者。』按毛公在六國時，而劉氏、班氏列其書於黃公之次者，或其徒編次成書在六國之後，或亦轉寫亂其舊次。」張舜徽（1911～1992）《漢書藝文志通釋》卷三曰：「六國時，趙有二處士：毛公藏於博徒，薛公藏於賣漿家。魏公子無忌適在趙，欲見兩人，

兩人自匿不肯見。公子聞所在，乃閒步往。從此兩人游，甚歡。後秦伐魏，公子初不欲歸，兩人往見公子，曉之以宗社大義，因急歸救國。事見《史記·信陵君傳》。可知毛公實六國時有道之士而隱於民間者。《漢志》著錄其書九篇，不必爲其手著，蓋後人述之而託名於毛公者，書既晚出，故《漢志》錄之名家之末，書亦早亡。」

## 右名七家，三十六篇。

### 【家篇數目】

清姚振宗（1842～1906）《漢書藝文志條理》卷二曰：「是篇家數、篇數並不誤。」張舜徽（1911～1992）《漢書藝文志通釋》卷三曰：「今計家數篇數，悉與《志》合。」梁啓超（1873～1929）《漢書藝文志諸子略考釋》曰：「今存者《公孫龍子》一家，但殘缺。又《鄧析子》、《尹文子》二家，皆非原書，《鄧析》尤晚出。」

名家者流，蓋出於禮官。古者名位不同，禮亦異數。孔子曰：「必也正名乎！名不正則言不順，言不順則事不成。」（師古曰：「《論語》載孔子之言也。言欲爲政，必先正其名。」）此其所長也。及訐者爲之，（晉灼曰：「訐，訐也。」師古曰：「訐音工釣反。」）則苟鉤〔鈲〕析亂而已。（師古曰：「〔鈲〕，破也，音普革反，又音普狄反。」）

### 【學術源流】

《莊子·天下》曰：「桓團、公孫龍辯者之徒，飾人之心，易人之意，能勝人之口，不能服人之心，辯者之囿也。惠施日以知其與人之辯，特與天下之辯者爲怪，此其柢也。然惠施之口談自以爲最賢，曰：天地其壯乎，施存雄而無術。」

《荀子·非十二子》曰：「好治怪說，玩琦辭，甚察而不惠，辯而無用，多事而寡功，不可以爲治綱紀。然而其持之有故，其言之成理，足以欺惑愚眾，是惠施、鄧析也。」

《史記·太史公自序》載司馬談論六家要旨曰：「名家使人儉而善失眞，然其正名實，不可不察也。……名家苛察繳繞，使人不得反其意，專決於名而失人情，故曰使人儉而善失眞。若夫控名責實，參伍不失，此不可不察也。」

　　《新論·九流》曰：「名者，宋鈃、尹文、惠施、公孫捷〔註18〕之類也。其道正名，名不正則言不順。故定尊卑，正名分，愛平尙儉，禁攻寢兵。故作華山之冠，以表均平之制；則寬宥之說，以示區分。然而薄者，捐本就末，分析明辯，苟析華辭也。」

　　《隋書·經籍志》曰：「名者，所以正百物，敘尊卑，列貴賤，各控名而責實，無相僭濫者也。《春秋傳》曰：『古者名位不同，節文異數。』孔子曰：『名不正則言不順，言不順則事不成。』《周官》宗伯以九儀之命，正邦國之位，辯其名物之類是也。拘者爲之，則苛察繳繞，滯於析辭，而失大體。」

　　宋司馬光（1019～1086）《溫國文正公文集》卷六十四〈名苑序〉曰：「孔子稱：『名不正則言不順，言不順則事不成，乃至於百姓無所措手足。』甚矣聖人重名之至也。劉子政述九流，有名家者流，曰尹文子、公孫龍子等，凡七家。《尹文子》今存，其術雜黃老刑名之言耳，餘書更歷久遠，世鮮傳之。今有孫氏《釋名》，蓋亦其類也。」

　　《崇文總目·名家類敘》曰：「名家者流，所以辨核名實，流別等威，使上下之分不相逾也。仲尼有云『必也正名乎』，言爲政之大本，不可不正者也。」

　　明焦竑（1540～1620）《國史經籍志·名家類敘》曰：「名家之凡三，有命物之名，有毀譽之名，有況謂之名。蓋古者名位不同，事實亦異。孔子曰：『必也正名乎！』『名不正則言不順，言不順則事不成。』論治者不覈其名實，御眾課功，反上浮泛而誑功實，難以爲國矣。晉魯勝曰：『荀卿、莊周皆非毀名家，而不能易其論。』有以也！至舛駁不中之失，並見於篇，俟博雅者折衷焉。」

　　清章學誠（1738～1801）《校讎通義》內篇卷一〈宗劉第二〉曰：「名家者流，後世不傳得辨名正物之意，則顏氏《匡謬》、邱氏《兼明》之類，經解中有名家矣。墨家者流，自漢無傳，得尙儉兼愛之意，則老氏貴嗇，釋氏普度之類，二氏中有墨家矣，討論作述宗旨，不可不知其流別者也。」

　　清章學誠《校讎通義》卷三曰：「名家之書，當敘於法家之前，而今列於後，失事理之倫敘矣。蓋名家論其理，而法家又詳於事也。雖曰二家各有所本，其中亦有相通之原委也。」又曰：「名家之言，分爲三科：一曰命物之名，方圓黑白是也。二曰毀譽之名，善惡貴賤是也。三曰況謂之名，賢愚愛憎是

---

〔註18〕孫詒讓《札迻》以爲「公孫捷」當爲「公孫龍、捷子」之誤。

也。《尹文》之言云爾。然而命物之名，其體也。毀譽況謂之名，其用也。名家言治道，大率綜覈毀譽，整齊況謂，所謂循名責實之義爾。命物之名，其源實本於《爾雅》，後世經解家言，辨名正物，蓋亦名家之支別也。由此溯之，名之得失可辨矣。凡曲學支言，淫辭邪說，其初莫不有所本。著錄之家，見其體分用異，而離析其部次，甚且拒絕而不使相通，則流遠而源不可尋，雖欲不泛濫而橫溢也，不可得矣。《孟子》曰：『詖辭知其所蔽，淫辭知其所陷，邪辭知其所離，遁辭知其所窮。』夫謂之知其所者，從大道而溯其遠近離合之故也。不曰淫詖邪遁之絕其途，而曰淫詖邪遁之知其所者，蓋百家之言，亦大道之散著也。奉經典而臨治之，則收百家之用；忘本源而釐析之，則失道體之全。」

章太炎（1869～1936）《諸子學略說》曰：「名家之說，關於禮制者，則所謂『刑名從商，爵名從周，文名從禮』也。關於人事百物者，則所謂『散名之加於萬物者，則從諸夏之成俗曲期』也。《莊子・天下》篇云：『《春秋》以道名分。』非特褒貶損益而已。《穀梁傳》曰：『隕石於宋五。先隕而後石，何也？隕而後石也。於宋，四竟之內曰宋。後數，散辭也，耳治也。』『六鷁退飛過宋都。先數，聚辭也，目治也。』石鷁且猶盡其辭，而況於人乎？一說曰：『隕石，記聞也，聞其磌然，視之則石，察之則五。』『六鷁退飛，記見也，視之則六，察之則鷁，徐而察之則退飛。』是關於散名者也。凡正名者，亦非一家之術，儒、道、墨、法必兼是學，然後能立能破，故儒有《荀子・正名》，墨有〈經說〉上下，皆名家之眞諦散在餘子者也。若惠施、公孫龍輩，專以名家著聞，而苟爲釽析者多，其術反同詭辯。」

孫德謙（1869～1935）《諸子通考》卷四曰：「名家之學，原本禮官。禮官則以人之名位既各不同，而禮數亦因之而異，故重在辨名。及後官失其守，遂爲名家之業。……禮於貴儉、長幼、貧富、輕重，分別等差，使之皆稱者也。其曰『德必稱位』，謂之稱數，可知所取乎名家者，誠以名位不同，禮亦異數，而名家當通於禮也。故欲考名家正名之術，宜宗荀子。然荀子爲儒家，而不可目之爲名家者。荀子長於禮，故有正名之說。彼名家者，雖未能一本乎禮，實自成其爲名家。今人或謂名無專家，則不然也。《志》於諸子之學，無不詳其源流得失，名之出於禮官，特其初則如此，若《尹文》諸家，豈不足自立一家乎？」

孫德謙《諸子要略・家數》曰：「名、法者，其理相通，其學則判然相異。

吾嘗考名家之旨，固有兼言賞罰，然扼其要，不過循名責實已耳。若法家者，於參驗形名之後，即以定人之功罪，從而黜陟之，是所重在明法也。此其所由各自成家乎？乃讀《韓非》諸書者，不詳其用法之意，而以慘酷深斥之，已憒矣，然猶不失其爲法家也。於鄧析、尹文，則渾然無別，謂是皆名迭家矣。夫鄧析、尹文，名家也，所論刑賞之處，止以覈其名義之所在，豈可與法家等量而齊觀哉？其甚者，並以鄧子無厚之論，強合於任刑，而謂其存心刻薄，全失忠厚，亦可云似是而非矣。抑知名者正名也，析蓋子有無厚薄之間，審其名理耳，非謂立法當在無厚也。」〔註19〕

　　陳朝爵（1876～1939）《漢書藝文志約說》卷二曰：「《禮記・祭法》曰：『黃帝正名百物。』《左傳》曰：『惟器與名，不可以假人。』《孟子》云：『五百年必有王者興，其閒必有名世者。』《荀子》有〈正名〉篇。是正名之學，百家所同。而儒家六藝言名者，尤不可更僕數。……〈王制〉云『析言破律，亂名改作』，司馬談所云『使人儉而善失眞』，皆此所謂瞽者。苟鈎鈲析亂之爲，今世之假美名大公以行其私惡狂欲者類如此。」

　　王國維（1877～1927）《靜庵詩文集・論新學語之輸入》曰：「夫戰國議論之盛，不下於印度六哲學派及希臘詭辯學派之時代，然在印度則足目出，而從數論聲論之辯論中抽象之而作因明學，陳那繼之，其學遂定。希臘則有雅里大德勒，自哀利亞派、詭辯學派之辯論中抽象之而作名學。而在中國，則惠施、公孫龍等所謂名家者流徒騁詭辯耳，其於辯論思想之法則固彼等之所不論，而亦其所不欲論者也，故我中國有辯論而無名學，有文學而無文法，足以見抽象與分類二者皆我國人之所不長，而我國學術尚未達自覺之地位也。況於我國夙無之學，言語之不足用，豈待論哉？夫抽象之過，往往泥於名而遠於實，此歐洲中世學術之一大弊，而今世之學者猶或不免焉。乏抽象之力者，則用其實，而不知其名其實亦遂漠然無所依，而不能爲吾人研究之對象，何則？在自然之世界中名生於實，而在吾人概念之世界中實反依名而存故也，事物之無名者，實不便於吾人之思索，故我國學術而欲進步乎？則雖在閉關獨立之時代猶不得不造新名，況西洋之學術駸駸而入中國，則言語之不足用，固自然之勢也。」

　　呂思勉（1884～1957）《先秦學術概論》曰：「夫禮之初，則社會之習慣而已。所謂正名者，則謹守社會之習慣而已。然禮有沿亦有革，斯官有創亦

〔註19〕　孫德謙：《諸子通考》，嶽麓書社，2013 年版，第 234～235 頁。

有因。其因仍沿襲者，固可即固有之禮而謹守之，而不必問其何以當如此；其革故鼎新者，則必求其協諸義而協，而禮之原理，不容不講矣。職是故，古之禮官及理官，其學遂分爲二派：一極言名之當正，而務求所以正之之方，此爲法家之學；一深探千差萬別之名，求其如何而後可謂之正，是爲名家之學。夫執法術以求正名之實行者，固應審我之所謂正者果正與否；而深探名之如何而後可稱爲正者，既得其說，亦必求所以實行之。此名法二家，所以交相爲用也。抑名以立別，而名家之說，反若天地萬物，皆爲一體，只見其同，不見其異。此則宇宙萬物，本相反而相成，苟探求之至於極深，未有不覺其道通爲一者也。名法二者，蓋亦同源而異流，而古代庶政統於明堂，則清廟實名法二家所由出。故二家之學，亦有存於墨家者焉。……其傳書，《漢志》諸子十家中，爲數即最少，蓋治其學者本少也。二千年以來，莫或措意，而皆詆爲詭辯。其實細繹其旨，皆哲學通常之理，初無所謂詭辯也。然其受他家之詆斥則頗甚。《莊子》謂惠施『以反人爲實，而欲以勝人爲名』。桓團、公孫龍辯者之徒，『能勝人之口，而不能服人之心』。史談謂其『專決於名而失人情』。一言蔽之，則斥其與常識相違而已。」

江瑔（1888～1917）《讀子卮言》第四章〈論諸子之淵源〉曰：「名家出於禮官，禮尤爲史之專職，考《周禮·條狼氏》『誓邦之大史曰殺，誓小史曰墨』，注：『大史、小史，主禮事者。』又《儀禮·既夕》：『公史自西方，東面。』注：『公史，君之典禮書者。』是史之所職莫大於禮，他若內史、外史、左史、右史之屬，記言記動，悉與禮相關。《論語》『質勝文則野，文勝質則史』，集解引包注曰：『史者，文多而質少。』蓋以史官掌禮，禮父繁縟，故云『文多而質少』也。汪中亦言曰：『古之史官實秉禮經，以成國典。』則禮官亦爲史之專職矣。」

錢穆（1895～1990）《中國思想史》曰：「從思想脈絡看，先秦名家，其實從墨學變來。墨家主『兼愛』，其理論根據則在『天志』。是否眞有一人格的天帝而又有他那一番志的呢？這在中國傳統思想裏是不易認可的。惠施始轉換論點，說『天地一體，泛愛萬物』，不再說有上帝意志，卻想從名言異同的辨析上來支持墨義，來教人兼愛，無疑的必然要仍歸失敗。但其在積極的助成墨義，則無可否認。公孫龍主張『白馬非馬』論，卻是從消極反面來爲墨義解嘲。因墨家主張兼愛在實踐上，亦有難圓處。……但無論如墨子般推本上帝意志，或如惠施、公孫龍般專就名言分析，來正反辨護，這兩條路，

都在先秦思想界受到激烈的抨擊了。這是一種思想方法上的抨擊。在此盡大力的是莊子道家。墨家的兼愛，雖是一番子在人生實踐上的主張。於是盛極一時的墨學，也只有日趨消沉了。」〔註20〕

馮友蘭（1895～1990）《中國哲學簡史》曰：「按照我的理論，從這六種人裏面，形成了司馬談所稱的六家。套用劉歆的說法，我們可以說：名家者流，蓋出於辨者。」〔註21〕

葉長青（1902～1948）《漢書藝文志問答》：「鄧析以下七家，大抵恃口辯而不中，皆爲劉、班之所譏也。自黃帝正名百物，以明民共財，逮禹主名山川，而儒、墨並，孔子以正名爲政，墨翟倡求名之實，道家無名，法家定分，名家苟察繳繞，足以勝人之口，不能服人之心，故道家超名，儒、法定分，墨家同符邏輯，名家流於詭辯者也。……若夫控名責實，參伍不失，此不可不察也。」

張舜徽（1911～1992）《漢書藝文志通釋》卷三曰：「謷字今讀如叫。顏注引晉灼云：『謷，訐也。』䑯字當從爪聲，今通行本《漢書》，皆訛從瓜聲作瓠，非也。䑯乃裁析之意，見《方言》。鈎䑯析亂，謂其流弊必至於破碎穿鑿，不識大體，以致混亂也。司馬談《論六家要指》有云：『名家使人儉而善失眞。然其正名實，不可不察也。』又云：『名家苟察繳繞，使人不得反其意，專決於名，而失人情。故曰使人儉而善失眞。若夫控名責實，參伍不失，此不可不察也。』此處所謂繳繞，即今言糾纏也；參伍，即今言錯雜也。《莊子・天下》篇謂：『辯者能勝人之口，不能服人之心。』又謂：『惠施以反人爲實，而欲以勝人爲名。』斯皆名家之短也。至其所長，則循名責實，固君道之弘綱，不可廢已。司馬所論，可與《漢志》之言相發。」

郭齊勇、吳根友《諸子學通論》曰：「關於名家的緣起，《漢志》說出於禮官，似論據不足。馮友蘭認爲出於辯士，後又說出於訟師。他說：『在《原儒墨》一文中，我說：「名家者流，出於辯士。」依現在我的意見，辯士一名雖爲先秦書中所常見，但似指一般能說會道之人，而非社會上確有一種人，稱爲辯士。名家者流，蓋出於訟師。』此說的根據，則是因爲名家先驅鄧析是最早的訟師之一。鄧析與子產同時，且同在鄭國。鄧析辯術很高，對法律條文咬文嚼字，多次非難子產。但說惠施、公孫龍與當時的法律活動有

〔註20〕錢穆：《中國思想史》，九州出版社，2012 年版，第 54 頁。
〔註21〕馮友蘭：《中國哲學簡史》，天津社會科學院出版社，2007 年版，第 34 頁。

－479－

關，說名家起源於訟師，根據也不充分。」〔註22〕又曰：「《莊子》、《荀子》都專門批評了『辯者』，司馬談把先秦思潮劃分爲六家（其中有名家），都是有思想史的根據的。那麼，所謂『名家』，就是專門從事辯論術或語言邏輯分析的一批『辯者』。與儒、墨、道、法、陰陽家相比，他們沒有自己的有關政治、道德、歷史、文化的理論體轟與中心，而只是就『名實』、『堅白』、『同異』、『白馬』、『無厚』等邏輯問題作出爭鳴，並探討語言的法則與思維的規律。通過他們的分析、抽象和辯難，大人提高了先秦哲學思維的水平。名家在戰國時期與儒、墨、道、法、陰陽諸家都有密切的聯繫，相互批評、辯難。」〔註23〕

高華平《先秦諸子與楚國諸子學》曰：「名家應該是一個源於春秋末年鄧析之法律辯訟和孔子的『正名』思想，由春秋戰國時期名辯學說的長期積累而最終形成於戰國中後期的一個諸子學派。它的主要代表人物應該是兒說、田巴、桓團、公孫龍等人。這些人只是『辯者』，因爲他們『除長於辯說外，別無特出之學說』；而《漢書·藝文志》中著錄其書的鄧析、惠施、宋鈃、尹文等人，則不在其列。」〔註24〕

王錦民《古學經子》曰：「《漢志》所謂名家出乎禮官者，即是說名家之學術最早是關於與箚有關的各類名，如《周官》所記禮官所掌分爲爵名與物名兩類。至《荀子·正名》，則將所謂名分爲爵名、文名、刑名、散名四類。……荀子所說的爵名、文名，即相當於前述《周官》所記的兩類名，亦可統謂之禮名。孔子及儒家之論正名，均是就禮名而言。當禮崩樂壞之際，儒家之欲拯時勢之弊，故而提倡正名。至於荀子所說的刑名，則是禮崩樂壞之際，於禮名之外新出之名，其說起於鄧析。荀子說的散名，既非禮名，又非刑名，是萬物均有其名實之名，亦即戰國之後名家斷斷致辯之名。名家之初起，乃是以禮名爲基礎，又逐漸順應社會變化，由禮名轉到，了刑名上，其與儒家所走的爲不同路徑。名家的最初創始者爲鄧析。……《漢志》將鄧析著錄在名家，將申子著錄在法家，此說明鄧、申學術已不同。鄧析生活於春秋時代，至申子則生活在戰國中世，其時黃老之學已興：而申子之學正是將刑名，與黃老雜糅在一起。《史記·老莊申韓列傳》稱『申子之學本於黃老而主刑名』，

〔註22〕 郭齊勇、吳根友：《諸子學通論》，商務印書館，2015 年版，第 360 頁。
〔註23〕 郭齊勇、吳根友：《諸子學通論》，商務印書館，2015 年版，第 362 頁。
〔註24〕 高華平：《先秦諸子與楚國諸子學》，北京師範大學出版社，2016 年版，第 212 頁。

又云『申子卑卑，施之於名實』，則除了糅合黃老、刑名之外，與刑名有關的名實問題亦自申子而起。《淮南子》稱刑名之學起於申子，並非無見之說，但申子實不能算是名家，究其原因，在於刑名與法術又可分為二學。刑名之學初興時，本不包括法術，法術之學自申、商而起。」〔註 25〕

〔註 25〕王錦民：《古學經子》，華夏出版社，2008 年版，第 330～332 頁。

# 六、墨　家

## 《尹佚》二篇。周臣，在成、康時也。

### 【存佚著錄】

今亡佚。《隋書·經籍志》、《舊唐書·經籍志》、《新唐書·藝文志》皆不著錄，早已亡佚。《尹佚》之輯本有二種：其一為嚴可均所輯《尹逸》，見《全上古三代文》卷二，曰：「逸一作佚，亦稱史佚，周初太史，事武王、成王、康王。案：《漢志》墨家有《尹逸》二篇，本注：『周臣，在成、康時也』。」其二為馬國翰所輯《史佚書》一卷，見《玉函山房輯佚書》子編墨家類，馬國翰序曰：「惟《左傳》、《國語》引其言，又《淮南子》引『成王問政』一節，《說苑》亦引之。又《逸周書》、《史記》載『佚策祝』，皆其佚文。並據輯錄。《大戴禮記·保傅》篇云：『承者，承天子之遺忘者也。常立於後，是史佚也。與周公為道，太公為充，召公為弼，同列而總謂之四聖。』則史佚固聖人之流亞也。其對成王問政：『使之以時，而敬順之，忠而愛之，布令信而不食言。』又云：『善之則畜也，不善則仇也。』與《論語》道千乘之國章、《孟子》君之視臣章意旨復合。而《春秋內外傳》所引諸語，亦皆格言大訓，不知班《志》何以入其書於墨家之首，意或以墨家者流出於清廟之守，佚為周太史，故探源而定之歟？今仍依班《志》，觀者勿以墨翟兼愛之流弊並疑此書也。」孫啟治等曰：「按尹佚見《史記·周本紀》，為周太史，故亦稱史佚，《大戴禮記·保傅》盧辯注：『史佚，周太史尹佚也。』《尚書·洛誥》云：『王命祝冊逸祝冊。』逸、佚通，祝冊逸即史佚，見《詩·烈文》疏引鄭

玄注。馬國翰從《逸周書》、《史記》、《左傳》、《國語》採得其言九節。嚴可均所採七節未出馬外。」〔註1〕

## 【作者情況】

《漢書‧古今人表》列史佚於第二等上中仁人。清梁玉繩（1744～1819）《人表考》曰：「史佚始見《逸書‧世俘解》、《禮‧曾子問》、《左‧僖十五》、《周語下》。周文、武時太史。佚，又作逸。亦曰尹佚，與太公、周、召稱四聖。按《晉語》四稱文王訪於辛尹，尹蓋其氏。《通志‧氏族略三》云：少昊之子封於尹城，因以爲氏。子孫世爲周卿士，食采於尹。考《左‧昭廿三》王子朝入於尹，單、劉伐尹。疏謂：尹子食采於尹，世爲卿士。然則尹佚乃少吳之裔，而周尹氏乃史佚之後也。」馬國翰輯本序曰：「按《書‧洛誥》：『逸祝冊。』孔安國、蔡沈傳並云：『逸，史佚也。』陳師凱曰：『古字通作逸。』《春秋左氏傳‧僖十五年》杜預注：『史佚，周武王時太史，名佚。』《襄十四年正義》、《晉語》：『文王訪於辛、尹。』賈逵以爲辛甲、尹佚。」

## 【學術源流】

宋王應麟（1223～1296）《漢藝文志考證》卷七曰：「《左傳》稱『史佚有言』、『史佚之志』，《晉語》胥臣曰『文王訪於辛、尹』，注：『辛甲、尹佚，皆周大史。』〈洛誥〉『逸祝冊』，《正義》以爲史佚。《淮南鴻烈》引『成王問政於尹佚』。〈保傅傳〉『丞立於後，是史佚也』。《說苑》引『成王問政於尹逸』。尹佚，周史也，而爲墨家之首。今書亡，不可考。按《呂氏春秋》：『魯惠公使宰讓請郊廟之禮於天子。天子使史角往，惠公止之。其後在於魯，墨子學焉。』意者史角之後，託於佚歟？」清汪中（1744～1794）《述學》內篇三〈墨子序〉曰：「古之史官，寔秉禮經以成國典，其學皆有所受。劉向以墨家爲出於清廟之守。夫有事於廟者，非巫則史，史佚、史角皆其人也。」清章學誠（1738～1801）《校讎通義》卷三曰：「道家祖老子，而先有《伊尹》、《太公》、《鬻子》、《管子》之書；墨家祖墨翟，而先有《伊佚》、《田俅子》之書；此豈著錄諸家窮源之論耶？今按：《管子》當入法家，著錄部次之未審也。至於《伊尹》、《太公》、《鬻子》乃道家者流稱述古人，因以其人命書，非必盡出僞託，亦非以伊尹、太公之人爲道家也。《尹佚》之於墨家，意其亦若是焉而

〔註1〕 孫啓治、陳建華：《中國古佚書輯本目錄解題》，上海古籍出版社，2009年版，第213～214頁。

已。然則鄭樵所云『看名不看書』，誠有難於編次者矣。否則班、劉著錄，豈竟全無區別耶？第《七略》於道家，敘黃帝諸書於老萊、鶡冠諸子之後，為其後人依託，不以所託之人敘時代也。而《伊尹》、《尹佚》諸書，顧冠道墨之首，豈誠以謂本所自著耶？其書今既不傳，附以存疑之說可矣。」清沈欽韓（1775～1831）《漢書藝文志疏證》卷二曰：「《說苑・政理》篇：『成王問政於尹逸曰：吾何德之行而民親其上？對曰：使之以時，而敬順之，忠而愛之，布令信而不食言。天地之間、四海之內，善之則畜也，不善則讎也。』按此即尹佚之書。〈保傅傳〉尹佚為少師，道與周、召葉。三代異物，豈尚守肶胝之規、巫鬼之說，為墨者之祖哉？《志》列於此，儨矣。」清姚振宗（1842～1906）《漢書藝文志條理》卷二曰：「《史・周本紀》：『武王至商國，入，至紂死所。明日，除道，修社。師尚父牽牲，尹佚策祝。』又曰：『命南宮括、史佚展九鼎保玉。』《正義》曰：『尹佚讀策書祝文以祭社也。』徐廣曰：『保，一作寶。』《大戴記・保傅》篇明堂之位曰：『篤仁而好學，多聞而道愼，天子疑則問，應而不窮者，謂之道。道者，導天子以道者也。常立於前，是周公也。誠立而敢斷，輔善而相義者，謂之充。充者，充天子之志也。常立於左，是太公也。絜廉而切直，匡過而諫邪者，謂之弼。弼者，拂天子之過者也。常立於右，是召公也。博聞強記，接給而善對者，謂之承。承者，承天子之遺忘者也。常立於後，是史佚也。』故成王中立而聽朝，則四聖維之，是以慮無失計，而舉無過事。盧辯曰：『接給，謂應所而給也。史佚，周太史尹佚也。』……嚴可均（1762～1843）《三代文編》：『尹佚亦稱史佚，周初太史，事武王、成王、康王。《逸周書》及《史記》引武王即位策，《說苑》引史佚對成王問，《左傳》引史佚之言四條，又引《史佚之志》。』……按史佚之後有史角，而墨翟學於史角，之後其道盛行於世，遂以墨名其家，而其初出於清廟之守者也。清廟之守之為書者，自尹佚始，故是類以尹佚為之首。（武王即位告天，尹佚策祝，而是篇篇敘所謂『茅屋采椽，養三老五更，選士大射，宗祀嚴父，順四時而行，以孝視天下』，皆清廟之守之所有事也。）」梁啓超（1873～1929）《漢書藝文志諸子略考釋》曰：「《周書・世俘解》云：『武王降自車，乃俾史佚繇書。』〈洛誥〉云：『王命祝冊，逸作冊。』今所傳金文中其冊辭為逸所宣者甚多，似其人甚老壽，歷數朝。《左傳》僖公十五、文十五、成四、襄十四、昭元，及《國語・晉語》皆引史逸。其言論蓋極為周世所重，但《漢志》何故以入墨家，則所未解也。」陳朝爵（1876～1939）《漢

書藝文志約說》卷二引葉德輝曰：「《左傳》僖十五年、文十五年、成四年、襄十四年、昭元年、〈晉語〉均引史佚，其言合於儒術，而《志》入墨家者，意以其爲太史守清廟，故從其朔而言之歟？」葉長青（1902～1948）《漢書藝文志問答》：「墨家出於清廟之守，《史記・周本紀》正義曰：『尹佚讀筴書祝文以祭社也。』則尹佚者，乃清廟之守，列於墨家之首，所以明其源也。」張舜徽（1911～1992）《漢書藝文志通釋》卷三曰：「尹佚亦稱尹逸，見《周書・克殷解》；又稱史佚，見《左傳》及《史記》。」

## 《田俅子》三篇。先韓子。（蘇林曰：「俅音仇。」）

### 【存佚著錄】

今亡佚。《隋書・經籍志》著錄：「梁有《田休子》一卷，亡。」〔註2〕《舊唐書・經籍志》、《新唐書・藝文志》皆不著錄，早已亡佚。《田俅子》之輯本有五種：其一爲馬國翰所輯《田俅子》一卷，見《玉函山房輯佚書》子編墨家類，馬國翰序曰：「《韓非子》引『田鳩說』二節。家宛斯先生《繹史》云：『田鳩即田俅子。』班氏亦以鳩、俅爲一人，故言『先韓子』也。《呂氏春秋》亦引『墨者田鳩』事。高誘注：『田鳩，齊人，學墨子術。』此又一確證矣。……從《藝文類聚》、《白六帖》、《文選注》、《太平御覽》所引，輯得八節，合《韓非子》所引「田鳩說」並附《呂覽》所載事跡爲卷。述古代祥瑞，與《隋巢》同旨，而以『楚人鬻珠』、『秦伯嫁女』喻墨氏言之不辯，則辯之甚矣。」其二爲勞格所輯《田俅子》，見《讀書雜識》卷六；其三爲顧觀光所輯《田俅子》，見氏著《武陵山人遺稿・古書逸文》；其四爲孫詒讓所輯《田俅子佚文》，見《墨子間詁・墨子後語下》；其五爲王仁俊所輯《田俅子》，見《玉函山房輯佚書續編》子編墨家類。孫啓治等曰：「馬國翰從唐、宋類書及《文選》李善注採得八節。又《呂氏春秋・首時》篇有墨者田鳩，馬驌《繹史》、梁玉繩《漢書人表考》並謂鳩、俅音近，田鳩即田俅。馬氏從其說，據《韓非子》採得田鳩言二節附焉。孫詒讓所輯實據馬輯，而未錄田鳩二節，別從《稽瑞》採得三節。顧觀光采得八節，中採《能改齋漫錄》引一節爲馬、孫所無，其餘大體不出馬外。王仁俊僅從《太平御覽》採得一節，實與馬採自《白帖》一

---

〔註2〕 姚振宗《隋書經籍志考證》曰：「『田休』當爲『田俅』。」

節文雷同。勞格所輯七節均不出馬外。」〔註3〕

## 【作者情況】

《漢書·古今人表》列田俅子於第四等中上。清梁玉繩（1744～1819）《人表考》曰：「田俅子惟見本書〈藝文志〉墨家。《呂覽·首時》言田鳩見秦惠王。注：田鳩，齊人。《韓子·外儲說左上》及《問田》篇亦稱之。鳩、俅音近，疑爲一人。」《呂氏春秋·首時》篇：「墨者有田鳩，欲見秦惠王，留秦三年而弗得見。客有言於楚王者，往見楚王，楚王說之，與將軍之節以如秦，至，因見惠王。」高誘注云：「田鳩，齊人，學墨子術。」梁啓超（1873～1929）《漢書藝文志諸子略考釋》曰：「《韓非子》〈問田〉篇、〈外儲說·左上〉篇、《呂氏春秋·首時》篇、《淮南子·道應》篇皆述田鳩言行。鳩、俅音近，馬驌、梁玉繩並以爲一人，是也。」

## 【學術大旨】

陳朝爵（1876～1939）《漢書藝文志約說》卷二引葉德輝曰：「《藝文類聚》、《白帖》及《文選·東京賦》注、王元長《曲水詩序》注所引多言符瑞，殆亦明鬼之意歟？」張舜徽（1911～1992）《漢書藝文志通釋》卷三曰：「其書乃所以宣揚墨學者。」

## 《我子》一篇。（師古曰：「劉向《別錄》云：爲墨子之學。」）

## 【存佚著錄】

今亡佚。《隋書·經籍志》、《舊唐書·經籍志》、《新唐書·藝文志》皆不著錄，早已亡佚。清章學誠（1738～1801）《校讎通義》內篇卷三：「墨家《隨巢子》六篇、《胡非子》三篇，班固俱注墨翟弟子，而敘書在《墨子》之前《我子》一篇，劉向《別錄》云：『爲墨子之學。』其時更在後矣，敘書在隨巢之前，此理之不可解者，或當日必有錯誤也。」

## 【作者情況】

唐林寶《元和姓纂》卷七「三十三哿」下「我」姓引《風俗通》云：「我子，六國時人，著書號《我子》。」宋《廣韻》注云：「我，姓。」鄧名世《古

---

〔註3〕　孫啓治、陳建華：《中國古佚書輯本目錄解題》，上海古籍出版社，2009年版，第214頁。

今姓氏書辯證》卷二十六「我」姓注：「《漢・藝文志》有《我子》一篇，劉向云：『爲墨子之學。』」張舜徽（1911～1992）《漢書藝文志通釋》卷三曰：「我乃其姓，見《廣韻》。」

### 【學術源流】

清章學誠（1738～1801）《校讎通義》卷三曰：「墨家《隨巢子》六篇，《胡非子》三篇，班固俱注『墨翟弟子』，而敍書在《墨子》之前。《我子》一篇，劉向《別錄》云『爲墨子之學』，其時更在後矣。敍書在隨巢之前，此理之不可解者，或當日必有錯誤也。」

## 《隨巢子》六篇。墨翟弟子。

### 【存佚著錄】

今亡佚。《隋書・經籍志》、《新唐書・藝文志》子部墨家類著錄「《隨巢子》一卷」、《舊唐書・經籍志》未著錄，《宋史・藝文志》亦不著錄。顧實（1878～1956）《漢書藝文志講疏》三〈諸子略〉曰：「《隋》、《唐志》、《通志》咸一卷。洪邁曰：『書今不存。』則亡於宋矣。其尙儉、明鬼，傳墨之術。」《隨巢子》之輯本有六種：其一爲明歸有光所輯《隨巢子》，見《諸子彙函》卷十三；其二爲馬國翰所輯《隨巢子》一卷，見《玉函山房輯佚書》子編墨家類，馬國翰序曰：「《隨巢子》一卷，周隨巢子撰。《史記・太史公自序》：『墨者。』張守節《正義》引韋昭云：『墨翟之術也，尙儉，後有徐巢子傳其術也。』徐、隨音近而訛。……馬總《意林》載其二節。又從諸書所引輯十三節，以類編次。多言災祥禍福，其論鬼神之能，亦即《中庸》『體物而不可遺』之義，而謂『鬼神賢於聖人』，過爲奇語，醇駁分焉已。」其三爲勞格所輯《隨巢子》，見《讀書雜識》卷六；其四爲顧觀光所輯《隨巢子》，見《武陵山人遺稿・古書逸文》；其五爲孫詒讓所輯《隨巢子佚文》，見《墨子閒詁・墨子後語下》；其六爲王仁俊所輯《隨巢子》，見《玉函山房輯佚書續編》子編墨家類。孫啓治等曰：「馬國翰據《意林》及唐、宋類書等採得十五節。孫詒讓實據馬輯增補，從《荀子》楊倞注、《通鑑外紀》、《稽瑞》增入三節。又馬輯『夏后之興，方澤出馬』一節未注出處，故孫亦未錄。按此節出《開元占經》，馬氏偶失注耳。王仁俊從《稽瑞》、《海錄碎事》各採得一節以補馬缺。勞格採得五節，

未出馬外。顧觀光採得七節，其中『殷減，周人受之』、『有陰而遠者』、『禹生碣石之東』三節爲馬所無。《諸子彙函》所裁僅一節，題曰〈鬼神〉，即見於《意林》所載者，而文略異。」〔註4〕

## 【作者情況】

　　《漢書・古今人表》列隨巢子於第四等中上。宋鄧名世《古今姓氏書辯證》：「隨巢氏，《漢・藝文志》有《隨巢子》六篇，注云墨翟弟子。謹按：姓書未有此氏，而當時有胡非子、隨巢子皆師墨氏，則隨巢合爲人氏。」清梁玉繩（1744～1819）《人表考》曰：「隨巢子惟見本書《藝文志》墨家。隨巢，當是氏，或謂氏隨名巢，無據。」清姚振宗（1842～1906）《漢書藝文志條理》卷二曰：「《隋志》注云：『巢似墨翟弟子』，則氏隨名巢矣，然亦不知何所據也。」

## 【學術大旨】

　　《史記・太史公自序》論六家要指曰：「墨者儉而難遵。」《正義》引韋昭說：「墨翟之術也，尚儉。後有隨巢子傳其術也。」宋洪邁（1123～1202）《容齋三筆》卷十五「隨巢胡非子」條曰：「《漢書・藝文志》：墨家者流有《隨巢子》六篇、《胡非子》三篇，皆云墨翟弟子也。二書今不復存，馬總《意林》所述各有一卷。隨巢之言曰：『大聖之行，兼愛萬民，疏而不絕，賢者欣之，不肖者憐之，賢而不欣，是賤德也，不肖不憐，是忍人也。』又有鬼神賢於聖人之論，其于謙愛、明鬼，爲墨之徒可知。胡非之言曰：『勇有五等：負長劍，赴榛薄，折兕豹，搏熊羆，此獵徒之勇也；負長劍，赴深淵，折蛟龍，搏黿鼉，此漁人之勇也；登高危之上，鵠立四望，顏色不變，此陶岳之勇也；剽必刺，視必殺，此五刑之勇也；齊威公以魯爲南境，魯憂之，曹劌匹夫之士，一怒而劫萬乘之師，存千乘之國，此君子之勇也。』其說亦卑陋，無過人處。」清方濬頤（1815～1888）《二知軒文存》卷十三〈讀隨巢子〉曰：「有相里氏之墨，有桓芬氏之墨，有鄧陵氏之墨，墨分爲三，而隨巢子在當時即隱其名，與張孟談友，惜其書秦火燔燒未盡，尙存越蘭一問，答以鬼神賢於聖人，今之佛教蓋本於此。夫宗墨者言鬼神，守其師說，無足怪也。乃有儒而墨者，以孔孟之徒，慕釋氏之學，空談性理，遁入虛無，方自謂玄渺幽深，

---

〔註4〕　孫啓治、陳建華：《中國古佚書輯本目錄解題》，上海古籍出版社，2009年版，第214頁。

幾於神化，而不知已捨正路而涉歧途矣。且歧之又歧，而去道日遠矣。儒與墨截然不同，顧溷而一之，援而止之，意主中立，而實則囿於一偏也。非墨蠹儒，乃儒自蠹耳。雖賢士大夫皆不免焉，無惑乎聖教日衰，而異端蠭起也。」陳朝爵（1876～1939）《漢書藝文志約說》卷二曰：「《意林》一引《隨巢子》言：『鬼神爲四時八節以化育之，乘雲雨潤澤以繁長之，皆鬼神所能也。』案，隨巢論鬼神與張子所云『造化之跡』、『天地之功用』、『二氣之良能』諸語一意，是論鬼神之最古者。河間紀氏爲筆記諸書，肆口詆嘲宋儒鬼神之說，寧非不學之過！」張舜徽（1911～1992）《漢書藝文志通釋》卷三曰：「今觀諸書所引佚文，則又多言災祥禍福。可知其傳墨之術，固以尚儉、明鬼爲大矣。《文心雕龍・諸子》篇云：『墨翟、隨巢，意顯而語質。』竟取隨巢與墨翟並論，可以窺其所至，固墨學之鉅子也。」

## 《胡非子》三篇。墨翟弟子。

### 【存佚著錄】

今亡佚。《隋書・經籍志》、《舊唐書・經籍志》、《新唐書・藝文志》子部墨家類皆著錄「《胡非子》一卷」。《宋史・藝文志》不著錄，疑亡於宋代。《胡非子》之輯本有四種：其一爲明歸有光所輯《胡非子》，見《諸子彙函》卷十三；其二爲馬國翰所輯《胡非子》一卷，見《玉函山房輯佚書》子編墨家類，馬國翰序曰：「其名、字、爵、裏皆無考。鄭樵《通志・氏族略》云：『胡非氏，嫣姓，陳胡公後有公子非，其後子孫有胡非氏。戰國有胡非子著書。』……馬總《意林》亦載一卷之目，而止載其〈說五勇〉一篇，文句多脫略，校《太平御覽》所引補足，又搜輯三節，合爲卷。〈五勇〉與《莊子》相出入，〈說弓矢〉亦本《韓非子》『矛盾之喻』。戰國人文字相襲，往往而然也。」其三爲孫詒讓所輯《胡非子佚文》，見《墨子閒詁・墨子後語下》；其四爲顧觀光所輯《胡非子》，見《武陵山人遺稿・古書逸文》。孫啓治等曰：「馬國翰據《意林》及唐、宋類書採得四節，孫詒讓所輯與馬無異，蓋即據馬輯轉錄。顧觀光所採凡三節，不出馬外。《諸子彙函》所載僅一節，題曰〈論勇〉，驗之馬輯，則實採自《太平御覽》。」〔註5〕

---

〔註5〕 孫啓治、陳建華：《中國古佚書輯本目錄解題》，上海古籍出版社，2009年版，第214～215頁。

## 【作者情況】

　　《漢書·古今人表》列胡非子於第四等中上。應劭《風俗通·姓氏篇》：
「胡非氏，胡公之後有公子非，其後子孫因以胡非為氏。戰國有胡非子著
書。」清梁玉繩（1744～1819）《人表考》曰：「胡非子惟見本書〈藝文志〉
墨家。胡非，複姓。《廣韻》注云：胡公之後，有公子非，因以為氏。則胡非
子齊人也。」張舜徽（1911～1992）《漢書藝文志通釋》卷三曰：「此疑胡姓非
名，其書則稱《胡非子》，猶韓非之書稱《韓非子》耳。考《隋志》云：『《隨
巢子》一卷，巢似墨翟弟子；《胡非子》一卷，非似墨翟弟子。』並以巢、非
其人之名，必有所受矣。」

## 【學術大旨】

　　宋洪邁（1123～1202）《容齋隨筆》容齋三筆卷十五「隨巢胡非子」條曰：
「《漢書·藝文志》墨家者流有《隨巢子》六篇、《胡非子》三篇，皆云墨翟
弟子也。二書今不復存。馬總《意林》所述各有一卷。隨巢之言曰：『大聖之
行，兼愛萬民，疏而不絕，賢者欣之，不肖者憐之，賢而不欣，是賤德也，
不肖不憐，是忍人也。』又有鬼神賢於聖人之論。其于謙愛、明鬼，為墨之
徒可知。胡非之言曰：『勇有五等：負長劍，赴燖薄，扸罤豹，搏熊羆，此獵
徒之勇也；負長劍，赴深淵，折蛟龍，搏黿鼉，此漁人之勇也；登高危之上，
鵠立四望，顏色不變，此陶岳之勇也；剚必刺，視必殺，此五刑之勇也；齊
威公以魯為南境，魯憂之，曹劌匹夫之士一怒而劫萬乘之師，存千乘之國，
此君子之勇也。』其說小卑陋，無過人處。」宋王應麟（1223～1296）《漢藝
文志考證》卷七曰：「馬總《意林》所述隨巢兼愛、明鬼，而墨之徒可知。胡
非言勇有五等，其說亦卑陋無過人處。」清方濬頤（1815～1888）《二知軒
文存》卷十三〈讀胡非子〉云：「胡非為墨之徒，而論勇則上本《莊》、《荀》，
下開《說苑》，其以君子之勇為勇，一言折服危冠長劍之人，非不誠勇也哉！
血氣暴於外，而道義餒於中，敵萬人者，反懼一人，勇固在德，而不在力也。
非雖為墨之徒，而所言則近乎聖賢，足資採擇，正不得以異端目之。靜能制
動，柔能克剛，張至弱之帆，以當至強之風，風為帆用，弱者轉強，而篙艣
咸聽命焉，舟中攤卷，忽有所悟，附記於此，以見善言名理者之當前，即是
無事遠求也。」清沈欽韓（1775～1831）《漢書藝文志疏證》卷二曰：「按其
言與《說苑·善說》篇林既語齊景公同。無稽之談，彼此般演，以是名家，
一錢不直！始皇烈火，惜其分皂白。若此輩，恨不盡空之！」顧實（1878～

1956）《漢書藝文志講疏》三〈諸子略〉引葉德輝曰：「其書大旨與〈貴義〉、〈尙同〉相近。」孫德謙（1869～1935）《諸子通考》卷二曰：「往讀《四庫提要》，見其於名、墨、縱橫，併合雜家，以爲諸子之學，重在家數，而不立此三家，頗覺其非，嘗爲說以辨訂之。夫名家正名，孔子亦稱爲政之先。墨家之尙賢、節用，觀〈魯問〉篇，所謂擇務從事，蓋皆救時之術。縱橫家四方專對，以弭兵爲主，亦爲實用之學。即如《隋志》，名家《鄧析》、《尹文》而外，僅有《人物志》三卷；墨家則《墨子》及《隨巢》、《胡非》，只載三種；縱橫家則惟爲《鬼谷子》而已。其業誠爲漸滅！然不可以古之自成一家者，竟從而去之。胡氏（指胡應麟——引者注）以今又無習之者，不當獨爲家，則《提要》之統入雜家，殆亦本胡氏之說，而有此失乎？」今按：學術分類與藏書分類不同。

## 《墨子》七十一篇。名翟，爲宋大夫，在孔子後。

### 【存佚著錄】

今本《墨子》存五十三篇，佚十八篇，其中八篇僅存篇名，其篇目爲：〈親士第一〉、〈修身第二〉、〈所染第三〉、〈法儀第四〉、〈七患第五〉、〈辭過第六〉、〈三辯第七〉、〈尙賢上第八〉、〈尙賢中第九〉、〈尙賢下第十〉、〈尙同上第十一〉、〈尙同中第十二〉、〈尙同下第十三〉、〈兼愛上第十四〉、〈兼愛中第十五〉、〈兼愛下第十六〉、〈非攻上第十七〉、〈非攻中第十八〉、〈非攻下第十九〉、〈節用上第二十〉、〈節用中第二十一〉、〈節用下第二十二〉（闕）、〈節葬上第二十三〉（闕）、〈節葬中第二十四〉（闕）、〈節葬下第二十五〉、〈天志上第二十六〉、〈天志中第二十七〉、〈天志下第二十八〉、〈明鬼上第二十九〉（闕）、〈明鬼中第三十〉（闕）、〈明鬼下第三十一〉、〈非樂上第三十二〉、〈非樂中第三十三〉（闕）、〈非樂下第三十四〉（闕）、〈非命上第三十五〉、〈非命中第三十六〉、〈非命下第三十七〉、〈非儒上第三十八〉（闕）、〈非儒下第三十九〉、〈經上第四十〉、〈經下第四十一〉、〈經說上第四十二〉、〈經說下第四十三〉、〈大取第四十四〉、〈小取第四十五〉、〈耕柱第四十六〉、〈貴義第四十七〉、〈公孟第四十八〉、〈魯問第四十九〉、〈公輸第五十〉、〈備城門第五十二〉、〈備高臨第五十三〉、〈備梯第五十六〉、〈備水第五十八〉、〈備突第六十一〉、〈備穴第六十二〉、〈備蛾傳第六十三〉、〈迎敵祠第六十八〉、〈旗幟第六十九〉、〈號令第七十〉、〈雜守

第七十一〉。《隋書・經籍志》著錄「《墨子》十五卷，目一卷」，《舊唐書・經籍志》、《新唐書・藝文志》、《宋史・藝文志》、《崇文總目》皆著錄「《墨子》十五卷」。清畢沅（1730～1797）《墨子注敘》曰：「《墨子》七十一篇，見《漢・藝文志》。隋以來爲十五卷，目一卷，見《隋・經籍志》。宋亡九篇，爲六十一篇，見《中興館閣書目》，實六十三篇。後又亡十篇，爲五十三篇，即今本也。」清孫詒讓（1848～1908）《墨子間詁・墨子附錄・墨子篇目考》曰：「《漢志》兵技巧家注云：『省，《墨子》重。』則《七略》《墨子》書，墨家與兵書蓋兩收，班《志》始省兵而專入墨，此亦足考劉、班著錄之異同。（劉《略》入兵技巧家者，蓋即〈備城門〉以下二十篇也。）」

## 【作者情況】

　　墨翟，籍貫有宋、楚、魯三說。〔註6〕《史記》無專傳，惟於〈孟荀列傳〉後附見數語曰：「蓋墨翟，宋之大夫，善守禦，爲節用。或曰並孔子時，或曰在其後。」《史記索隱》引《別錄》云：「『墨子書有文子。文子，子夏之弟子，問於墨子。』如此，則墨子者，在七十子後也。」《漢書・古今人表》列墨翟於第四等中上，清梁玉繩（1744～1819）《人表考》曰：「墨翟始見《孟子》、《戰國・齊策》。宋之人夫，魯人。姓墨，本墨臺氏所改，名翟，亦曰墨氏，亦曰墨子，亦曰子墨子，亦曰翟子。案：《孟子》楊、墨並言諸子，每云孔、墨，《抱朴子・名實》篇稱班、墨。則墨其姓也。《墨子・耕柱》、《貴義》、《公孟》、《魯問》及《呂覽・高義》多自稱翟，則翟其名也。」又孫詒讓中推定墨子「當生於周定王之初年，而卒於安王之季，蓋八九十歲」。按公曆計，約爲公元前 468 年至前 376 年。《墨子間詁》書後附有〈墨子傳略〉，可參考。江瑔（1888～1917）《讀子巵言》第十四章〈論墨子非姓墨〉曰：「蓋墨子者，非以墨爲姓者也。墨子之學最爲古樸，然自秦火以後，其殘缺比諸家爲尤甚，漢代學者奠傳其學，惟有任俠者流捨身赴義，如朱家、郭解輩，略有墨氏之遺風。然僅得其一偏而失其眞，而綴學之士掇拾殘灰，僅餘零簡，而又不明其義。故〈經〉上下及〈備城門〉諸篇，舛訛殘闕，莫得其句讀，其餘亦往往重言迭句，前後雜出，似非原書。至其爲何時何國人，亦議論紛歧，莫衷一是，僅見古書有墨翟之稱，遂以爲墨爲姓而翟爲名，而不知其去之也遠。……

〔註6〕　墨子的出生地不詳，目前存在較大爭議，而河南省社科院考古研究所原所長蕭魯陽研究員撰有《墨子元典校理與方言研究》（西安地圖出版社，2003 年版）等書，從方言的角度論證墨子爲魯山縣人。

古者諸子派別共分九流，墨子居其一。凡傳其學者皆曰某家，故傳墨子之學亦曰墨家。然所謂家者，言學派之授受，非言一姓之子孫。故周、秦以前，凡言某家之學，不能繫之以姓。至漢代學者，始以某姓爲某家，如《漢志》謂《易》有施、孟、梁丘三家，《春秋》有公、穀、左、鄒、夾五家之類，古人皆無之也。凡古人繫姓而稱，必曰某子，或曰某氏，而稱家則不能繫姓。若墨既爲姓，而復稱曰墨家，則孔子可稱孔家，莊子可稱莊家乎？此不合於古人稱謂之例，其證一也。（下略）」劉咸炘（1896～1932）《子疏》定本卷上〈墨宋第五〉：「江瑔、張純一皆謂墨非姓，乃教名。其說新，而實不可信。以教名連人名而稱之，自古絕無其例。孔子不聞稱儒子，莊子不聞稱道周也。或謂孟子稱墨者與儒者相對，姓不可連者字，不知墨字既由姓而爲一家之名，何不可連者字，且孟子又稱墨氏矣。江、張所據者，不過《呂覽·慎大》注云以墨道聞，及《莊子》以繩墨自矯，《荀子》刻死而附生，謂之墨其送死瘠墨諸文耳。以墨道聞及謂之墨二語，止是以姓爲家學之稱，未可爲墨字，取義之證。繩墨瘠墨亦偶合耳，且已非一義，墨字之義，實不足以該翟之道。純一以禹尙黑爲說，是無他證。孔子從周反殷，亦未聞以白赤爲號也。又引《老子》之玄，則附會彌甚。純一之說墨，多以老、莊爲證，不悟墨之本旨與老、莊迥殊。徒齊其末，則所謂剪毫千馬，必有一同者耳。昔之說諸子者，往往類是，不可信也。」宗白華（1897～1986）《中國哲學史提綱》：「墨子正當春秋末戰國初。當時大國爲齊晉楚越。三家分晉，田氏篡齊，乃墨子晩年時事。春秋末戰國初之經濟政治情況，因記載缺略，史料不足，不易考見。可斷定者爲戰爭日多，土地私有制較春秋時更爲發達，自耕農、自由工商業者，更加增多。」〔註7〕

## 【校讎源流】

　　清畢沅（1730～1797）《墨子注敍》曰：「先是，仁和盧學士文弨、陽湖孫明經星衍互校此書，略有端緒。沅始集其成，因遍覽唐、宋類書、古今傳注所引，正其訛謬，又以知聞疏通其惑，自乾隆壬寅八月至癸卯十月，逾一歲而書成。」清王念孫（1744～1832）《墨子雜志敍》曰：「《墨子》書舊無注釋，亦無校本，故脫誤不可讀。至近時盧氏抱經、孫氏淵如始有校本，多所是正。乾隆癸卯畢氏弇山重加校訂，所正復多於前。然尙未該備，且多誤改

---

〔註7〕　宗白華：《中國哲學史提綱》，重慶出版社，2014年版，第25～26頁。

誤釋者。予不揣寡昧，復合各本及《群書治要》諸書所引，詳爲校正。」王樹枏（1859～1936）《墨子斠注補正序》曰：「國朝盧氏文弨、孫氏星衍始加校正，江都汪氏中定其書爲內、外二篇，而以其徒所附著爲雜篇，仿劉向《晏子春秋》例，又採古書之涉於《墨子》者，別爲《表微》一卷。陽湖張氏惠言亦有《經》及《說》四篇校注，然皆無傳本，蓋未成之書也。乾隆癸卯畢弇山沅始集盧、孫校本，重加訂正，作《校注》十五卷。道光中高郵王氏念孫補校六卷。自兩家書出，而是書之癥結大半可通，然間有考訂未審，及誤文漏義遺諸目前者，樹枏不揣淺昧，復合二書，詳加審定，作《補正》二卷。歲癸未，都講冀州書院，吳君摯甫爲予勘正數十條，今逐載句下，以存異義，其考定〈經下〉一篇，亦附〈經說〉之後，蓋補畢氏之所未備也。」王叔岷（1914～2008）《墨子斠證序》曰：「清儒自乾嘉以來，校注《墨子》者漸多，而以高郵王氏《雜志》最爲精審；至瑞安孫詒讓，覃思十載而成《閒詁》，尤所謂後來居上者矣。近人討治墨子者益眾，當推吳毓江氏《校注》，致力極勤，程功特巨。暇時一一展讀，覺其中尙有疑義可發，餘證可稽，因據《道藏》本斟酌群言，條舉所見。」

## 【學術源流】

莊子認爲墨學源於夏禹：「墨子稱道曰：『昔者禹之湮洪水，決江河，而通四夷九州也，名山三百，支川三千，小者無數，禹親自操橐耜，而九雜天下之川，腓無胈，脛無毛，沐甚雨，櫛疾風，置萬國。禹大聖也，而形勞天下也如此。』使後世之墨者，多以裘褐爲衣，以跂蹻爲服，日夜不休，以自苦爲極。曰：『不能如此，非禹之道，不足爲墨。』」西漢司馬談《論六家要旨》曰：「墨者，亦尙堯舜道，言其德行，曰：堂高三尺，土階三等，茅茨不翦，采椽不刮；食土簋，啜土刑，糲粱之食，藜藿之羹；夏日葛衣，冬日鹿裘。其送死，桐棺三寸，舉音不盡其哀，教喪禮，必以此爲萬民之率。使天下法若此，則尊卑無別也。」可見墨子受到堯舜思想的影響。清孫星衍（1753～1818）《問字堂集》卷三〈墨子後序〉曰：「墨子與孔子異，其學出於夏禮。司馬遷稱其善守禦，爲節用，班固稱其貴儉、兼愛、上賢、明鬼、非命、上同，此其所長，而皆不知墨學之所出。淮南王知之，其作《要略訓》云：『墨子學儒者之業，受孔子之術，以爲其禮煩擾，而不說厚葬，靡財而貧民，服傷生而害事，故背周道而用夏政。』其識過於遷、固。古人不虛作，諸子之教，或本夏，或本殷，故韓非著書亦載棄灰之法。《墨子》有〈節用〉，節用，

禹之教也。孔子曰：『禹菲飲食，惡衣服，卑宮室，吾無閒然。』又曰：『禮與其奢寧儉。』又曰：『道千乘之國節用。』是孔子未嘗非之。又有〈明鬼〉，是致孝鬼神之義。〈兼愛〉，是盡力溝洫之義。《孟子》稱墨子摩頂放踵，利天下爲之，而莊子稱禹親自操橐耜而雜天下之川，腓無胈，脛無毛，沐甚風，櫛甚雨。《列子》稱禹身體偏枯，手足胼胝。呂不韋稱禹優其黔首，顏色黎墨，竅藏不通，步不相過。皆與《書傳》所云『予弗子，惟荒度土功，三過其門而不入，思天下有溺者，猶己溺之』同。其節葬亦禹法也。《尸子》稱禹之喪法，死於陵者葬於陵，死於澤者葬於澤，桐棺三寸，制喪三月，見《後漢書注》。《淮南子‧要略》稱：『禹之時，天下大水，死陵者葬陵，死澤者葬澤，故節財薄葬，閒服生焉。又齊俗稱三月之服，是絕哀而迫切之性也。』高誘注云：『三月之服，是夏后氏之禮。』《韓非子‧顯學》稱：『墨者之葬也，冬日冬服，夏日夏服，桐棺三寸，服喪三月。』而此書《公孟》篇：墨子謂公孟曰：『子法周而未法夏也，子之古非古也。』又公孟謂子墨子曰：『子以三年之喪爲非，子之三月之喪亦非也云云。』然則三月之喪，夏有是制，墨始法之矣。孔子則曰：『吾說夏禮，杞不足徵；吾學周禮，今用之。吾從周。』又曰：『周監於二代，郁郁乎文哉，吾從周。』周之禮尙文，又貴賤有法，其事具《周官》、《儀禮》、《春秋傳》，則與墨書節用、兼愛、節葬之旨甚異。孔子生於周，故尊周禮而不用夏制。孟子亦周人，而宗孔，故於墨非之，勢則然焉。若覽其文，亦辨士也。〈親士〉、〈修身〉、〈經上〉、〈經下〉及〈說〉凡六篇，皆翟自著。〈經〉上下略似《爾雅‧釋詁》文，而不解其意指。又怪漢、唐以來通人碩儒博貫諸子獨此數篇莫能引其字句，以至於今，傳寫訛錯，益難句讀。」今人蕭魯陽認爲：「墨子崇尙夏道，墨家效法大禹。」

## 【學術大旨】

《韓非子‧顯學》篇云：「孔子、墨子俱堯舜，而取捨不同，皆自謂眞堯舜。」《淮南子‧要略》：「墨子學儒者之業，受孔子之術，以爲其禮煩擾而不說，厚葬靡財而貧民，久服傷生而害事，故背周道而用夏政。故節財、薄葬、閒服生焉。」劉向曰：「墨子，戰國一賢士耳。其言大抵皆平治之道，不甚悖於理，如擇務、尙賢、節用、非樂、尊天、兼愛，蓋言之以救世主藥石耳，非執以爲世主之準也。」〔註8〕漢王充（27～97）《論衡‧案書》篇曰：「儒

---

〔註8〕見《諸子彙函》，孫德謙認爲當爲《別錄》遺說。

家之宗，孔子也；墨家之祖，墨翟也。且案儒道傳而墨法廢者，儒之道義可為，而墨之法議難從也。何以驗之？墨家薄葬、右鬼，道乖相反違其實，宜以難從也。乖違如何？使鬼非死人之精也，右之未可知。今墨家謂鬼審人之精也，厚其精而薄其屍，此於其神厚而於其體薄也。薄厚不相勝，華實不相副，則怒而降禍，雖有其鬼，終以死恨。人情慾厚惡薄，神心猶然。用墨子之法，事鬼求福，福罕至而禍常來也。以一況百，而墨家為法，皆若此類也。廢而不傳，蓋有以也。」晉魯勝注《墨辯》，其敘曰：「墨子著書，作《辯經》以立名本。惠施、公孫龍祖述其學，以正刑名顯於世。……《墨辯》有上、下經，經各有說，凡四篇。與其書眾篇連第，故獨存。」唐韓愈（768～824）《昌黎先生文集》第十一〈讀墨子〉：「儒譏墨以尚同、兼愛、尚賢、明鬼，而孔子畏大人，居是邦也事其大夫之賢者，《春秋》譏專臣，不『尚同』哉？孔子泛愛親仁，以博施濟眾為聖，不『兼愛』哉？孔子賢賢，以四科進褒弟子，疾沒世而名不稱，不『尚賢』哉？孔子祭如在，譏祭如不祭者，曰我祭則受福，不『明鬼』哉？儒、墨同是堯、舜，同非桀、紂，同修身、正心以治天下、國家，奚不相悅如是哉？余以為辯生於末學，各務售其師之說，非二師之道本然也。孔子必用墨子，墨子必用孔子，不相用不足為孔、墨。」宋黃震（1213～1281）《黃氏日鈔》卷五十五《墨子》：「墨子之說，似是而實不可為治。殆不止如韓昌黎之議荀、揚擇焉不精而已。而昌黎乃儕墨子於孔子何哉？且昌黎不過謂墨氏尚同，而孔謂『居是邦，不非其大夫』，《春秋》譏專臣，亦尚同耳。然『不非其大夫』者，惡居下訕上；譏專臣者，惡以臣逼君，孔非尚同也。墨子尚同，謂『天子所是，皆是之；天子所非，皆非之』，與孔門所謂『如其不善，而莫之違』者正相反，顧可謂其與孔子同乎？又不過謂墨氏兼愛，而孔謂『泛愛親仁，以博施濟眾為聖』，亦兼愛耳。然仁者則親之，既異於愛眾，而博施為仁，雖堯舜猶病之，孔非兼愛也。墨子之言兼愛，謂『法其父母，與法其君，皆為法不仁，惟當法天』，與孔門所謂『孝悌為仁之本』者正相背，顧可謂其與孔子同乎？謂墨尚賢，而孔子賢賢，疾沒世而名不稱，是亦尚賢，然賢之當尚，雖愚不肖者亦同此心，何獨孔、墨之同？顧墨氏之尚賢，乃謂惟賢為尚，親戚則不可使富貴，正與吾儒親親尊賢之義又相背耳。謂墨氏明鬼，而孔子『祭如在』，曰『我祭則受福』，是亦明鬼。然鬼神之當敬，雖愚、不肖者亦同此心。何獨孔、墨之同？顧墨氏之明鬼，乃謂『聖王明天鬼之所欲，而避天鬼之所憎，是亦率天下萬民祭祀天

鬼』，與吾儒報本反始之義亦相反耳。昌黎嚴於『荀、揚擇焉未精』之辨，何獨恕於墨子似是而非耶？墨子之書凡二，其後以論稱者多衍復其前，以經稱者善文法，昌黎主文者也，或者時悅其文而然與？昌黎曰：『孔子必用墨子，墨子必用孔子。』愚曰：孔子必不用墨子，墨子亦必不能用孔子。雖然，儒名而墨行者，昌黎固嘗揮之矣。」〔註9〕明胡應麟（1551～1602）《少室山房筆叢・九流緒論上》：「余嘗讀其〈非儒〉、〈明鬼〉、〈公孟〉諸篇，所爲囑授其徒，簧鼓其眾者，一以指謫仲尼爲事。莊周遠出翟後，蓋聞其風而興起焉爾。周之爲書，蕩乎禮法之外，自神農以至湯、武，靡不在其戲侮之列，其敢於非聖，蓋無足怪。而翟者固是堯、舜，非桀、紂，摩頂放踵以爲天下，而獨甘心喙於吾聖人，何哉？蓋其意欲與吾儒角立並驅，以上接二帝三皇之統，故肆書以震撼一世，而冀其從。又苦行以先之，聚徒以倡之，馴致儒、墨之稱雜然並立於衰周之世，正仲尼所謂行僞而堅，言奸而辯者，聖王有作，其無逃於橫議之刑必矣。」明王世貞（1526～1590）《讀書後》卷一〈讀墨子〉曰：「墨子，戰國一賢士大夫也。孟子辟之，以爲惑世誣民，若不可一日容於堯、舜之世者。而後世如韓昌黎輩，倚尊之以與孔子並稱，而上媲於神，愚以爲皆過也。今讀其書，大抵皆平治天下國家之道，不甚悖於理。如所謂入國必擇務而後從事。國家昏亂，則語之以尚賢、尚同。國家貧，則語之節用、節葬。國家憙音湛湎，則語之非樂、非命。國家淫僻無禮，則語之尊天、事鬼。國家務奪侵凌，則語之兼愛。然則墨子之書，以救世主之藥石耳，非欲執而爲世主之準也。獨所謂棺三寸，足以朽骨。衣三領，足以朽肉。掘地之深，下無菹漏，哭往哭來，及從事乎衣食。若以爲薄而無當者，然此亦中產之下之常，至今獨不能改。而探墨子之旨，大概激於一時王公大人之爲葬埋，謂必大棺中棺，革闠三操，璧玉即具，戈劍鼎鼓壺濫，文繡素練，大鞅萬領，輿馬女樂皆具。必捶塗通壟，輟民之事，廢民之財如此，而矯之以薄，亦何不可？且夫驪山之藏，不三載而焚掘殆盡。……且夫墨子之道行，則世主必不能安宮室之侈，與聲音彩色狗馬田獵之奉，卿大夫必不能安趙孟韓魏之富，而說客遊士必不能安華陽碭石之居，與後車數十乘，從者數百人，其辭而辟之者蓋不止一孟子也。吾故曰，微孟子，墨子固不能久且大也。然而所謂塞路者，何也？貧乏失職之徒，假其說以干世主，用之則貴

---

〔註9〕 劉咸炘《子疏》定本卷上《墨宋第五》：「黃氏此說能分析，是前人論諸子者所希有，且其說於墨道之輕家奉天奄所見。」

且顯，即不用而可以希冀賢豪富饒之勾施一廛一畝，足以終其身而已，此非墨子意也。爲墨子之徒而私之者意也。」清汪中（1744～1794）《述學》內篇三〈墨子序〉曰：「墨之節葬、非樂，所以救衰世之敝，其意相反而相成也。若夫兼愛，特墨之一端，然其所謂兼者，欲國家愼其封守，而無虐其鄰之人民畜產也。雖昔先王制爲聘問弔恤之禮，以睦諸侯之邦交者，豈有異哉！彼且以兼愛教天下之爲人子者，使以孝其親，而謂之無父，斯已枉矣。後之君子日習《孟子》之說，而未睹《墨子》之本書，其以耳食，無足怪也。世莫不以其誣孔子爲墨子最。雖然，自今日言之，孔子之尊，固生民以來所未有矣。自當日書之，則孔子魯之大夫也，而墨子宋之大夫也，其位相埒，其年又相近，其操術不同，而立言務以求勝，雖欲平情覈實，其可得乎？是故墨子之誣孔子，猶孟子之誣墨子也，歸於不相爲謀而已矣。吾讀其書，惟以三年之喪，爲敗男女之交，有悖於道。至其述堯舜，陳仁義，禁攻暴，止淫用，感王者之不作，而哀生人之長勤，百世之下如見其心焉，《詩》所謂『凡民有喪，匍匐救之』之仁人也！其在九流之中，惟儒足與之相抗，自餘諸子皆非其比。歷觀周、漢之書，凡百餘條，並孔墨、儒墨對舉。楊朱之書惟貴放逸，當時亦莫之宗，躋之於墨，誠非其倫。自墨子沒，其學離而爲三，徒屬充滿天下，呂不韋再稱鉅子，韓非謂之顯學，至楚漢之際而微，孝武之世猶有傳者，見於司馬談所述，於後遂無聞焉。惜夫！以彼勤生薄死，而務急國家之事，後之從政者，固宜假正議以惡之哉！」清張惠言（1761～1802）《茗柯文編》初編〈書墨子經後〉曰：「墨之本在兼愛，尊天、明鬼、尙同、節用，其支流也。非命、非樂、節葬，激而不得不然者也。孟子不攻其流而攻其本，不誅其說而誅其心。」清俞樾（1821～1907）《春在堂雜文》六編卷七〈孫仲容墨子閒詁序〉曰：「惟兼愛，是以尙同。惟尙同，是以非攻。惟非攻，是以講求備禦之法。」清沈欽韓（1775～1831）《漢書藝文志疏證》卷二曰：「墨翟徒能熒惑一世耳，慮不足以及後。蓋目周衰文弊，習詐僞以鉗世，無所不至，學詭則名高，名高則榮利隨之。如翟，則巧僞之尤者矣。不然，彼猶是人也，獨糲食苦衣，爲孔、曾之所不爲，是賢於孔、曾也。使墨翟獨以堅忍刻厲爲之，猶曰性。然乃其教強窮里之罷士，數且千百，傳且數世，一聞墨子之風，而人之能糲食苦衣、摩頂放踵，日爲天下，吾是以知其僞也。」清強汝詢（1824～1894）《求益齋文集》卷六〈墨子跋〉曰：「孟子距墨氏甚力，韓子則謂辨生於末學，孔、墨必相爲用，其言幾若冰炭。然又稱

孟氏闢楊、墨功不在禹下，則前之說乃少年學識未定之辭，不足據。墨子書雖存，尟留意者。近人好先秦古書，始相與校讎刊刻，盛有所稱說，其用心亦勤矣，幾幾於孟子有微辭。論者慮其張異端，眩後學，余謂不足慮也。兼愛之術亦未易能，且彼所歆者，好古之名，所醉者，文字之末。夫讀《孟子》而不能為益者，則讀《墨子》，亦惡能為害哉！」清孫詒讓（1848～1908）《墨子閒詁序》曰：「今書雖殘缺，然自〈尚賢〉至〈非命〉三十篇，所論略備，足以盡其指要矣。〈經說〉上下篇，與莊周書所述惠施之論及公孫龍書相出入，似原出《墨子》，而諸巨子以其說綴益之。〈備城門〉以下十餘篇，則又禽滑釐所受兵家之遺法，於墨學為別傳。惟〈修身〉、〈親士〉諸篇，誼正而文靡，校之它篇殊不類。〈當染〉篇又頗涉晚周之事，非墨子所得聞，疑皆後人以儒書緣飾之，非其本書也。……莊周《天下》篇之論墨氏曰：『不侈於後世，不靡於萬物，不暉於數度，以繩墨自矯而備世之急。』又曰：『墨子真天下之好也，將求之不得也，雖枯槁不捨也。才士也夫！』斯殆持平之論與！墨子既不合於儒術，孟、荀、董無心、孔子魚之倫，咸排詰之。漢、晉以降，其學幾絕，而書僅存，然治之者殊尟，故脫誤尤不可校。而古字古書，轉多沿襲未改，非精究形聲通假之原，無由通其讀也。」蔡元培（1868～1940）《中國倫理學史·墨子》：「墨子兼愛而法天，頗近於西方之基督教。其明鬼而節葬，亦含有尊靈魂、賤體魄之意。墨家鉅子，有殺身以殉學者，亦頗類基督。然墨子，科學家也，實利家也。其所言名數質力諸理，多合於近世學。其論證，則多用歸納法。按切人事，依據歷史，其〈尚同〉、〈尚賢〉諸篇，則在得明天子及諸賢士大夫以統一各國之政俗，而泯其爭。此皆其異於宗教家者也。墨子偏尚質實，而不知美術有陶冶性情之作用，故非樂，是其蔽也。其兼愛主義，則無可非者。孟子斥為無父，則門戶之見而已。」孫德謙（1869～1935）《諸子通考》卷四曰：「學問之道，最不可牽合附會。昔韓昌黎讀《墨子》篇，謂孔、墨必相為用，其文曰：『儒譏墨以尚同、兼愛、上賢、明鬼。而孔子畏大人，居是邦不非其大夫之賢者，《春秋》譏專臣，不尚同哉？孔子泛愛親仁，以博施濟眾為聖，不兼愛哉？孔子賢賢，以四科進，褒弟子，疾沒世而名不稱，不上賢哉？孔子祭如在，譏祭如不祭者，曰我祭則受福，不明鬼哉？』皆以《墨子》宗旨強合於孔子，然則孔子之大，直與墨學無異同乎？今班氏抉出『貴儉』諸義為《墨子》之宗旨，是也。然其解則牽合於儒，曰『茅屋采椽，是以貴儉』者，此猶可謂墨家取堯、舜之儉，

不必儒家如此。……夫儒墨不同，必不當牽合。班氏一遵儒家之理，而爲解《墨子》宗旨，何其牽合如是？然貴儉也，兼愛也，上賢也，右鬼也，非命也，上同也，此眞《墨子》之宗旨所在。師古注之謂：『《墨子》有〈節用〉、〈兼愛〉、〈上賢〉、〈明鬼神〉、〈非命〉、〈上同〉等諸篇，故《志》歷序其本意。』吾謂《墨子》本意，班氏則未之知也。《漢志》諸子一略，凡儒、道諸家皆能發明其宗旨，惟於墨子亦能將宗旨標舉，而解則牽合儒家，實失之矣。然以『貴儉』五者爲墨學所長，固無誤也。」又曰：「《墨子》之學，自漢以來，其不傳於世久矣，所以不傳之故，蓋有由焉。《論衡·案書》篇：『儒家之宗，孔子也。墨家之祖，墨翟也。且案儒、道傳而墨、法廢者，儒之道義可爲，而墨之法議難從也。何以驗之？墨家薄葬、右鬼，道乖相反違其實，宜以難從也。乖違如何？使鬼非死人之精也，右之未可知。今墨家謂鬼審死人之精也，厚其精而薄其屍，此於其神厚而於其體薄也。薄厚不相勝，華實不相副，則怒而降禍，雖有其鬼，終以死恨。人情慾厚惡薄，神心猶然。用墨子之法，事鬼求福，福罕至而禍常來也。以一況百，而墨家爲法，皆若此類也。廢而不傳，蓋有以也。』如王充說，墨子其道自相反，遂致不傳。」呂思勉（1884～1957）《經子解題·墨子》曰：「墨家宗旨：曰尚賢，曰尚同，曰兼愛，曰天志，曰非攻，曰節用，曰節葬，曰明鬼，曰非樂，曰非命，今其書除各本篇外，〈法儀〉則論天志；〈七患〉、〈辭過〉，爲節用之說；〈三辨〉亦論非樂；〈公輸〉闡非攻之旨；〈耕柱〉、〈貴義〉、〈魯問〉三篇，皆雜記墨子之言。此外〈經〉上下、〈經說〉上下、〈大、小取〉六篇爲名家言，今所謂論理學也。〈備城門〉以下諸篇，爲占兵家言。墨翟非以而土守，此其守禦之術也。〈非儒〉、〈公孟〉兩篇，專詰難儒家，而〈修身〉、〈親士〉、〈所染〉三篇，實爲儒家言。因有疑其非《墨子》書者。予按《淮南·要略》謂：『墨子學儒者之業，受孔子之術，以爲其禮煩擾而不悅，厚葬靡財而貧民，服傷而害事，故背周道而用夏政。』其說實爲可據。今《墨子》書引《詩》、《書》之辭最多。……百家中唯儒家最重法古，故孔子之作六經，雖義取創制，而仍以古書爲據。《墨子》多引《詩》、《書》，既爲他家所無；而其所引，又皆與儒家之說不背。即可知其學之本出於儒。或謂墨之非儒，謂其學『累世莫殫，窮年莫究』，安得躬道之而躬自蹈之。殊不知墨之非儒，僅以與其宗旨相背者爲限。此外則未嘗不同。且理固有必不能異者。」郭沫若（1892～1978）《十批判書·孔墨的批判》曰：「墨子在孔子稍後，作爲反

對命題而出現。他們在基本立場上就有不同，因而在思想上也差不多立在完全相反的地位。孔子否認傳統的鬼神，而墨子則堅決地肯定傳統的鬼神，這神有意志，有作爲，主宰著自然界和人事界的一切。……在墨子思想中最爲特色而起著核心作用的要算是他的『兼愛』與『非攻』的一組。這兩種主張其實只是一個提示的正反兩面：『兼愛』是由積極方面來說，『非攻』是由消極方面來說。這無疑也是時代精神的反映。但儘管同樣在說愛，同樣在說愛人，而墨子的重心卻不在人而在財產。墨子是把財產私有權特別神聖視的。人民，在他的觀念中，依然是舊時代的奴隸，所有物，也就是一種財產。故他的勸人愛人，實等於勸人之愛牛馬。……『節用』與『節葬』是一套消極的經濟政策，這和老百姓的生活並沒有直接的關係。因爲老百姓的用是節無可節，葬也是節無可節的。他的整套學說都是以『王公大人』爲對象的，『王公大人』的不合理的消費如果節省一些，當然也可以節省一些民力。……『節用』與『節葬』的另一個目的，是在反對儒家的禮。」馮友蘭（1895～1990）《中國哲學簡史》曰：「墨子創立了以他的姓氏命名的學派。在古代，墨子的名聲和他的思想影響與孔子幾乎不相上下。比較兩人之間南轅北轍的不同主張十分有趣。孔子對周代早期的傳統典制、禮儀、音樂、文學都抱同情理解的態度，並從倫理上予以解釋，論證它們的意義。墨子則恰恰相反，質疑它們的合理性和實用性，並力求使之簡化，而且照他看來更爲適用。簡言之，孔子對古代文明的態度是加以理性化、合理化，墨子則對古代文明持批判態度；孔子是一位文雅有修養的君子，墨子則是一位充滿戰鬥精神的佈道家。他的說教的宗旨是反對傳統的典章制度及其實踐，反對孔子和儒家的各種理論。」〔註10〕劉咸炘（1896～1932）《子疏》定本卷上〈墨宋第五〉：「墨旨在兼愛，尚賢、尚同不當居首。……曹耀湘曰：『《墨子》書大要有三：曰仁，曰儉，曰勤而已。仁者兼愛之謂，儉者節用之謂，勤者強行之謂。兼愛者，墨氏之宗旨，強本節用，所以佐而成之。儉者，仁之基。勤者，仁之用。兼愛之事約有兩端，曰養，曰教。有財以分人，有力以助人，有道以教人也。節用之事亦有兩端，曰有用，曰無用。有用者謹之，無用者去之。強行之事亦有兩端，曰勞心，曰勞身。勤於養人、教人，則人益治，勤之道取於益，益於己，益於人，兩益而無所損也。儉之道取於損，損於己，乃不損於人，不損於人，所以益人，亦即所以自益也。書中如〈法儀〉、〈尚同〉、〈非攻〉、

---

〔註10〕 馮友蘭：《中國哲學簡史》，天津社會科學院出版社，2007年版，第47頁。

〈天志〉、〈明鬼〉諸篇，皆兼愛之旨。〈親士〉、〈修身〉、〈尙賢〉、〈非命〉、〈非儒〉諸篇，皆教勤之旨。〈七患〉、〈辭過〉、〈三辯〉、〈節用〉、〈非樂〉、〈節葬〉諸篇，皆教儉之旨。餘篇或專言之，或兼言之。』又曰：『太史公論《墨子》強本節用。強本以勤，節用則儉。』又說〈尙賢〉曰：『必人之勤儉，而愛人孝始得爲賢。』又說〈節用〉曰：『愛民之力，所以利人也，愛物之材，亦所以利人也，〈節用〉所以爲兼愛之本。』又曰：『〈天志〉、〈明鬼〉，所以明兼愛之合於天鬼也。』又曰：『〈非樂〉所以教儉，〈非命〉所以教勤也。耽於樂則必費，委於命則必怠。』按：說墨旨者，惟此條理較明。江瑔據《莊子·天下》、司馬談論六家、劉歆論諸子，皆專舉儉，以爲墨本旨在儉，亦有見，要皆未明貫。蓋墨說實以群利爲本。群者，大群之泛愛也。利者，效用之狹計也。勤儉皆爲群利。〈兼愛〉、〈天志〉、〈尙同〉爲主群利之所由立。〈尙賢〉者，〈尙同〉之所由成，〈明鬼〉者，〈天志〉之所由行，皆其第二義也。孟子攻其兼愛與利，最得其本，莊子攻其非樂與儉，則指其局利計而背人情也。……墨子之書，篇各一義，義甚顯明。然究以何義爲本，則言者各殊。吾謂墨之道，以天志、兼愛、尙同爲主。三義共貫，其道全同於歐洲之風，而大異於儒者之說。以儒、道、歐風比觀之，則大明矣。《七略》謂墨家出於清廟之守，吾疑之，久而始得其解。蓋清廟之守者，上古部落時之僧侶祭司，即〈明鬼〉篇所謂擇其國之父兄慈孝貞良以爲祝宗者是也。僧侶、祭司奉神意以統御部落，即〈天志〉、〈兼愛〉、〈尙同〉之所從出也。此制重於初民之牧群，以其體散，家庭輕而部落重，非此不足以結之而相捍衛。散群之人，各自求生，故勤儉重焉。及定居農村，乃改此習。歐洲諸國本沿牧群之風，基督教則猶太僧侶祭司之變也，故其風重社會而輕家庭，以泛愛爲結合之本……墨學與歐風根本相同。國家主義即尙同也，天父之說即天志也。歐人一切以群利爲準，即墨子之本旨，而僧侶、祭司之所持也，乃至崇尙知識技巧，長於分析名理，亦旨相同。中國沿農村之化，儒家立本家之義，故墨學、基督教皆不能盛行於中國，惟哥老會具散群之形耳。墨學之同於耶教，論者已多。蔡元培謂墨學以有神論爲基礎。張爾田謂墨出祝史，以天志爲總旨。皆有所見。然證耶教者多泛引仁慈之說，而調之於孔、佛。立天志者，誤以順天爲墨之志，而強統勤儉諸義，是皆由未明牧群僧侶之形勢與天志、兼愛、尙同三義共貫之故也。今人陳柱《墨學十論》，謂墨子尊天而卑父母，重實利而薄忠愛，其政必專制而引起革命。有所見矣，惜未明耳。」宗白華

（1897～1986）《中國哲學史提綱》：「墨子學說的出發點爲『人民之大利』，墨子的中心觀念爲義。『義者正也。』何以知義之爲正也，『天下有義則治，無義則亂，我以此知義之爲正也』。義的實際亦即是『興天下之利，除天下之害』。墨子謂：『民有三患，饑者不得食，寒者不得衣，勞者不得息。』所謂人民之大利，即是免除三患，而使饑者得食，寒者得衣，勞者得息。墨子提出十個口號，成立一個理論系統，這十個原則即是『尙賢尙同，兼愛非攻，節用節葬，非樂非命，天志明鬼』。」〔註11〕張舜徽（1911～1992）《漢書藝文志通釋》卷三曰：「其學盛行於戰國之世，故《韓非子・顯學》篇曰：『世之顯學，儒、墨也。儒之所至，孔丘也；墨之所到，墨翟也。』可知二家在當時，並見重於世。顧墨學實出於儒而與儒異者。《淮南・要略》云：『墨子學儒者之業，受孔子之術，以爲其禮煩擾而不說，厚葬靡財而貧民，久服傷生而害事，故背周道而用夏政。』此論甚精，足以明其不同於儒之故。大抵墨學宗旨，兼愛乃其根本，而尙賢、尙同、節用、節葬、非樂、非命、尊天、事鬼、非攻諸端，皆其枝葉。自來論述其學說主張者，莫不綜斯十事，目爲弘綱。而不悟其致用之際，固非取此十者施之於一時一地也。觀〈魯問〉篇有曰：『凡入國，必擇務而從事焉。國家昏亂，則語之尙賢、尙同；國家貧，則語之節用、節葬；國家憙音湛湎，則語之非樂、非命；國家淫僻無禮，則語之尊天、事鬼；國家務奪侵陵，則語之兼愛、非攻。』可知其所標舉之十端，乃因病制宜、對症下藥之良方，而非施之同時同地，齊舉兼行、拘泥不變之成法也。學者必明乎此，然後能知墨子救時之多術，可以讀墨子之書。自孟子兼闢楊、墨，詆爲無父無君。由是誦習者少，墨學遂微。文字脫佚尤甚，不易猝理。清儒始有校注，以孫詒讓《墨子閒詁》、曹耀湘《墨子箋》後出爲精。孫《注》詳於疏證文字，曹《箋》長於稱說大義，可以互參。」勞思光（1927～2012）《新編中國哲學史》曰：「墨子思想之中心，在於『興天下之利』。『利』指社會利益而言，故其基源問題乃爲：『如何改善社會生活？』此『改善』純就實際生活情況著眼，與儒學之重文化德性有別。故墨子學說第一主脈爲功利主義。對於社會秩序之建立，墨子持權威主義觀點，以爲必須下同乎上。此爲墨子思想之第二主脈。由功利主義之觀念，乃生出非樂、非攻之說；由權威主義之觀念，乃生出天志、尙同之說；然此兩條主脈皆彙于謙愛說中。故以下論墨子之學，即自兼愛著手，再逐步展示其

---

〔註11〕 宗白華：《中國哲學史提綱》，重慶出版社，2014 年版，第 26～27 頁。

權威主義與功利主義之理論。」〔註12〕韋政通《中國思想史》第四章〈墨子〉曰：「墨子思想的特徵可由著名的三表法看出來：『何謂三表？子墨子言曰：有本之者，有原之者，有用之者。於何本之？上本之於古者聖王之事；於何原之？下原察百姓耳目之實；於何用之？發以爲刑政，觀其中國家百姓人民之利；此所謂言有三表也。』所謂三表，原是指三種立言的標準、法度，如果把墨子的思想當做一個準系統來看，那麼三表就是預設部分，墨子思想就以此爲出發點而展開，並作爲論證的基礎。當他反對什麼的時候，固以此爲準，當肯定或主張什麼的時候，也莫不以此爲準。先秦諸子中沒有一家思想能像墨子注重條理、講究方法的，這一點他有充分的自覺……而講求標準和方法就正是墨子思想的一個特徵。除此之外，三表法恰好顯示了墨子思想的另外三個特徵，第一表是『本之於古者聖王之事』，是說天下事的好壞應以古代的聖王爲依據，那麼聖王是指誰？他的事跡又是何所指？《墨子》書中的聖王主要是指禹、湯、文、武，有時候也加上堯、舜。所謂聖王之事是指發明舟車；立法；言行的準則；爲有道者，且將道傳於後世；以德取天下；利天下者。……重視古代的權威，並用它作爲價值判斷的一個判誰，是墨子思想的第二個特徵。第三個特徵是第二表所顯示的『原察百姓耳目之實』。墨子的意思是任何事物是否真實，必須訴諸人類的感官經驗。……重視感官知覺所得來的經驗，並作爲他認知判斷的判準，是墨子思想的第三個特徵。這個特徵的強調和廣泛的運用是墨學中缺乏玄學色彩的主因之一。……功利主義的價值觀是墨子思想的第四個特徵。墨學中發揮得最透徹的就是第四個特徵。……幾乎可以這樣說，墨子的思想是存心與儒家立異而發展出來的，而且立異的程度也似乎是完全走向另一個極端。如果說儒家是以主體的價值爲主，那麼墨子的價值完全是屬於外在的標準。儒家所表現的文化性格是人文的和道德的，正是『周道』的典型化。孔子所說的道德墨子是不重視的，但卻不能說墨子是不屬於人文的。有人說，墨家是次人文，這是站在儒家的立場看。客觀地說，儒、墨兩家都有極堅定的人文立場，相信人爲主宰和人力足以勝天也相同，所不同的是兩家各自賦予人文世界以不同的意義。儒、墨同尊聖王，儒家是由聖定王，墨家是由定聖。儒、墨都重視政治和社會問題，儒家所重視的是德治和教化，墨家所重視的是國家人民的功利。儒、墨

〔註12〕勞思光：《新編中國哲學史》，廣西師範大學出版社，2005 年版，第 217～218頁。

皆貴義，儒家所說的義屬於心（主體），墨子所說的義只是外在的標準。儒、墨皆尚賢，儒家所尚的賢純是道德的意義，墨家所尚的賢包括『農與工肆之人』的百工，『賢』主要是靠『能』來規定的。」〔註13〕郭齊勇、吳根友《諸子學通論》曰：「墨子思想十分豐富，『綜覽厥書，釋其紕駁，甄其純實可取者蓋十六七，其用心篤厚，勇於振世救敝，殆非韓、呂諸子之倫比也』（孫詒讓《墨子間詁序》）。就其『興天下之利，除天下之害』的尚賢、尚同、節用、節葬、非樂、非命、兼愛、非攻、天志、明鬼等十事而言，乃以兼愛爲本。墨子十事，表面上看十分矛盾，但這些治國方略是爲救治列國社會病態而準備的，至於針對某國某地，只需視其具體情況對症下藥。墨子曾教導弟子：『凡入國，必擇務而從事焉。國家昏亂，則語之尚賢、尚同；國家貧，則語之節用、節葬；國家憙（音湛）湎，則語之非樂、非命：國家淫僻無禮，則語之尊天、事鬼；國家務奪侵凌，即語之兼愛、非攻。故曰擇務而從事焉。』（《墨子·魯問》）由是可見，此十事並非平列的，亦非同時使用的。」〔註14〕楊國榮《中國哲學史》曰：「墨子的思想主旨是他一再申說的『興天下之利，除天下之害』，析而言之，則有十大教義，即『尚賢』、『尚同』、『兼愛』、『非攻』、『節用』、『節葬』、『天志』、『明鬼』、『非樂』、『非命』，以爲保障。所謂『孔子貴仁，墨子貴廉（兼）』（《呂氏春秋·不二》），如果說仁是儒學之本，那麼兼愛則爲墨學之本。」〔註15〕

## 右墨六家，八十六篇。

### 【家篇數目】

清姚振宗（1842～1906）《漢書藝文志條理》卷二曰：「此篇家數、篇數並不誤。」張舜徽（1911～1992）《漢書藝文志通釋》卷三曰：「今計家數、篇數，並與此合。」

墨家者流，蓋出於清廟之守。茅屋采椽，（師古曰：「采，柞木也，字作採，本從木。以茅覆屋，以採爲椽，言其質素也。採音千在反。」）是以貴儉；養三老五更，是以兼愛；選士大射，是以上賢；宗祀嚴父，是以右鬼；（如淳

〔註13〕 韋政通：《中國思想史》，上海書店出版社，2003 年版，第 69～74 頁。
〔註14〕 郭齊勇、吳根友：《諸子學通論》，商務印書館，2015 年版，第 291 頁。
〔註15〕 楊國榮：《中國哲學史》，中國人民大學出版社，2012 年版，第 28 頁。

曰：「右鬼，謂信鬼神。若杜伯射宣王，是親鬼而右之。」師古曰：「右猶尊尚也。」）順四時而行，是以非命；（蘇林曰：「非有命者，言儒者執有命，而反勸人修德積善，政教與行相反，故譏之也。」如淳曰：「言無吉凶之命，但有賢不肖（之）善惡。」）以孝視天下，是以上同：（如淳曰：「言皆同，可以治也。」師古曰：「《墨子》有《節用》、《兼愛》、《上賢》、《明鬼神》、《非命》、《上同》等諸篇，故《志》歷序其本意也。視讀曰示。」）此其所長也。及蔽者為之，見儉之利，因以非禮，推兼愛之意，而不知別親疏。

## 【學術源流】

《史記・太史公自序》引司馬談論六家要旨曰：「墨者儉而難遵，是以其事不可遍循。然其強本節用，不可廢也。……墨者亦尚堯、舜道，言其德行曰：『堂高三尺，土階三等，茅茨不翦，采椽不刮。食土簋，啜土刑，糲粱之食，藜藿之羹。夏日葛衣，冬日鹿裘。』其送死，桐棺三寸，舉音不盡其哀。教喪禮，必以此為萬民之率。使天下法若此，則尊卑無別也。夫世異時移，事業不必同，故曰儉而難遵。要曰強本節用，則人給家足之道也。此墨子之所長，雖百家弗能廢也。」

《淮南子・要略》曰：「墨子學儒者之業，受孔子之術，以為其禮煩擾而不悅，厚葬靡財而貧民，久服傷生而害事，故背周道而用夏政。禹之時，天下大水，禹身執蔂臿，以為民先，剔河而道九歧，鑿江而通大路，闢五湖而定東海。當此之時，燒不暇撌，濡不給扢，死陵者葬陵，死澤者葬澤，故節財・薄葬、閒服生焉。」郭齊勇、吳根友《諸子學通論》釋之曰：「此說確當。墨家與儒家不同，背周道而用夏政。墨子之崛起，反周從夏，以禹為榜樣，以兼愛為中心，日夜不休，形勞天下。墨子確以古道批判周文。墨子法夏，即利用原始文化中的博愛、互利、民主、平等、為公的精神去批判和否定禮治架構的不合理，批判黑暗的政治統治和奢侈靡財的文化，試圖再造一種與下層民眾的生活相協調的文化價值體系。……墨儒的區別乃在於墨子之學出於夏禮，孔子之學出於周禮。他們同樣都尊堯舜，同樣都有很高的道德追求，甚至墨子於《詩》、《書》之教，頗有修養。他反對的是形式化的禮樂。墨家代表了小生產者的利益和要求，批判厚葬久喪，反對『繁飾札樂以淫人，久傷偽哀以謾親，立命緩貧而高浩居，倍本棄事而安怠傲』（《墨子・非儒下》）。墨家學派的社會觀、政治觀、宗教觀、道德觀是：『兼愛』、『非攻』、『節用』、『節葬』、『非樂』、『非命』、『尊天』、『事鬼』、『尚賢』、『尚

同』。此十事以『兼愛』爲中心，而其餘皆因時因地制宜。墨子學派的學術貢獻還表現在以《墨經》爲代表的自然科學、認識論、邏輯學方面。尤其是墨家的邏輯學，顯示了我國先秦學者的極高智慧，足以與西方、印度古典邏輯相媲美。」〔註16〕

晉陶潛（約 365～427）《陶淵明集》卷十〈群輔錄〉「三墨」條曰：「不累於俗，不飾於物，不尊於人，不忮於眾，此宋鈃、尹文之墨。裘褐爲衣，跂蹻爲服，日夜不休，以自苦爲極者，相里勤、五侯子之墨。俱誦經而背譎不同，相謂別墨，以堅白、同異之辯相訾……此苦獲、己齒、鄧陵子之墨。」

《新論・九流》曰：「墨者，尹佚、墨翟、禽滑、胡非之類也。儉嗇、兼愛、尙賢、右鬼、非命、薄葬、無服、不怒、非鬥。然而薄者，其道大觳，儉而難遵也。」

《隋書・經籍志》曰：「墨者，強本節用之術也。上述堯、舜、夏禹之行，茅茨不翦，糲粱之食，桐棺三寸，貴儉兼愛，嚴父上德，以孝示天下，右鬼神而非命。《漢書》以爲本出清廟之守。然則《周官》宗伯掌建邦之天神地祇人鬼，肆師掌立國祀及兆中廟中之禁令，是其職也。愚者爲之，則守於節儉，不達時變，推心兼愛，而混於親疏也。」

《崇文總目・墨家類敘》曰：「墨家者流，其言貴儉、兼愛、尊賢、右鬼、非命、上同，此墨家之所行也。孟子之時，墨與楊其道塞路，軻以墨子之術儉而難遵，兼愛而不知親疏，故辭而辟之。然其強本嗇用之說，有足取焉。」

明焦竑（1540～1620）《國史經籍志・墨家類敘》曰：「墨氏見天下者非我哉，故不自愛而兼愛也，此與聖人之道濟何異？故賈誼、韓愈往往以孔墨並名。然見儉之利而因以非禮，推兼愛之意而不殊親疏，此其蔽也。莊生曰：『墨子雖獨任，如天下何？』其大觳而難遵，有以也夫。墨子死，有相里氏之墨、相芬氏之墨、鄧陵氏之墨，世皆不傳。《晏子春秋》舊列儒家，其尙同、兼愛、非樂、節用、非厚葬久喪、非儒、明鬼者，無一不出墨氏，柳宗元以爲墨子之徒尊著其事以增高爲己術者，得之。」

清盧文弨（1717～1795）《抱經堂文集》卷十〈書呂氏春秋後〉曰：「《呂氏春秋》一書，大約宗墨氏之學，而緣飾以儒術，其重己、貴生、節喪、安死、尊師、下賢，皆墨道也，然君子猶有取焉。秦之君臣曷嘗能行哉？獨墨

〔註16〕 郭齊勇、吳根友：《諸子學通論》，商務印書館，2015 年版，第 282～284 頁。

子非樂，而此書不然。要由成之者非一人，其近墨者多也。《漢志》謂墨家者流蓋出於清廟之守。清廟，明堂也。此書十二月紀非所謂順四時而行者歟？則《漢志》之言信也。孟子尊孔子，斥楊、墨，書中無一言及之，所稱引者莊、惠、公孫龍、子華子諸人耳，世儒以不韋故，幾欲棄絕此書，然書於不韋固無與也。以秦皇之嚴，秦丞相之勢焰，而其爲書時寓規諷之旨，求其一言，近於揣合，而無有此，則風俗人心之古可以明示天下後世而不作者也。世儒不察，猥欲並棄之，此與耳食何異哉！」

　　清翁方綱（1733～1818）《復初齋文集》卷十五〈書墨子〉曰：「《漢書‧藝文志》：『墨家者流蓋出於清廟之守，茅屋采椽，是以貴儉，養三老五更，是以兼愛。及蔽者爲之，見儉之利，因以非禮，推兼愛之意，而不知別親疏。』此班氏蓋本於劉歆《七略》之文也。此言墨家者流，而曰『出於茅屋采椽，出於養三老五更』則非，言其流也，言其原也，言其原，則所謂不別親疏者，即其流。然則墨子之學其承流者邪？抑後來所傳墨子之學又承墨之流者邪？《漢志》所云蔽者爲之，其即墨翟耶？抑墨翟之徒耶？孟子以墨與楊並論，則孟子所見必非但守其原，而未入其流者也。以孟子所見已是墨之極弊，則《七略》所謂蔽者，非至漢世而始見其蔽，又無疑也。今之學者讀《孟子》而尚治《墨子》之書者，其自外於聖人之徒，又無疑也。雖其書今尚存，觀之亦若自成一家之言，而究與聖賢之道大異，則又無疑也。近日江南省有翰林孫星衍者，鋟梓《墨子》之書，予舊嘗見其書，而不欲有其刻本也。有生員汪中者，則公然爲《墨子》撰序，自言能治《墨子》，且敢言孟子之言兼愛無父爲誣，墨子此則又名教之罪人又無疑也。昔翰林蔣士銓掌教於揚州，汪中以女子之嫁往送之門，是何門爲問，蔣不能答，因銜之言於學使者，欲置汪中劣等。吾嘗笑蔣之不學也。今見汪中治墨子之言，則當時褫其生員衣頂固法所宜矣。汪中者，昔嘗與予論金石頗該洽，猶是嗜學士也，其所撰他條亦尚無甚大舛戾，或今姑以此準折焉，不名之曰生員，以當褫革第稱曰『墨者汪中』，庶得其平也乎？然而夷之憮然，以後則己身向正學矣。所以孟門弟子尚許之尚惜之，書曰『墨者夷之』，若汪中，豈其能當此稱哉！」原注：「韓子以儒、墨並稱，而以墨爲佛家，恐亦未得其實耳。」

　　清孫星衍（1753～1818）《墨子注‧後敘》論墨家法禹曰：「司馬遷、班固皆不知墨學之所出。淮南王知之，《要略訓》云：『墨子學儒者之業，受孔子之術，以爲其禮煩擾而不悅，厚葬靡財而貧民，久服傷生而害事，故背周

道而用夏政。』其識過於遷、固。古諸子之教，或本夏，或本殷。故韓非著書，亦載棄灰之法；墨子節用、明鬼、兼愛、節葬，皆用禹之教也。孔子稱『禹菲飲食而致孝鬼神，惡衣服而致美黻冕，卑宮室而盡力溝洫』。莊子稱『禹腓無胈，脛無毛，沐甚風，櫛甚雨』。列子稱『禹身體偏枯，手足胼胝』。呂不韋稱『禹顏色黎黑，步不相過』。尸子稱『禹之喪法，死陵葬陵，死澤葬澤，桐棺三寸，制喪三日』。《淮南》、《韓非》說略同，是皆墨子法禹之明證。」

　　清淩揚藻（1760～1845）《蠡勺編》卷二十「墨子」條曰：「《墨子》三卷，戰國時宋大夫墨翟撰。《漢・藝文志》七十一篇，陳直齋謂《館閣書目》有十五卷六十一篇者，多訛脫，不相聯屬，又二本，止存十三篇者。《漢志》云：『墨家者流，蓋出於清廟之守。茅屋采椽，是以貴儉，養三老五更，是以兼愛，選士大射，是以上賢，宗祀嚴父，是以右鬼，順四時而行，是以非命，以孝視天下，是以上同，此其所長也。及蔽者為之，見儉之利，因以非禮，推兼愛之意，而不知別親疏。』蓋莊周嘗曰：聞古有不侈於後世，不靡於萬物，以繩墨自矯，而備世之急者。墨子與禽子即滑釐翟弟子聞其風而悅之，而為之太過已之太循。其曰昔禹之湮，洪水決汪洋，而通四夷也，腓無胈，脛無毛，櫛風沐雨，而形勞天下，使後世之墨者以裘褐為衣，以跂蹻為服，日夜不休以自苦，不如此，則非禹之道也不足為墨。墨之為道也，其生也勤，其死也薄，其命尚同，其道太觳，使人憂，使人悲，其行難為，而不可以為聖人之道，而習其道者多徒，至今不絕。韓非曰墨子死後有相里氏之墨、相芬氏之墨、鄧陵氏之墨。孟子、荀子皆非之。韓愈獨以為辨生於末學，非二師之本然云。」

　　清宋翔鳳（1779～1860）《過庭錄》卷十二「清廟之守」條曰：「《漢書・藝文志》墨家者流蓋出於清廟之守。《隋・經籍志》亦作清廟之守。按：『守』疑『官』字之誤。按：《呂氏春秋・當染》篇云：魯惠公使宰讓請郊廟之禮於天子，桓王使史角往，惠公止之，其後在於魯墨子學焉。高誘注云：其後，史角之後也。魯請郊廟禮，而王使角往，則正是清廟之官。《藝文志》墨家有《尹佚》二篇，佚即史佚，角蓋佚之後。」

　　清劉毓崧（1818～1867）《通義堂文集》卷十一〈墨家出於清廟之官說上篇〉曰：「《漢書・藝文志》云：『墨家者流，蓋出於清廟之守。宗祀嚴父，是以右鬼。』《隋書・經籍志》云：『墨者，《漢書》以為本出清廟之守，然則《周

官》宗伯掌建邦之天神地祇人鬼，肆師掌立國祀及兆中廟中之禁令，是其職也。』案：《隋志》所言最能申釋《漢志》之意。今以《墨子》本書考之，其大旨皆主於宗廟鬼神，是故或言宗廟之宜先，或言宗廟之貴潔，或言告宗廟之必謹，或言毀宗廟之當誅，此所守在宗廟之證也；或言鬼神之前知，或言鬼神之鑒察，或言事鬼神之盡禮，或言慢鬼神之愆儀，此所敬在鬼神之證也。然則墨子之為道固不外乎祭祀之間矣。周時掌邦禮者，統以春官，而大小宗伯實為之長，其所首陳在祭祀之吉禮，而於宗廟鬼神之典敘述尤詳。禮有五經，莫重於祭，故禮官之職，舉此為大綱耳。若夫春官之屬，其位次於宗伯者是為肆師，所主者無非祭祀，而皆佐宗伯以行之。《隋志》於宗伯之後繼以肆師者，蓋因肆師之職掌仍即宗伯之職掌也。然則所謂清廟之守者無他，夫亦曰宗伯之官而已。至於分禮官之一職，以協輔宗伯者，大抵於祭祀之事各有所司，蓋司祈祥者，其官為祝，司致福者，其官為宗，司禳災者，其官為巫，司習儀者，其官為史。所列之職掌，咸在宗廟鬼神，而墨子書中言及祝宗巫史者不一而足，蓋祭祀於宗廟之內者，非祝宗巫史諸人，則無以集事。雖大小宗伯，位居長官，亦賴此四者以贊襄，然後鬼神可得而禮。故清廟之守，此四者亦與有責焉。墨子之學，遠則發源於史佚所述（《漢志》墨家有《尹佚》二篇，注云周臣，在成康時也。汪氏中《墨子序》曰：「周太史尹佚身沒而言立，劉向校書，列諸墨六家之首。」），近則私淑於史角所傳。史官本執事於清廟之中（汪氏中《墨子序》云：「劉向以為出於清廟之守。夫有事於廟者，非巫則史，史佚、史角皆其人也。」），與祝、宗、巫三官既同屬於宗伯，而祭祀鬼神之禮，其職又彼此相聯，有時祝、宗、巫不備其官，則史官可以兼攝（汪氏中《左氏春秋釋疑》云：「周之東遷，官失其守，而列國又不備官，則史皆得而治之。其見於典籍者，曰瞽史，曰祝史，曰史巫，曰宗祝巫史，曰祝宗卜史，明乎其為聯事也。」），而侯國三卿不設宗伯，則太史之職亦可相參。故墨家者流，考其授受，則出於太史之官，觀其會通，則出於祝宗巫之官，覈其淵源本末，則出於宗伯之官，蓋祝、宗、巫、史均以宗伯為之帥，而宗伯又因宗廟而得名。《隋志》謂出於宗伯之職者，統於尊也。《漢志》謂出於清廟之守者，從其朔也。古者清廟與明堂名雖異而地則同，其制起於太古之初，故仍其樸素，不過蓋以茅屋，猶存上棟下宇之遺風。當清廟創立之時，掌祭祀鬼神者不但無宗伯之號，亦未必以宗為名，則質言之曰清廟之守耳。其後唐虞之世名其官曰秩宗，殷商之世名其官曰大宗，成周之世又名其

官曰宗伯，蓋所守皆在於廟，故其官均謂之宗也。此以知墨子之書其所由來者遠矣。彼以爲《漢志》所言不解爲何語者，其亦未之考歟？」

清劉毓崧（1818～1867）《通義堂文集》卷十一〈墨家出於清廟之官說中篇〉曰：「諸子之流派，分列於《漢志》者大率以學術名其家，而不以姓氏名其家。是故法家不標以申、韓，名家不標以尹、鄧、道家不標以黃、老，縱橫家不標以蘇、張。即託始之最顯者，如農家亦不標以列山。垂教之最高者，如儒家，並不標以孔子。蓋學術傳千載之業，而姓氏止一人之名，欲後世知其本原者，自當以學爲主，而不以人爲主也。惟墨家者流，則姓氏特標，而學術未著，不可謂非變例。良以墨子之爲人好創論以立名（汪氏中《墨子後序》云：「墨子者，蓋學焉而自爲其道者也，故其〈節葬〉曰：『聖王制爲節葬之法。』又曰：『墨子制爲節葬之法。』則謂墨子自製者是也。」）其徒附和之者，從而增益其說，又皆託之於師。故自周末以至漢初，言墨子之道者第誇其姓氏之顯，而不尋其學術之眞。《漢志》因之，遂並史佚之書在墨子前者統名之曰墨，亦狃於其所習聞耳，然欲覈其實以定其名，則墨翟之書可名爲《墨子》，而史佚之道不可名爲墨家。夫鄒衍之輩言曆象天文者，既以陰陽家爲名，則史佚之流言宗廟祭祀者當以鬼神家爲號。蓋清廟之地，所以安鬼神祭祀之禮，所以享鬼神宗伯肆師之位，所以事鬼神祝宗巫史之職，所以接鬼神，而史佚、墨翟之書又所以尊鬼神，則其名當謂之鬼神家，本無疑義，且春官之末，凡以神仕者無數，掌三辰之法，以猶鬼神示之居辨其名物，所謂凡以神仕者，即以鬼神名家，而官於清廟者也，彼墨子之弟子得其師之緒言，以求名位於當時（汪氏中《墨子序》云：「自墨子沒，其學離而爲三，徒屬充滿天下。呂不韋再稱鉅子，韓非謂之顯學。」），固無非以神仕者，亦無非鬼神家而已矣。夫建除堪輿之類，爲術數之支流，尙且各自名家，況鬼神之爲德與陰陽正相表裏，奚不可名家之有，乃墨氏之徒務爲名高，謂鬼神家不足以盡其道，遂於宗旨之外，雜以他說，令人莫測其端倪。然究之本書之中，言鬼神者層見迭出，即其徒之推衍其說者，亦不能離乎鬼神，則根柢之所存終不能掩也，亦何必侈言墨家而諱言鬼神家乎？夫自昔聖人明鬼神之情狀而作祭祀之禮，凡宗廟之官守，必愼選其人（〈楚語〉云：「使名姓之後能知四時之生，犧牲之物，玉帛之類，采章之宜，彝器之量，次度之主，屏攝之位，壇場之所，上下之神祇氏姓之所出，而率舊典者爲之宗。」），則鬼神家之致敬竭誠由廟中而達諸境內者，未始非儒者之所尙，特墨子主持太甚，

往往至於失中，故聖王先成民而後致力於神，而墨子則先鬼神而後修其人事，充其意之所極，以致囿於一偏，因齋者徹樂之文，遽敢於非樂，因喪者不祭之說，竟敢於短喪，此則史佚、史角以前鬼神家初無此失，其流弊實起於墨子。蓋以身居於宋，而宋出於殷，沿殷人尊神之遺風，守宋人徵鬼之故智，而放言無忌，卒貽後世之譏，正不獨兼愛、節葬之言見斥於孟子已也，是故知墨子之習於鬼神家，則學術之是非無所隱遁，知鬼神家之包乎墨子，則儀制之同異必務講求。蓋儒家精於祭禮者，不當蒙墨家之名，而墨家出於清廟者，則當蒙鬼神家之名耳。要之，墨子之學術，合於鬼神家者，自不容沒其長，不合於鬼神家者，亦不必諱其短。好古之士節取其詞者，固君子表微之心矣。然或因其〈修身〉等篇近於儒家，〈備城門〉等篇深於兵家，遂謂自餘諸子皆非其比，是不知墨子本鬼神家之旁枝，未足以別自名家，且亦未能盡合鬼神家之道也，豈非千慮之一失哉！」

清劉毓崧（1818～1867）《通義堂文集》卷十一〈墨家出於清廟之官說下篇〉：存目。

清曹耀湘（？～1857～1872 以後）《墨子箋注》卷十五曰：「班志藝文本取劉歆之《七略》，其於諸子區分九流，墨家、名家之書為最少。周之末，墨言雖盈天下，傳其術者類優於行而絀於文，雖有著述，殆無足觀，故不能及儒家、道家之什一。《志》中推墨家所出與其短長之處，所見不逮《淮南》遠甚，寧論史公與《莊子》乎？劉歆之敘諸子，必推本於古之官守，則汪疏而鮮通……至其謂『墨家出於清廟之守』，則尤為無稽之肊說，無可採取。唯是焚書以後，遺文間出，是賴此時校輯之勤，以得存世，而傳於後，故條錄而辨之於此。又按：墨子立教以後，一時人士翕然景從，唯與儒者斷斷不肯相下。孟子著書，峻詞以拒之，惡言以詆之。荀卿遍毀諸家，則子思、孟子亦在所非之列，不獨楊、墨而已。儒者緩於行，而急於文，弱於身，而強於舌。秦、漢之時，學者猶有公聽並觀之識，故於九流有抑揚，而無棄取。唐以後，世儒崇尚《孟子》之文，上躋之六經之列，於是《墨子》永置之衰說暴行之科，無從而究心者。蓋人心狃於詞章之習，不足以語先聖之大道，良可慨歎。」又曰：「非樂所以教儉，非命所以教勤。躭於樂則必費，委於命則必怠。然孔子罕言命，又曰：『不知命，無以為君子。』蓋富貧、貴賤、窮達、死生實有命焉，人不得以力而強為之也。惟君子有必盡之職分，不可委之於命而怠惰不修耳。此則孔、墨之道未嘗不同。《列子》有〈力命〉篇，以力與命相較，

而力終不如命之權，是蓋道家爲此說以詰墨之非命者。」

清孫詒讓（1848～1908）《墨子閒詁・墨子後語・墨學通論》曰：「此別據《莊子・天下》篇爲三墨，與『《韓非子》書殊異。』（北齊陽休之所編《陶集》即有此條。宋本《陶集》宋庠《後記》云：『八儒三墨二條，後人妄加，非陶公本意。』）考《莊子》本以宋銒、尹文別爲一家，不云亦爲墨氏之學。以所舉二人學術大略考之，其崇儉、非鬥雖與墨氏相近（《荀子・非十二子》篇以墨翟、宋銒並稱）而師承實迥異，乃強以充三墨之數。而《韓非子》所云相夫氏之墨者，反置不取，不知果何據也？宋銒書《漢書・藝文志》在小說家，云『黃老意』。尹文書在名家，今具存，其《大道上》篇云：『大道治者，則名、法、儒、墨自廢。』又云：『是道治者，謂之善人；藉名、法、儒、墨者，謂之不善人。』則二人亦不治墨氏之術，有明證矣。春秋之後，道術紛歧，倡異說以名家者十餘，然惟儒、墨爲最盛，其相非亦最甚。墨書既非儒，儒家亦鬥楊、墨。楊氏晚出，復擯儒、墨而兼非之。然信從其學者少，固不能與墨抗行也。莊周曰：『兩怒必多溢惡之書。』況夫樹一義以爲槷楗，而欲以易舉世之論，沿襲增益，務以相勝，則不得其平，豈非勢之所必至乎？今觀墨之非儒，固多誣妄，其於孔子，亦何傷於日月？而墨氏兼愛，固諄諄以孝慈爲本，其書具在，可以勘驗。而孟子斥之，至同之無父之科，則亦少過矣。自漢以後，治教專一，學者咸宗孔、孟，而墨氏大絀。然講學家剽竊孟、荀之論，以自矜飾標識；綴文之士，習聞儒言，而莫之究察。其於墨也，多望而非之，以迄於今。學者童卝治舉業，至於皓首，習斥楊、墨爲異端，而未有讀其書，深究其本者。是曖昧之說也，安足與論道術流別哉！」

章太炎（1869～1936）《諸子學略說》曰：「墨家者，古宗教家，與孔、老絕殊者也。儒家公孟言『無鬼神』（見《墨子・公孟》篇），道家老子言『以道蒞天下，其鬼不神』，是故儒、道皆無宗教。儒家後有董仲舒，明求雨禳災之術，似爲宗教。道家則由方士妄詫爲近世之道教，皆非其本旨也。唯墨家出於清廟之守，故有〈明鬼〉三篇，而論道必歸於天志，此乃所謂宗教矣。兼愛、尚同之說，爲孟子所非；非樂、節葬之義，爲荀卿所駁。其實墨之異儒者，並不止此。蓋非命之說，爲墨家所獨勝。儒家、道家皆言有命，其善於持論者，神怪妖誣之事，一切可以摧陷廓清，惟命則不能破，如《論衡》有〈命祿〉、〈氣壽〉、〈幸遇〉、〈命義〉等篇是也，其〈命義〉篇舉儒、墨對辯之言曰：『墨家之論，以爲人死無命；儒家之議，以爲人死有命。言有命者，

見子夏言「死生有命，富貴在天」。言無命者，聞歷陽之都，一宿沈而爲湖；秦將白起坑趙降卒於長平之下，四十萬眾同時皆死；春秋之時，敗績之軍，死者蔽草，屍且萬數；飢饉之歲，餓者滿道；溫氣疫癘，千戶滅門。如必有命，何其秦、齊同也？言有命者曰：夫天下之大，人民之聚，一歷陽之都，一長乎之坑，同命俱死，未可隆也。命當溺死，故相聚於墜湯；命當堅死，故相債於長平？猶高祖初起，相工入豐、沛之邦，多封侯之人矣，未必老少男女俱貴而有相也。卓礫時見，往往皆然。而歷陽之都，男女俱沒；長平之坑，老少並陷，萬數之中，必有長命未當死之人，遭時衰微，兵革並起，不得終其壽。人命有長短，時有盛衰，衰則疾病，被災蒙禍之驗也。宋、衛、陳、鄭，同日並災，四國之人，必有祿盛未當衰之人，然而俱災，國禍陵之也。故國命勝人命，壽命勝祿命。』凡言祿命，而能成理者，以此爲勝。雖然，命者孰爲之乎？命字之本，固謂天命。儒者既斥鬼神，則天命亦無可立。若謂自然之數，數由誰設？更不得其徵矣。然墨子之命，亦僅持之有故，未能言之成理也。特以有命之說，使人偷惰，故欲絕其端耳。⋯⋯是故非命者，不必求其原理，特謂於事有害而已。大儒家不信鬼神，而言有命；墨家尊信鬼神，而言無命，此似自相刺繆者。不知墨子之非命，正以成立宗教。彼之尊天右鬼者，謂其能福善禍淫耳。若言有命，則天鬼爲無權矣。卒之盜賊壽終，伯夷餓夭，墨子之說，其不應者甚多，此其宗教所以不能傳久也。又凡建立宗教者，必以音樂莊嚴之具感觸人心，使之不厭，而墨子貴儉非樂，故其教不能逾二百歲（秦、漢已無墨者）。雖然，墨子之學誠有不逮孔、老者，其道德則非孔、老所敢窺視也。」

　　章太炎（1869〜1936）《太炎文錄》卷一〈孝經本夏法說〉曰：「《孝經》〈開宗明義章〉曰：『先王有至德要道。』《釋文》引鄭氏說云：禹三王先者斯義最宏遠，無證明者。山陽丁晏稍理其說，猶未昭晰。余以鄭氏綜撮全經，知其皆述禹道，故以先王屬禹，非馮臆言之也。禹書不存當以墨子爲說。《莊子·天下》篇道墨氏之言曰：『不能如此非禹之道也，不足爲墨。』《淮南·要略訓》曰：『墨子背周道而用夏政。』是故欲明《孝經》首禹之義，必觀《墨子》。墨子兼愛，孟軻以爲無父。然非其本。《藝文志》序墨家者流，云以孝視天下，是以尚同。《孝經》〈三才章〉曰：『先之以博愛，而民莫遺其親。』博愛即兼愛。《天子章》曰：『愛親者不敢惡於人。』疏引巍眞克說，以爲博愛此即兼愛明矣。其徵一也。〈感應章〉曰：故雖天子必有尊也，言有父也，

言有兄也。《援神契》釋以『尊事三老、兄事五更』。《白虎通德論》曰：『不臣三老五更者，欲率天下爲人子弟。』〈藝文志〉序墨家曰：『養三老五更，是以兼愛。』此又墨家所述禹道，與《孝經》同。其徵二也。〈藝文志〉序墨家曰：『墨家者流，蓋出於清廟之守。宗祀嚴父，是以右鬼。』《孝經·聖治章》曰：『孝莫大於嚴父，嚴父莫大於配天。』昔者周公郊祀后稷以配天，宗祀文王於明堂以配上帝，是道相合。又〈祭法〉曰：『有虞氏祖顓頊而宗堯，夏后氏祖顓頊而宗禹，殷人祖契而宗湯，周人祖文王而宗武王。』此則明堂宗祀虞以上祀異姓有德者，其以父配天實自夏始，宗禹者啓也，若禹即宗鯀矣，鯀障洪水而殛死，以死勤事有功，故可於明堂配帝，然則嚴父大孝，創制者禹。其徵三也。及夫墨家之蔽不別親疏，節葬所說與〈喪親章〉義絕相反。要之，同源異流，其本幹禹道一也。……故以《墨子》明大義，以《書》、《禮》、《春秋》辨其典章，則孝經皆取夏法先王爲禹灼然明矣。雖然自託此義，而緯書怪迂之說亦以滋章。……是又《春秋》、《孝經》同出於夏法也，推此諸緯，亦謂《孝經》爲漢製法，其妖妄與《公羊》合符。然《孝經》本禹之義，不因是摧破也。」

張爾田（1874～1945）《史微》卷一〈原墨〉曰：「道家之外，能與儒家代興，思以所學易天下者，則曰墨家。墨家者，史之小宗也。……是則墨家之學出於清廟之守。清廟之守，掌郊祀之禮者也。掌郊祀之禮，非祝史乎？余嘗反覆《墨子》全書，知墨術眞祝史之遺教也。《周禮》大祝掌六祝之辭，以事鬼神示，祈福祥，求永貞，此即墨家明鬼之旨焉；掌六祈以同鬼神示，此即墨家尚同之旨焉；作六辭以通上下親疏遠近，此即墨家兼愛之旨焉；小祝有寇戎之事則保郊祀之社，此即墨家非攻之旨焉。祝史之職，不詳其所始，據《淮南》云：『墨子學儒者之業，受孔子之術，以爲其禮煩擾而不說，厚葬靡財而貧民，服傷生而害事，故背周道而用夏政』，《莊子》云：『《墨子》稱道曰：「昔者禹之湮洪水，決江河而通四夷九州也，腓無胈，脛無毛，沐甚雨，櫛疾風。禹，大聖也，而形勞天下也如此。」使後世之墨者多以裘褐爲衣，以跂蹻爲服，日夜不休，以自苦爲極，曰：『不能如此，非禹之道也，不足謂墨。』』《列子》引《禽子》曰：『以吾言問大禹、墨翟，則吾言當矣。』墨子謂公孟亦曰：『子法周而未法夏也，子之古非古也。』今觀墨家之道，曰節用、曰貴儉、曰右鬼，與菲飲食而致孝乎鬼神，卑宮室而盡力乎溝洫，惡衣服而致美乎黻冕相同，意者清廟之守其託始於禹世乎？蓋諸子學術皆出百官，百

官各有所始，史官始黃帝，故道家託諸黃帝；司徒之官始堯、舜，故儒家斷自堯、舜；清廟之守始夏禹，故墨家稱乎夏禹，其揆一也。雖然，墨術原於禹，而禹道固不足以盡墨家之宗旨也。墨王七十一篇，語必則古昔、稱先王，言堯、舜、禹、湯、文、武者六，言禹、湯、文、武者四，言文王者三，至〈明鬼〉篇述祝史之源流則曰：『昔者虞、夏、商、週三代之聖王，其始建國營都日，必擇國之正壇，置以爲宗廟；必擇木之修茂者，立以爲菆位；必擇國之父兄慈孝貞良者，以爲祝宗；必擇六畜之勝腯肥倅毛，以爲犧牲；必擇五穀之芳黃，以爲酒醴粢盛。』觀其以虞、夏與商、週三代並言，亦可見墨子之學無常師矣。故韓非曰：『孔子、墨子俱道堯、舜，而取捨不同。』太史談亦曰：『墨者亦尚堯、舜道，言其德行。』此之謂也。……大抵百家中最大者有二家；一曰道家，一曰墨家，二家皆原於史，皆以言天立教者也。道家出太史，太史，主知天道者也，故道家以法天爲要歸；墨家出祝史，祝史，主事天鬼者也，故墨家以順天爲宗旨。吾何以知墨家宗旨在順天乎？吾以《墨子・天志》一篇知之……墨家學術之宗旨可一言以蔽之，亦曰順天而已矣。惟其順天，故主非攻，其言曰：『天之意不欲大國之攻小國也。』惟其順天，故士兼愛，其言曰：『順天之意何若？曰兼愛天下之人。何以知兼愛天下之人也？以兼而食之也。』惟其順天，故主尚賢，其言曰：『古聖王以尚賢使能爲政而取法乎天，雖天亦不辯貧富貴賤、遠邇親疏，賢者舉而尚之，不肖者抑而廢之。』惟其順天，故主尚同，其言曰：『天下之百姓皆上同於天，一而不上同於天，則菑猶未去也。今若天飄風苦雨，湊湊而至者，此天之所以罰百姓之不上同於天者也。』惟其順天，故主節葬，節葬者，所以厚於祭天也，其言曰：『以厚葬久喪者爲政，國家必貧，人民必寡，刑政必亂。若苟貧，是粢盛酒醴不淨潔也；若苟寡，是事上帝鬼神者寡也；若苟亂，是祭祀不時度也。』惟其順天，故主明鬼，其言曰：『古者聖王明天鬼之所欲，不避天鬼之所憎，是以率天下之萬民，齋戒沐浴，潔爲酒醴粢盛，以祭祀天鬼。』（〈明鬼〉一篇皆祝史祭祀之大義，《山海經》凡某山必云其祠之禮何、瘞用何、糈用何，《山海經》爲禹、益之遺書，祭祀之禮起於夏禹，墨家出祝史，觀於〈明鬼〉等篇，其義顯然）惟其順天，故主非樂，其言曰：『上者天鬼弗戒，下者萬民弗利。誠將欲興天下之利，除天下之害，當在樂之爲物，不可不禁而止也。』惟其順天，故主非命，其言曰：『命上不利於天，中不利於鬼，下不利於人，而強執此者，此持凶言之所自生而暴人之道也。』然則〈天志〉一篇，

眞《墨子》全書之綱要，而所謂非攻、兼愛、尚賢、尚同、非樂、非命、節用、節葬者，其由〈天志〉之義推而見諸行事者乎？……墨家者，祝史之遺教，而史之小宗也。」

顧實（1878～1956）《漢書藝文志講疏》三〈諸子略〉曰：「此蓋釋墨家之術，出自周清廟之守也。故桓二年《左傳》曰：『清廟茅屋，昭其儉也。』此貴儉之所出也。其餘養三老五更，選士大射，宗祀嚴父，順四時而行，以孝視天下，無一不可附會《孝經》、《三禮》而爲之辭。然儒家之道，至孔子而昌；墨家之道，亦至墨子而盛。《淮南・要略》云：『墨子背周道而用夏政。』準斯以談，當以夏爲說。《孟子》稱禹思天下有溺者，猶己溺之也，蓋兼愛之所出也。禹南省方，濟於江，黃龍負舟，熙然而稱曰：『我受命於天，竭力而勞萬民。生，寄也；死，歸也。何足以滑和。』（見《淮南・精神》篇）蓋〈非命〉之所出也。《論語》稱禹菲飲食而致孝乎鬼神，惡衣服而致美乎黻冕，卑宮室而盡力乎溝洫，蓋貴儉、上賢、右鬼、尚同之所出也。孔子年事稍先，猶循循周道，未遽變革。百家言黃帝，變周最烈，然其自居也猶厚。惟墨子崛起其間，反周從夏，日夜不休，勞形天下。《莊子・天下》篇曰：『墨子眞天下之好也，將求之不得也，雖枯槁不捨也。才士也夫！』嗚呼！斯言不虛美矣，千萬世以後，有以勞動爲神聖，則墨之爲人傑，不尤大彰明較著哉！」

呂思勉（1884～1957）《先秦學術概論》曰：「墨家上說下教，所接者，非荒淫之貴族，即顓蒙之氓庶。非如鄒魯學士之談，稷下儒生之論，可以抗懷高義也。故其持義，恒較他家爲低。……孟子謂『楊朱、墨翟之言盈天下』，又謂『逃墨必歸於楊，逃楊必歸於儒』，則墨學在戰國時極盛。然其後闃焉無聞。則墨之徒黨爲俠，多『以武犯禁』，爲時主之所忌。又勤生薄死，兼愛天下，非多數人所能行。巨子死而遺教衰，其黨徒乃漸復於其爲游俠之舊。高者不過能『不愛其軀，以赴士之阨困』，而不必盡『軌於正義』，下者則並不免『爲盜跖之居民間』者矣。創一說立一教者，其意皆欲以移易天下。社會中人，亦必有若干受其感化。然教徒雖能感化社會，社會亦能感化教徒。墨學中絕，即由於此。」

江瑔（1888～1917）《讀子巵言》第四章〈論諸子之淵源〉曰：「墨家出於清廟之守，其爲史官所掌尤顯而易明。汪中〈墨子序〉曰：『周太史尹佚之書十二篇，劉向校書列諸墨家之首。魯惠公請郊廟之禮於天子，桓王使史角

往，惠公止之。其後在於魯，墨子學焉。劉向以爲出於清廟之守，夫有事於廟者，非巫則史，史佚、史角皆其人也。』其言甚精。惟雜巫而言之，尚未明晰。蓋清廟之事本屬於巫，其後史盛而巫衰，史遂奪巫之席，即卜史、祝史之流也。然墨家之學實出於史佚、史角，而史佚、史角亦實即有事於廟之人，故墨氏『明鬼』即承清廟之遺，則清廟之守亦即史官之所掌矣。」

　　蒙文通（1894～1968）〈論墨學源流與儒墨匯合〉曰：「《韓非子·顯學》言：『自墨子之死也，有相里氏之墨，有相夫氏之墨，有鄧陵氏之墨。故墨離爲三。』三墨之說，世莫能明。故友唐迪風氏，以爲〈耕柱〉篇縣子碩問於子墨子曰：『爲義孰爲大務？』子墨子曰：『譬若築牆然。能築者築，能實壤者實壤，能欣者欣，然後牆成也。爲義猶是也。能談辯者談辯，能說書者說書，能從事者從事，然後義事成也。』談辯、說書、從事：三者是三墨也。以墨書證墨派，唐氏之說，最爲得之。以余之懵瞀，請申其旨。《莊子·天下》篇言：『相里勤之弟子，五侯之徒，南方之墨者，苦獲、己齒、鄧陵子之屬，俱誦《墨經》，而倍譎不同，相謂別墨。以堅白、同異之辯相訾，以奇偶不仵之辭相應。以巨子爲聖人，皆願爲之尸，冀得爲其後也。』此南方之墨以堅白爲辯者也。《呂氏春秋·去宥》言：『東方之墨者謝子，（《說苑·雜言》作『祁謝子』）將西見秦惠王，惠王問秦之墨者唐姑果（《淮南子·修務》作『唐姑梁』）唐姑果恐王之視謝子賢於己也，對曰：「謝子，東方之辯士也，其爲人甚險，將奮於說以取少主也。」（《淮南子》作「固權說以取少主」）王因藏怒以待之。謝子至，說王，王弗聽，謝子不悅，遂辭而行。』唐姑果爲秦之墨，反對權說，將重實者也。《莊》書所言，視《韓子》有相里、無伯夫，莊不應遺東墨不論，則相里勤爲東墨而伯夫自應爲秦墨也。蓋伯夫爲秦墨，爲從事一派，不重理論，不在誦《墨經》而倍譎不同之列，故《莊》書遺之，而韓則備詳流別，故著之。或秦墨之起稍後，非莊子所知，惟韓子較晚，乃言之耳。是相里爲東墨，伯夫爲秦墨，固可無待別爲論據也。則三墨者，即南方之墨、東方之墨、秦之墨。秦之墨爲從事一派，東方之墨爲說書一派，南方之墨爲談辨一派，此墨離爲三也。」〔註17〕

　　馮友蘭（1895～1990）《中國哲學簡史》曰：「按照我的理論，從這六種人裏面，形成了司馬談所稱的六家。套用劉歆的說法，我們可以說：墨家者

---

〔註17〕 蒙文通：《論墨學源流與儒墨匯合》，《古學甄微》，巴蜀書社，1987 年版，第211～212 頁。

流，蓋出於游俠之士。」〔註18〕又曰：「在周代，帝王公侯都擁有自己的軍事專家，這些人是世襲的武士，是當時軍隊中的骨幹。周朝後期統治權力解體，這些軍事家喪失了權力和爵位，散落全國，只求有人雇傭，得以維持生計。他們被稱爲『俠』或『游俠』。《史記》中稱他們：『其言必信，其行必果，已諾必誠，不愛其軀，赴士之厄困。』這是他們的武士道德。墨學中，有一大部分便是這種武士道德的延伸……關於墨子和他的追隨者來自游俠，有許多憑證。……墨子及其追隨者與當時的其他游俠有兩點不同：首先，其他游俠只是雇傭兵，誰雇用，便爲誰賣命；墨子和他的追隨者們則反對任何侵略戰爭，他們只爲防禦性戰爭傚勞。其次，通常的『俠』只是墨守武士的職業道德；墨子和他的追隨者則對武士的職業道德進行理性化的解釋。」〔註19〕

傅斯年（1896～1950）《戰國子家敘論・戰國諸子除墨子外皆出於職業》曰：「墨爲儒者之反動，其一部分之職業與儒者同，其另一部分則各有其職業。墨與儒者同類而異宗，也在那裏上說世主，下授門徒。但墨家是比儒者更有組織的，而又能吸收士大夫以下之平民。既是一種宗教的組織，則應有以墨爲業者，而一般信徒各從其業。故儒、縱橫、刑名、兵、法皆以職業名，墨家獨以人名。」〔註20〕又曰：「諸子百家中，墨之組織爲最嚴整，有鉅子以傳道統……又制爲一切墨者之法而自奉之，且有死刑。……此斷非以個人爲單位之思想家，實是一種宗教的組織自成一種民間的建置，如所謂『早年基督教』者是。所以墨家的宗旨，一條一條固定的，是一個系統的宗教思想（尙賢、尙同、兼愛、非攻、節用、節葬、天志、明鬼、非樂）。又建設一個模範的神道（三過家門而不入之禹），作爲一切墨家的制度。雖然後來的墨者分爲三（或不止三），而南方之墨者相謂別墨，到底不至於如儒墨以外之方術家，人人自成一家。孟子謂楊、墨之言盈天下，墨爲有組織之宗教，楊乃一個人的思想家，此言應云，如楊朱一流人者盈天下，而墨翟之徒亦盈天下，蓋天下之自私自利者極多，而爲人者少，故楊朱不必作宣傳，而天下滔滔皆楊朱，墨宗則非宣傳不可。所以墨子之爲顯學，歷稱於孟、莊、荀、衛、呂、劉、司馬父子、《七略》、《漢志》，而楊朱則只孟子攻之，〈天下〉篇所不

---

〔註18〕 馮友蘭：《中國哲學簡史》，天津社會科學院出版社，2007 年版，第 33 頁。

〔註19〕 馮友蘭：《中國哲學簡史》，天津社會科學院出版社，2007 年版，第 47～48頁。

〔註20〕 傅斯年：《戰國子家敘論・史學方法導論・史記研究》，上海古籍出版社，2012年版，第 13 頁。

記，〈非十二子〉所不及，〈五蠹〉、〈顯學〉所不括，《呂覽》、《淮南》所不稱，六家、九流所不列。這正因爲『縱情性、安恣睢、禽獸行』之它囂、魏牟固楊朱也。莊子之人生觀，亦楊朱也，所以儒、墨俱爲傳統之學，而楊朱雖號爲言盈天下，其人猶在若有若無之間。」〔註21〕《戰國子家敘論‧論墨家之反儒學》曰：「墨者持義無不與儒歧別。其實邏輯說去，儒、墨之別常是一個度的問題。例如儒者亦主張任賢使能者，但更有親親之義在上頭；儒者亦非主張不愛人，如魏牟、楊朱者，但謂愛有差等；儒者亦非主戰陣，如縱橫家者，但還主張義戰；儒者亦非無神無鬼論者，但也不主張有鬼。樂、葬兩事是儒、墨行事爭論的最大焦點，但儒者亦放鄭聲，亦言『禮與其奢也寧儉，喪與其易也寧戚』。然而持中者與極端論者總是不能合的，兩個絕相反的極端論者，精神上還有多少的同情；極端論與持中者既不同道，又不同情，故相爭每每最烈。儒者以爲凡事皆有差等，皆有分際，故無可無不可。在高賢尚不免於妥協之過，在下流則全成僞君子而已。這樣的不絕對主張，正是儒者不能成宗教的主因，雖有些自造的禮法制度，但信仰無主，不吸收下層的眾民，故只能隨人君爲抑揚，不有希世取榮之公孫弘，儒者安得那樣快當的成正統啊！」〔註22〕

宗白華（1897～1986）《中國哲學史提綱》曰：「墨子兼愛、尚賢、節用、節葬、非樂、非命諸論，主要係站在工農大眾的立場，對貴族的特權作猛烈的攻擊，這些是墨家最進步的理論。但是非樂論完全抹殺藝術的價值，〔蔽於用而不知文——荀子〕實過於褊狹，亦不能自圓其說。墨子不瞭解精神快樂及一切精神價值，只知物質作用。……墨子只認物質之目的爲實在，非物質之目的等於無目的。將人生目的之範圍狹隘於實際的物質功用，而無視精神界之作用（不以快樂爲有用）。如言樂可以提高工作效率。……尚同論主張中央集權，與當時社會政治的趨勢相合，亦有其進步的意義。但尚同論主張嚴格的思想統治，忽視思想自由的重要〔個性不能發達，個人絕無自由〕，有很大的流弊。天志、明鬼是墨子的宗教。天志論特別強調天兼愛天下之人，設天志爲兼愛學說的根據，亦有相對的進步意義，但天志、明鬼的學說，在基本上，表現了工農大眾的落後性，是墨子學說的保守方面。……墨子的許多

---

〔註21〕 傅斯年：《戰國子家敘論‧史學方法導論‧史記研究》，上海古籍出版社，2012
　　　　年版，第16～17頁。
〔註22〕 傅斯年：《戰國子家敘論‧史學方法導論‧史記研究》，上海古籍出版社，2012
　　　　年版，第40～41頁。

理論，雖係代工農說話，但墨子學說的進步性，有其歷史的限制。〈尚同〉篇承認爲天子、三公、國君、大夫等權利是合理的。〈非樂〉篇認爲王公大夫、士君子、農夫婦人，各有其分事。王公大人的分事爲聽獄治政，士君子的分事爲內治官府，外收斂關市之利，農夫婦人的分事爲耕織。這即是承認階級的合理性。當時的歷史條件，是不可能發生廢除階級的理論。……儒家『非先王之法服不敢服，非先王之法言不敢言』，『信而好古』，墨子則曰：『所謂古者皆嘗新矣。』儒家以『宜』爲『義』，墨則以利爲義。儒斥技巧爲『奇技淫巧』，墨則長於製器。《墨子》之〈非儒〉、〈公孟〉兩篇誹詆孔子。而孟、荀等儒者亦攻擊墨。墨是唯物而不實際，其理想『堯舜其猶病諸』。儒家則唯心而較爲實際。故墨學絕而儒學行。」〔註23〕

楊東蓴（1900～1979）《中國學術史講話》第二講〈學術思想的解放與分野〉曰：「墨子之學，代表保守的右派，重功利，而處處與孔子立異……惟其言兼愛，所以又言非攻。攻起於爭，爭起於不足，果無方法以弭不足之患，則攻戰便無止日，所以他由言非攻；又進而言節用。既言節用，所以又言薄葬、短喪，所以又言非樂。這都是從兼愛出發的數個環節。其反對當時諸侯互相攻伐奢侈淫逸，可想而知。……墨學的特點，重實行，重服從，則其與儒、道相異之點。觀墨子爲宋以拒公輸般之攻城，便可知其實行精神。而《淮南子》謂：『墨子服役者百八十人，皆可使赴火蹈刃，死不旋踵。』則不但墨學重實行，而且其門徒之服從墨子，亦可想見。」

葉長青（1902～1948）《漢書藝文志問答》：「孔子祖述堯、舜，無間於禹。墨子亦尚堯、舜道，傳夏禹之法，同符孔氏。其不同者，背周道而用夏政耳。」

侯外廬（1903～1987）等《中國思想通史》第一冊第七章〈前期墨家的思想〉曰：「孔子學術活動的時代是在春秋末世，墨子學術活動的時代是在戰國初年，二人的學術活動是銜接的。這個交替時代，正是中國古代社會轉入不完全典型的顯族時代，人類性的問題、社會的國民之富的問題以及天上宗教的問題，都發生了變革。因此，哲人思想便相應於國民階級的出現，適應於由氏族單位到地域單位（即由曾孫貴族到顯族的漸進運動）的社會發展，以私學登上歷史的舞臺。墨子和孔子都生於保存了『周索』典章文物的魯國，《墨子》書中所引的《詩》、《書》文句，多經其散文化或方言化，好像現在

---

〔註23〕宗白華：《中國哲學史提綱》，重慶出版社，2014 年版，第 37～39 頁。

通俗化的古文今譯。如果他沒有對於『舊法世傳之史』，在文字與義理上有縉紳先生的修養，那麼他便不能做了繼往開來的墨家第一位『鉅子』。由此可知，《淮南子・要略》所說『墨子學儒者之業，受孔子之術』，雖屬查無實據，仍然事出有因，即墨子和孔子一樣是儒者出身。從而，墨子對於孔子，是批判的而不是抹殺的。……孔、墨二家在對春秋形式文化的批判方面，確有相同的精神，孔子批評了春秋的僵死儀式，這道理正如鳥聞熱旱則高，魚聞熱旱則下。墨子和孔子在這一點甚為接近，孔子既唱之於前，墨子當可稱之於後。然而，孔、墨顯學自有分水嶺，未容混同。僅就其對於傳統文化之接受與批判一點而言，墨子顯然是更激進些……墨子仍然和孔子一樣，繼承著西周文化的傳統。在『文、武之政佈在方策』的魯國文化界，墨子不能脫離了縉紳職業而平地起家。然而他在繼承文化傳統的精神上卻又和孔子區別開來。……在學術下私人的運動中，對於傳統文化的批評，孔子高唱於前，墨子吶喊於後。孔子注重動機，墨子注重結果。有人說，孔子光彩地結束了春秋思想，墨子光彩地開啓了戰國思想，這斷案頗有問題。實在講來，孔、墨顯學在春秋末與戰國初是批判了春秋傳統而發展了中國古代文化。這個中國古代思想的演變關鍵，是研究子學的源流所應明白的。」〔註24〕

　　張舜徽（1911～1992）《漢書藝文志通釋》卷三曰：「《志》云『蓋出於清廟之守』，《漢紀》卷二十五『守』字作『官』，此殆班《志》原文。《志》敘諸子十家，皆云出於某官，不應此處獨異。宋翔鳳《過庭錄》已疑『守』為『官』字之誤。今可據《漢紀》正之。」又曰：「自孟子之說行天下，後又躋其書於群經之列，儒者遂視墨子為邪說暴行，無從而究心者矣，此墨學所以一蹶不振也。然西漢諸儒論列百家，猶能識得墨學深處。觀司馬談〈論六家要指〉有云：『墨者儉而難遵，是以其事不可遍循。然其強本節用，不可廢也。』又云：『墨者亦尚堯、舜道，言其德行曰：「堂高三尺，土階三等。茅茨不翦，采椽不刮。食土簋，啜土刑。糲粱之食，藜藿之羹。夏日葛衣，冬日鹿裘。其送死，桐棺三寸，舉音不盡其哀。教喪禮，必以此為萬民之率，使天下法。若此，則尊卑無別也。夫世異時移，事業不必同，故曰儉而難遵。要曰強本節用，則人給家足之道也。此墨子之所長，雖百家弗能廢也。』司馬特為拈出『強本節用』四字，可謂能識其大。學者籀繹《漢志》，當以此論

〔註24〕侯外廬等：《中國思想通史》第一冊，人民出版社，2011 年版，第 175～177頁。

互參。」

　　鄺士元《中國學術思想史》曰：「司馬談評墨家長在強本節用，短在儉而難遵，似是而非，未得要領也。其以墨者原於堯、舜，亦與其學之淵源相反。墨子之學，託於夏禹，所謂『背周道而行夏政』是也。且使後世之墨者，多以裘褐爲衣，以跂蹻爲服，日夜不休，以自苦爲極。曰：『不能爲此，非禹之道也，不足謂墨。』此所謂墨學託於禹也。且墨子學說之中心，在於兼愛，而其主張，不僅節用，其事不足以遍循，皆其短。司馬之評未盡然也。……墨子所以反對儒家者，『以爲其禮煩而不悅，厚葬靡財而病民，久服傷生而害事』。則『非禮』爲墨子之主張；所謂『不別親疏者』，即『兼愛』之意。兼愛、非禮，爲墨學中心思想，不待蔽者，此即所謂墨家之流弊也。」〔註25〕

　　金觀濤、劉青峰《中國思想史十講》曰：「春秋戰國是中國文化實現超越突破的時代。諸子百家中，有的完成了超越突破，有的則沒有。孔子實現了文化的超越突破，繼承光大孔子的是孟子。在百家紛爭的局面中，孟子曾說：『天下之言，不歸楊，則歸墨。』可見當時楊朱和墨子的影響力大過儒家。爲什麼這兩家顯學在漢以後就銷聲匿跡了呢？簡單地講，因爲墨家和楊朱思想都沒有完成超越突破，就避免不了衰亡。孔子超越視野下的道德精神是基於個體的覺醒，是個體對道德的覺悟和永恒追求，這種精神是超越社會和歷史的。而墨家和楊朱都不具備這樣的超越視野。先看墨子和墨家。墨子晚於孔子，針對禮崩樂壞，征伐戰亂，墨子提出了不同於孔子的方案，這就是『兼相愛、交相利』、『非攻』、『尙賢』、『尙同』。看上去這些主張比孔子的『克己復禮』更多元、更具體可行，但沒法兒落實，國與國之間爭霸惡鬥數百年，哪兒有『非攻』啊。墨家也更具有客觀精神，〈墨辯〉中有很多實用知識和科學思考，有點兒接近古希臘精神。……每當人們看到〈墨辯〉中保留的許多科學和邏輯命題，至今仍有不少人感慨，如果墨家不消亡，中國文化該有多麼不一樣啊。問題是，爲什麼在歷史長河中，墨家無法與儒家競爭而走向消亡呢？只有從文化超越突破的角度，才能理解其原因。我們仍然從知和仁兩個關鍵詞入手，對比孔、墨兩家在這兩個：重要觀念上的差別。孔子的知是指向個人道德意識的自覺，墨家的知又是指向什麼呢？墨子曾說，天子的知是知自己能否治理天下；三公的知，是知自己能否輔佐天子；諸侯的知是選

〔註25〕鄺士元：《中國學術思想史》，上海三聯書店，2014年版，第7～8頁。

擇好的『卿之宰』，等等。可見，墨子的知，對不同地位的人有著不同的知，這樣的個人並沒有超越自己的社會地位和角色，沒有從社會中走出來。孔子講的仁是儒家道德的核心，本身就具有最終價值，墨子又如何講仁呢？墨子說仁是爲天下興利除害的工具，要做利於人的事，不做不利於人的事；又說，仁作爲天下法度，是要人不追求耳目口舌身等感官享受，不做勞民傷財的事。因此，在判斷是否具有超越視野的兩方面，即個體的，追求非功利的終極人生意義上來看，孔子講的仁是訴諸每個人的道德感，是超越個體生命的最高價值追求；而墨子把仁視爲外在的法則和準繩，仁作爲判斷人和事的法度，也只強調其社會效果，即看人的行爲後果是否利人利天下。因此，墨子講的仁，既不是訴諸個體，也不是最高價值。……墨家的尚同之兼愛、非攻等價值再好，但因其思想體系中沒有個體性的終極關懷精神追求，故這些價值都不能離開社會。因此，墨家沒有完成超越突破，也就不能經受住時間的考驗，被一代代地忘掉了。漢以後。雖然有墨家經典傳世，但是此後除了游俠和實踐精神外，墨家就沒有更大的社會影響力了。直到兩千多年後受到西方近代文明衝擊時，人們才遺憾地重新挖掘墨家思想資源。……我從文化的超越突破角度來講先秦諸子，側重於講爲什麼說儒家奠定了中國文明的主流形態，並以儒家爲參照比較分析先秦的道、墨、法、名、楊等諸家思想。儘管儒家和道家各自主張的最高價值——道的內容正好相反，但兩家都承認存在超越個體生命的非功利的道，都強調只有依靠個體的覺醒去認識這個道，並以此爲人生意義和追求，才能使自己的生命與天地溝通，即獲得永恆的天人之際的價值。由於儒家和否定儒家的道家都完成了超越突破，所以儒、道兩家共同塑造著漢以後的中國思想文化的發展。相比之下，先秦的法家、墨家、名家和楊朱，均沒有提出超越個體生命、不死的和非功利的生命意義，漢以後它們或是消亡，或是被儒、道兩大家吸納爲隱性成分保留下來，如道家吸收了楊朱的養生存性，漢初黃老學吸收了法家，使主流文化的內涵更加豐厚廣博並呈現出不同形貌。在人類文明史上的軸心時代，產生了四種超越突破文明類型，中華文明在先秦完成的以道德爲終極關懷的類型，只是其中的一個。因此，還必須瞭解其他幾種超越突破的基本特質，才可以從文明比較中，更清楚地理解中國文化的精神和此後展開的方向。」〔註26〕

---

〔註26〕 金觀濤、劉青峰：《中國思想史十講》，法律出版社，2015 年版，第 36～41 頁。

　　高華平《先秦諸子與楚國諸子學》曰：「如果說『三墨』的劃分是先秦墨學史上的一個時代和地域問題的話，那麼《墨子‧耕柱》篇中原有的談辯、說書、從事三派，只應代表了墨子時代（墨子在世時）墨子學派的構成，而所謂相里氏之墨、相夫氏（伯夫氏）墨、鄧陵之墨，或『宋鈃、尹文之墨』、『相里勤、五侯之墨』、『苦獲、己齒、鄧陵之墨』，乃至蒙文通所謂『南方之墨』、『東方之墨』、『秦之墨』等『三墨』劃分，則應只是反映了人們對先秦不同時期應存在著不同墨學的看法。在墨子的時代，墨學可分為談辯、說書、從事三派；在韓非時代，墨學可分為相里氏、相夫氏、鄧陵氏三派；在《群輔錄》作者的眼中，墨學應分為『宋鈃、尹文之墨』、『相里勤、五侯之墨』和『苦獲、己齒、鄧陵之墨』三派；而在蒙文通氏的眼中，墨學則可分為『南方之墨』、『東方之墨』和『秦之墨』三派，而且這三派還正好是與〈耕柱〉篇的談辯、說書、從事三派對應的。實際上，在不同的時期，墨子的學派不可能都正好就是三派，也不一定只能從某個唯一的角度來對墨學進行劃分。《莊子‧天下篇》談墨翟、禽滑釐之後的墨學，就只提到了『相里勤之子、五侯之徒』和『南方之墨苦獲、己齒、鄧陵子之屬』等兩派，而不是《韓非子》所說的『三派』；蒙文通的劃分也存在著同時以學術和地域兩個標準劃分的問題。因此，很難簡單地說誰的劃分就完全正確或完全錯誤。先秦的墨學應大致經歷了墨子時期的墨學、《莊子》書所論或稷下時期的墨學、《韓非子》時期的墨學等幾個發展階段。在這幾個階段中，有的墨學正好可以分為三個派別，與『墨離為三』之說吻合；有的則並不吻合。而且，不同時期的墨學，在地理上是否正好可以劃為『南方之墨』、『齊之墨』和『秦之墨』，這也並不一定。」〔註27〕

　　王錦民《古學經子》曰：「班固所說清廟，似大而化之，非專指清廟，實兼明堂、辟雍、太學、太廟等。所謂清廟，鄭玄《毛詩箋》云：『清廟者，祭有清明之德者之宮也，謂祭文王也，天德清明，文王象焉，故祭之。』班氏所說『茅屋采椽，是以貴儉』，與清廟相合；而依禮考核，班氏所說『養三老五更』，『選士大射』，當在辟雍、太學；『宗祀嚴父』，當在太廟；『順四時而待』，當在明堂。自後漢起，學者有將明堂、太廟、清廟、辟雍、太學及靈臺視為同實異名者，也有將它們視為異實同名者。……依阮元所論，合明堂、

---

〔註27〕高華平：《先秦諸子與楚國諸子學》，北京師範大學出版社，2016年版，第155頁。

清廟、辟廱、太學、太廟等爲一體的是古之明堂，後世的明堂是純爲禮制需
要在郊外仿修的古明堂，而實際上城中的明堂、清廟等已各爲一體。若阮元
考證爲實，則墨家所出不是自城中各爲一體的明堂、清廟等等，而是出於郊
外倣古的合明堂、清廟等爲一體之明堂。城中明堂、清廟已分，故明堂爲明
堂，清廟爲清廟，郊外明堂、清廟一體，故清廟亦明堂、明堂亦清廟，這就
是班固說墨家山於清廟之守，其學術卻兼及明堂、辟廱、太學、太廟的原
因。……《淮南子》指出『墨子背周道而用夏政』，又墨子嘗自言：『子法周
而未法夏，則子之古非古也。』故後世學者多謂墨家之學出於夏禹。此一說
影響很大但並不確實。汪中《墨子後序》云：『墨子質實，未嘗授人以自重。
其則古昔，稱先王，言堯、舜、禹、湯、文、武者六，言禹、湯、文、武者
四，言文王者三，而來嘗專及禹。墨子固非儒而不非周也，又不言其學之出
於禹也……』就墨家出於清廟之守而言，清廟本始於祀文王之廟，若以清廟
之寺而背周道，則於理不通。墨子並不背周道，唯其從周，與孔子之從周取
捨不同而已。墨子之學儒者之業，當在從史角之後人間學之後，故能據清廟
貴儉之學以非儒家。」〔註28〕

　　高正《諸子百家研究》上編《諸子百家概要》曰：「《漢書·藝文志》將
墨家列爲『九流十家』之一，但其所云『蓋出於清廟之守』，乃是根據不足的
臆測。」〔註29〕

　　今按：《墨子》一書是墨家學派的著作總集。《漢書·藝文志》著錄原有
七十一篇，今本爲十五卷五十三篇，佚失十八篇。此書中反映了戰國前期和
中後期各具特點的墨家思想，乃墨家後學在不同時期記述編纂而成。其中〈親
士〉、〈修身〉、〈法儀〉、〈七患〉、〈辭過〉可能是墨子早期的作品。〈所染〉、〈三
辯〉則是墨家後學的作品。〈尚賢〉至〈非命〉等二十四篇，每個篇題都各有
上、中、下三篇，而內容基本相同。清俞樾認爲「墨子死而墨分爲三」，「相
里、相夫、鄧陵三家相傳之本不同，後人合以成書，故一篇而有三」。這是研
究前期墨家的主要資料，每篇以「子墨子言曰」開頭，記錄了墨子的主要思
想觀點。〈非儒〉不是墨子言論的直接記錄，反映了儒墨對立鬥爭中墨家後學
對儒家的激烈批評。〈經上〉至〈小取〉等六篇，一般認爲是後期墨家的作品，

〔註28〕　王錦民：《古學經子》，華夏出版社，2008 年版，第 338～340 頁。
〔註29〕　高正：《諸子百家研究》上編《諸子百家概要》，中國社會科學出版社，2011
　　　　年版，第 40 頁。今按：高氏既然判斷爲「臆測」，爲什麼又沒有提出反駁的
　　　　證據？

將在以後論述戰國中後期墨家時重點討論。〈耕柱〉至〈公輸〉等五篇，記述墨子及其弟子的言行，類似儒家的《論語》。〈備城門〉至〈雜守〉十一篇，專門討論防禦戰術和製作守城器械，其中有墨子和弟子禽滑釐的對話，可能是墨家傳授防禦守城知識的記載；其中有些篇章雜有漢代官名以及刑法制度，有人認為可能經過漢代人編撰。《墨子》內容繁富，歷來注家不多，至今整理得還不夠充分。前期墨家的思想，主要就是所謂「十論」，即「尚賢」、「尚同」、「兼愛」、「非攻」、「節用」、「節葬」、「天志」、「明鬼」、「非樂」、「非命」。這是墨家哲學、政治思想的綱領，他們盡力宣傳的十項教義。〈魯問〉載：「子墨子曰，凡入國，必擇務而從事焉。國家昏亂，則語之尚賢、尚同；國家貧，則語之節用、節葬；國家憙音湛湎，則語之非樂、非命；國家淫僻無禮，則語之尊天、事鬼；國家務奪侵凌，即語之兼愛、非攻。故曰：擇務而從事焉。」視具體情況而說教，猶如視病情而開藥方，頗有醫國療世的精神。「尚賢」即尊尚賢人，實際上是為平民階層上層分子要求政權的口號。春秋時期的「舉賢」、「薦賢」以及儒家的「尚賢」、「選賢」，都是作為宗法制世襲官職的補充手段而存在。到墨子這兒可就不同了，「夫尚賢者，政之本也」（〈尚賢上〉），要求連「天子」都是由「尚賢」選出來「治天下之民」的。墨子提出「官無常貴，而民無終賤」，要貴族統治者「不黨父兄，不偏貴富，不嬖顏色」，不管什麼階層的人，只要是賢能，就「舉而上之，富而貴之，以為官長」；不賢能即「不肖」的人，就應當「抑而廢之，貧而賤之，以為徒役」。賢能者即使是農人、漁夫、手工業者之類，也可以被舉為天子。這在〈禮運〉中已經萌芽的中國古代民主思想，儒家把它作為理想卻不敢引入現實；墨家將它作為自己的奮鬥目標，「日夜不休，以自苦為極」，奔走於各諸侯國之間，宣傳自己的政治主張。子思在〈禮運〉中託孔子之言提出的「大同」之世「選賢與（通『舉』）能」，經過墨子的改造和發展，成了古代聖王的「政之本」，「尚賢」成了一種理想化的民主選舉制度。到《孟子・萬章》中，便出現了託孔子之言的「唐虞禪」，堯、舜、禹「禪讓」的傳說便傳播開來了。「尚同」即主張在「尚賢」的前提下統一天下；這也就是實現「大同」之意。墨子認為，在未有國家、「未有刑政之時」，人們思想不統一，「人是其義，以非人之義，故交相非也」，互相攻訐，「天下之亂若禽獸然」。天下大亂是由於無「政長」。因此，施行選舉制度，按照賢能等第，設立天子、三公、諸侯、正長，使百姓「上之所是，必皆是之；上之所非，必皆非之」，「上同而不下比」。「天子

唯能一同天下之義，是以天下治也。」(〈尙同上〉)天下的百姓都「上同於天子」，而天子又「上同於天」。「不上同其上者」，就要加以懲罰。這種「尙同」理想，實際上是一種建立在民主選舉基礎之上的中央集權制政治模式，其思想意義遠遠超過了學術價值，可惜它僅僅作爲一種理想而存在。秦以後在中國實行了兩千多年的封建專制中央集權制度，則是王權宗法制和「尙賢」、「尙同」理想的混血兒，可悲的是天子世襲制一直占主導地位，「尙賢」只是維持封建統治的補充手段，而民主思想則備受摧殘。墨子理想中不是作威作福，而是「爲萬民興利除害、富貧眾寡、安危治亂」的統治者，總也無法通過選舉途徑產生出來。無法通過選舉途徑掌權的賢能之人，面對腐朽無道的統治者，便只好幹起「順乎天而應乎人」的「革命」事業來，結果總是經過兵荒馬亂，由天下大亂而達到天下大治。產生了新的天子、新的朝代之後，往往因不肯拋棄宗法世襲傳統而又舊戲重演。墨子的「尙賢」、「尙同」，實在是頗有遠見地開出的一劑療世藥方。「兼愛」可算是一種古老的「博愛」思想，由儒家的「仁」和「禮運」的「不獨親其親，不獨子其子」發展而來。孔子將「愛人」含義的「仁」，加上了宗法等級制的內容，改造成了「忠恕」含義的「仁」；墨子主張「使天下兼相愛」，則又抽去了宗法等級制內容。所以，墨家的「兼愛」是對儒家「仁」的發展，更是對儒家「仁」的否定；在墨子看來，儒家不兼愛的「仁」，不能算是「仁」。「天下兼相愛則治，交相惡則亂」(〈兼愛上〉)，天下之亂，起於人與人不相愛。臣與子不孝，君與父不慈，以及「大夫之相亂家，諸侯之相攻國」，直至盜賊之害人，都是互不相愛的結果。如果天下人能「兼相愛」，「愛人若愛其身」，那就天下太平了。墨子也講「慈」、「孝」，但並不以「孝悌」爲「兼愛」之本，更不主張有等差的愛，所以，其「兼愛」具有反宗法等級制的特點，因此孟子說「墨氏兼愛，是無父也」。墨子的「兼愛」還要禁止「強執弱」、「富侮貧」、「貴傲賤」、「詐欺愚」，反對貴族、富人欺壓下層民眾。並且，「兼相愛」和「交相利」是相結合的，墨子吸收並發展了子思學派「義」、「利」合一的思想，擺脫了孔子「君子喻於義，小人喻於利」，只講「義」不講「利」的片面性。墨子將倫理道德和功利主義緊密地結合在一起。「非攻」反映了墨家學派反對發動不義之戰的和平願望。「兼愛」主張天下人互愛互利，不要互相攻擊，這就必然要主張「非攻」。當時兼併戰爭劇烈，農、工、商、士等庶人階層和下層貴族都希望社會安定，墨家代表了他們要求停止戰爭的願望。墨子主張弱小國家團結起來，共同抵

禦大國兼併，這一理論是戰國「合縱」的先聲。而要求統治者「寬吾眾，信吾師」，認為這樣「則天下無敵矣」，既發展了孔子「為政以德」的思想，又啓迪了孟子的「王道」主張。看來墨子是一個希望能和平統一天下的理想家。墨子「非攻」，但並不反對防禦戰，墨家的守禦是有名的，被稱為「墨守」。墨子「非攻」，卻也不反對「湯伐桀，武王伐紂」那樣的「革命」戰爭，認為「彼非所謂攻，謂誅也」。這顯然汲取了《易傳》思想，且直接啓迪了孟子的「誅一夫」思想。墨子還把無衣無食的窮人視為「僻淫邪行之民」，主張用兵禁止「寇亂盜賊」的「淫暴」行為，認為「有甲盾五兵者勝，無者不勝，是故聖人作為甲盾五兵」（〈節用上〉）。「節用」、「節葬」則更明顯地代表了上層平民的思想。《節用上》曰：「今天下為政者，其所以寡人之道多，其使民勞，其籍斂厚，民財不足，凍餓死者，不可勝數也。」故墨子主張用財必須用了有利，「凡是以奉給民用則止，諸加費不加於民利者，聖王弗為」，「是故用財不費，民德不勞，其興利多矣」。墨子的節用愛民思想，繼承孔子的節用之教，又加以進一步發揮。宗法貴族講究「孝道」，而體現「孝道」的重要方式就是奢侈浪費的「厚葬」。墨子反對宗法貴族提倡的「厚葬」、「久喪」，認為這弄得「匹夫賤人死者，殆竭家室」，不利於發家致富，「以此求富，此譬猶禁耕而求獲也，富之說無可得焉」。為了庶人「富」家，統治者得「眾」、得「治」，墨子提出一套薄葬、短喪的辦法，目的在於使人能「疾而從事，人為其所能」。墨子反對一切不必要的奢侈浪費，他甚至認為音樂和一切文娛、藝術等都是不必要的，是無用的東西。於是，由「節用」而引申出「非樂」來。當然，這主要是反對貴族「虧奪民衣食之財」的奢侈享樂，不過有許多表現社會文化的東西，也在其反對之列。所以，《荀子‧解蔽》中加以批評說：「墨子蔽於用而不知文。」「天志」、「明鬼」是墨子利用宗教思想進行說教的一種手段。墨子主張天下人要以「天」為法，認為「天」是要人相愛、相利，不要人相惡、相賊的。「天」兼有、兼食天下之民，所以是兼愛、兼利的。「愛人、利人者，天必福之；惡人、賊人者，天必禍之。」（〈法儀〉）墨子的「天志」，就是其「兼愛」學說的宗教化。「天欲義而惡不義」，「義」就是「兼愛」、「交利」。統治者順從「天志」，便要從事於「義」。墨子利用了當時流行的鬼神觀念，發展為宗教信仰，認為如果人們覺得沒有賞賢罰暴的鬼神，就可能胡作非為了。所以，墨子要「明鬼」，要使天下人都相信有鬼神，並且能賞賢罰暴，希望這樣能使天下太平。其企圖利用宗教鬼神來進行說教的用意，十分明顯。

墨子把統治者的天鬼變成了庶人的天鬼，對天鬼宗教進行了改造。他並非眞信鬼神，旨在對之加以利用。老子不信鬼神，孔子半信半疑，子思有將鬼神自然化的傾向，而墨子則重建了天鬼宗教。「非命」是墨子反對宗法制天命觀的重要思想。貴族統治者利用「天命」學說來鞏固自己的地位，強調貴賤是命定的，那就必然要阻礙上層平民的「尚賢」要求和求富願望。承認了「命」的存在，那麼王公貴族便可胡作非爲，而無所顧忌，窮人無法擺脫艱難困境，乃自甘下流。一切都是命定，「鬼神」也就無法來發揮賞善罰惡的作用了。所以，墨子否定天命，主張事在人爲，爲善得賞，爲惡受罰。「賢能」應掌權，「暴王」和懶惰不肖的「窮人」，都該受罰。子思學派肯定天命，但認爲天命可變。所持「革命」思想，實際上是一種改良變通觀點；墨子「非命」，否定天命而把命運交給人們自己掌握，這具有更大的進步意義。〔註30〕

〔註30〕 高正：《諸子百家研究》，中國社會科學出版社，2011年版，第40～47頁。

# 七、縱橫家


**《蘇子》三十一篇。** 名秦，有《列傳》。

## 【存佚著錄】

今亡佚。《隋書・經籍志》、《舊唐書・經籍志》、《新唐書・藝文志》著錄蘇彥所撰「《蘇子》七卷」，蘇秦之書早已亡佚。輯本有馬國翰所輯《蘇子》一卷，見《玉函山房輯佚書》子編縱橫家類。孫啟治等曰：「或以為即《鬼谷子》，未有實據，參黃雲眉《古今偽書考補證》。馬國翰從《戰國策》、《史記》採錄蘇秦遊說秦及六國之文十餘篇。」〔註1〕

## 【真偽考辨】

清沈欽韓（1775～1831）《漢書藝文志考證》卷二曰：「今見於《史記》、《國策》，灼然為蘇秦者八篇，其短章不與。秦死後，蘇代、蘇厲等並有論說。《國策》通謂之蘇子，又誤為蘇秦。此三十一篇，容有代、厲併入。」陳朝爵（1876～1939）《漢書藝文志約說》卷二曰：「沈說明確，又《隋》、《唐志》有《鬼谷子》，《唐志》云蘇秦撰。《漢書・杜周傳》贊『業因勢而抵陒』，服虔注謂蘇秦書有『抵陒法』，師古云即《鬼谷・抵戲》篇。是諸家多以《鬼谷》為即蘇秦書，然《鬼谷》偽書，本志不錄。蘇秦說諸國，文具載《國策》、《史記》，則昭然無可疑也。」葉長青（1902～1948）《漢書藝文志問答》：

---

〔註 1〕 孫啟治、陳建華：《中國古佚書輯本目錄解題》，上海古籍出版社，2009年版，第216頁。

「問：『《蘇子》三十篇，是否盡出蘇秦所著？』答：『疑雜蘇代、厲之言也。何以證之？《史記》本傳：「蘇秦兄弟三人。」弟曰代，代弟厲，『皆遊說諸侯以顯名，其術長於權變。而蘇秦被反間以死，天下共笑之，諱學其術。然世言蘇秦多異，異時事有類之者皆附之蘇秦』。案：今《國策》所採，灼然稱蘇秦者僅八篇，其餘則稱蘇子，疑代、厲之言也。』」張舜徽（1911～1992）《漢書藝文志通釋》卷三曰：「《史記·蘇秦列傳》明云：『世言蘇秦多異。異時事有類之者，皆附之蘇秦。』可知後人增益之辭不少，初不止於代、厲論說已也。」

## 【作者情況】

　　《史記·蘇秦列傳》：「蘇秦者，東周雒陽人也。東事師於齊，而習之於鬼谷先生。出遊數歲，大困而歸。……自傷，乃閉室不出，出其書遍觀之。……於是得周書《陰符》，伏而讀之。期年，以出揣摩，曰：『此可以說當世之君矣。』求說周顯王。顯王左右素習知蘇秦，皆少之。弗信。乃西至秦。秦孝公卒。……方誅商鞅，疾辯士，弗用。乃東之趙。趙肅侯令其弟成爲相，號奉陽君。奉陽君弗說之。去遊燕，歲餘而後得見。說燕文侯……於是資蘇秦車馬金帛以至趙。而奉陽君已死，即因說趙肅侯……乃飾車百乘，黃金千溢，白璧百雙，錦繡千純，以約諸侯。是時周天子致文武之胙於秦惠王。惠王使犀首攻魏，禽將龍賈，取魏之雕陰，且欲東兵。蘇秦恐秦兵之至趙也，乃激怒張儀，入之於秦。於是說韓宣王……於是韓王勃然作色，攘臂瞋目，按劍仰天太息曰：『寡人雖不肖，必不能事秦。今主君詔以趙王之教，敬奉社稷以從。』又說魏襄王……魏王曰：『寡人不肖，未嘗得聞明教。今主君以趙王之詔詔之，敬以國從。』因東說齊宣王……齊王曰：『寡人不敏，僻遠守海，窮道東境之國也，未嘗得聞餘教。今足下以趙王詔詔之，敬以國從。』乃西南說楚威王……楚王曰：『……今主君欲一天下，收諸侯，存危國，寡人謹奉社稷以從。』於是六國從合而並力焉。蘇秦爲從約長，並相六國。北報趙王，乃行過雒陽，車騎輜重，諸侯各發使送之甚眾，疑於王者。周顯王聞之恐懼，除道，使人郊勞。蘇秦之昆弟妻嫂側目不敢仰視，俯伏侍取食。……蘇秦既約六國從親，歸趙，趙肅侯封爲武安君，乃投從約書於秦。秦兵不敢窺函谷關十五年。其後秦使犀首欺齊、魏，與共伐趙，欲敗從約。齊、魏伐趙，趙王讓蘇秦。蘇秦恐，請使燕，必報齊。蘇秦去趙而從約皆解。……易王母，文侯夫人也，與蘇秦私通。燕王知之，而事之加厚。蘇秦恐誅，乃說燕王曰：

『臣居燕不能使燕重，而在齊則燕必重。』燕王曰：『唯先生之所爲。』於是蘇秦詳爲得罪於燕而亡走齊，齊宣王以爲客卿。齊宣王卒，湣王即位，說湣王厚葬以明孝，高宮室大苑囿以明得意，欲破敝齊而爲燕。燕易王卒，燕噲立爲王。其後齊大夫多與蘇秦爭寵者，而使人刺蘇秦，不死，殊而走。齊王使人求賊，不得。蘇秦且死，乃謂齊王曰：『臣即死，車裂臣以徇於市，曰蘇秦爲燕作亂於齊，如此則臣之賊必得矣。』於是如其言，而殺蘇秦者果自出，齊王因而誅之。」《漢書・古今人表》列「蘇秦」於第六等中下，清梁玉繩（1744～1819）《人表考》曰：「蘇秦屢見《戰國策》及《荀子・臣道》。東周洛陽人，居乘軒里，蓋蘇忿生之後。字季子，其相骨鼻。亦曰蘇子，亦曰蘇公，亦曰蘇生，亦曰蘇君，亦曰蘇季。封武安君。車裂於齊之市，葬洛陽城東御道北孝義里西北隅。」

## 【學術源流】

《史記・蘇秦列傳》太史公曰：「蘇秦兄弟三人，皆遊說諸侯以顯名，其術長於權變。而蘇秦被反間以死，天下共笑之，諱學其術。然世言蘇秦多異，異時事有類之者皆附之蘇秦。夫蘇秦起閭閻，連六國從親，此其智有過人者。吾故列其行事，次其時序，毋令獨蒙惡聲焉。」漢王充《論衡・答佞》篇曰：「蘇秦約六國爲從，強秦不敢窺兵於關外；張儀爲橫，六國不敢同攻於關內。六國約從，則秦畏而六國強；三秦稱橫，則秦強而天下弱。功著效明，載紀竹帛，雖賢何以加之？太史公敍言眾賢，儀、秦有篇，無妬忌之義，功鈞名敵，不異於賢。夫功之不可以僞賢，猶名之不可實也。儀、秦，排難之人也，處擾攘之世，行揣摩之術，當此之時，稷、契不能與之爭計，禹、皋陶不能與之比效。若夫陰陽調和，風雨時適，五穀豐熟，盜賊衰息，人舉廉讓，家行道德之功，命祿貴美，術數所致，非道德之所成也。太史公記功，故高來襃，記錄成則著效明驗，攬載高卓，以儀、秦功美，故列其狀。由此言之，佞人亦能以權說立功爲效。無效，未可爲佞也。」宋程子《河南程氏遺書》卷十八曰：「蘇秦、張儀則更是取道遠。初，秦、儀學於鬼谷，其術先揣摩其如何，然後捭闔，捭闔既動，然後用鈎鉗，鈎其端然後鉗制之。其學既成，辭鬼谷去，鬼谷試之，爲張儀說所動。然其學甚不近道，人不甚惑之，孟子時已有置而不足論也。」宋黃震（1213～1281）《黃氏日鈔》卷四十六「蘇秦」曰：「秦約從六國，忠於六國者也。齊、魏首敗從約伐趙，秦以利害忠告齊、魏，不可而去之，則身名始終矣。乃請使燕以報齊，食齊之祿而反誤之，不

忠孰甚焉？又豈約從之初意哉？」宋王應麟（1223～1296）《通鑑答問》卷一
〈蘇秦合六國從〉曰：「或問：孟子以公孫衍、張儀為妾婦之道，而不及蘇秦。
司馬公謂：『合從者，六國之利。』則蘇秦在所取乎？曰：石林葉氏謂：『蘇
秦學出於揣摩，未嘗卓然有志天下。反覆無常，不守一道，度其隙可入則為
之，此揣摩之術也。』故始說周顯王不能用，則去而之秦；再說秦孝公不能
用，則去而之燕。其所以說周者不能知，若秦孝公聽之，必先為衡說以噬六
國。幸燕文侯適合而從說行爾，君子奚取焉？合從，六國之利。司馬公言當
時之事勢，非取蘇秦也。夫以利合者，亦以利而離，蘇秦之說六國，以利害
言，不以義理言。……惟仁義可以合諸侯，非辯士所知也。《春秋》美蕭魚之
會，鄭不背晉者二十四年，賢於蘇秦洹水之盟遠矣。」清朱一是《為可堂初
集》卷三〈蘇秦論〉曰：「世繇升而降，數百年一變也。昔周之衰，王政不綱，
諸侯自擅，篡亂崩析，苟無人焉起而匡之，不可以久，其勢必趨於霸。創霸
之議，實自管子。春秋之後，會盟既弛，唯務爭戰，秦為最強，強而無以抗
之，亦不可久，其勢又趨於合從。定從之約，實自蘇秦。向使春秋而無管子，
齊桓不霸，齊桓不霸，天下之勢分，周且速亡。使戰國而無蘇秦，六國不合
從，六國不合從，天下之勢一，秦且速王。……蘇秦以後，傾危之士不一，
合與國以抗秦，其說皆宗從約，不則破從約之說而為連衡也。是戰國以蘇秦
終始也。嗚呼！蘇秦非管子以後一人哉？唯蘇秦之才，劣於管子。管子之功
成而令終，蘇秦能發不能收，及身而從約敗。然其立說之始，六國震而矜之，
敬以國從，秦且不敢窺函谷者十五年，皇皇乎求破其從而不得，以為其說行，
未可得志於關東諸侯也。……秦雖傾危辨士，非伊、呂、淮陰、武侯之儔，
然其揣摩所為六國從約以抗秦者，自其閉室不出屈首受書而識氣機之從來
矣，人烏可以廢學哉？秦志在富貴，居燕多穢行，卒以反間死，太史公惜其
獨蒙惡聲。然則秦何足論耶？」

## 《張子》十篇。 名儀，有《列傳》。

### 【存佚著錄】

今亡佚。《隋書・經籍志》、《舊唐書・經籍志》、《新唐書・藝文志》皆不
著錄，早已亡佚。陳朝爵（1876～1939）《漢書藝文志約說》卷二曰：「姚明
輝云佚，顧實云亡。案，儀書蓋亦即《國策》、《史記》中遊說之文，並非亡

佚。蘇、張以及蒯通、鄒陽諸人皆如是；儒家賈誼、兒寬、終軍亦皆如是。
後世名臣政書、文集，實出於此。」

## 【作者情況】

《史記‧張儀列傳》云：「張儀者，魏人也。始嘗與蘇秦俱事鬼谷先生，
學術，蘇秦自以不及張儀。張儀已學遊說諸侯。嘗從楚相飲……蘇秦已說趙
王而得相約從親，然恐秦之攻諸侯，敗約後負，念莫可使用於秦者，乃使人
微感張儀，曰：『子始與蘇秦善，今秦已當路，子何不往遊，以求通子之願？』
張儀於是之趙，上謁求見蘇秦。蘇秦乃誡門下人不為通，又使不得去者數日。
已而見之，坐之堂下，賜僕妾之食。因而數讓之曰：『以子之材能，乃自令困
辱至此。吾寧不能言而富貴子，子不足收也。』謝去之。張儀之來也，自以
為故人，求益，反見辱，怒，念諸侯莫可事，獨秦能苦趙，乃遂入秦。蘇秦
已而告其舍人曰：『張儀，天下賢士，吾殆弗如也。今吾幸先用，而能用秦柄
者，獨張儀可耳。然貧，無因以進。吾恐其樂小利而不遂，故召辱之，以激
其意。子為我陰奉之。』乃言趙王，發金幣車馬，使人微隨張儀，與同宿舍，
稍稍近就之，奉以車馬金錢，所欲用，為取給，而弗告。張儀遂得以見秦惠
王。惠王以為客卿，與謀伐諸侯。……秦惠王十年，使公子華與張儀圍蒲陽，
降之。儀因言秦復與魏，而使公子繇質於魏。儀因說魏王曰：『秦王之遇魏甚
厚，魏不可以無禮。』魏因入上郡、少梁，謝秦惠王。惠王乃以張儀為相。
儀相秦四歲，立惠王為王。居一歲，為秦將，取陝。築上郡塞。其後二年，
使與齊、楚之相會齧桑。東還而免相，相魏以為秦，欲令魏先事秦而諸侯傚
之。魏王不肯聽儀。秦王怒，伐取魏之曲沃、平周，復陰厚張儀益甚。張儀
慚，無以歸報。留魏四歲而魏襄王卒，哀王立。張儀復說哀王，哀王不聽。
於是張儀陰令秦伐魏。……哀王於是乃倍從約而因儀請成於秦。張儀歸，復
相秦。三歲而魏復背秦為從。秦攻魏，取曲沃。明年，魏復事秦。秦欲伐齊，
齊楚從親，於是張儀往相楚。楚懷王聞張儀來，虛上舍而自館之。……乃以
相印授張儀，厚賂之。於是遂閉關絕約於齊，使一將軍隨張儀。張儀至秦，
詳失綏墮車，不朝三月。……楚王不聽，卒發兵而使將軍屈丐擊秦。秦齊共
攻楚，斬首八萬，殺屈丐，遂取丹陽、漢中之地。楚又復益發兵而襲秦，至
藍田，大戰，楚大敗，於是楚割兩城以與秦平。……秦王欲遣之，口弗忍言。
張儀乃請行。……懷王後悔，赦張儀，厚禮之如故。張儀既出，未去，聞蘇
秦死，乃說楚王……於是楚王已得張儀而重出黔中地與秦，欲許之。……卒

許張儀，與秦親。張儀去楚，因遂之韓，說韓王……韓王聽儀計。張儀歸報，秦惠王封儀五邑，號曰武信君。使張儀東說齊泯王……齊王曰：『齊僻陋，隱居東海之上，未嘗聞社稷之長利也。』乃許張儀。張儀去，西說趙王……趙王許張儀，張儀乃去。北之燕，說燕昭王……燕王聽儀。儀歸報，未至咸陽而秦惠王卒，武王立。武王自爲太子時不說張儀，及即位，群臣多讒張儀曰：『無信，左右賣國以取容。秦必復用之，恐爲天下笑。』諸侯聞張儀有郤武王，皆畔衡，復合從。秦武王元年，群臣日夜惡張儀未已，而齊讓又至。張儀懼誅，乃因謂秦武王……秦王以爲然，乃具革車三十乘，入儀之梁。……張儀相魏一歲，卒於魏也。……太史公曰：三晉多權變之士，夫言從衡強秦者大抵皆三晉之人也。夫張儀之行事甚於蘇秦，然世惡蘇秦者，以其先死，而儀振暴其短以扶其說，成其衡道。要之，此兩人眞傾危之士哉！」《漢書・古今人表》列張儀於第六等中下，清梁玉繩（1744～1819）《人表考》曰：「張儀屢見《戰國策》及《孟子》、《荀子・臣道》。魏氏餘子，其相仳脅，亦曰張子。封武信君。葬開封縣東北七里，俗以墳形似硯，名硯子臺，與張耳墓南北相對，因謂耳墓南硯臺，此爲北硯臺。」

## 【學術源流】

《淮南子・泰族訓》曰：「張儀、蘇秦家無常居，身無定君，約從衡之事，爲傾覆之謀，濁亂天下，撓滑諸侯，使百姓不遑啓居，或從或橫，或合眾弱，或輔富強，此異行而歸於醜者也。」宋蘇轍（1039～1112）《古史》卷四十一曰：「戰國之爲從橫者，皆傾危反覆之士也。然而污賤無恥莫如張儀，而其成功莫如儀之多。」宋黃震（1213～1281）《黃氏日鈔》卷四十六「張儀」條曰：「蘇秦之說六國，爲六國也。張儀之說六國，非爲六國，爲秦也。欺詐諸侯，如侮嬰兒，雖均之捭闔，而儀又秦之罪人矣。然儀之入秦，蘇秦實使之，雖欲止秦兵於一時，而卒以伐從約於異日，智者不爲也。夫儀、秦友也。儀始謁蘇秦，以故人求益也，秦不以情告儀，使共謀六國，以緩秦兵。而直以權詭激之入秦，自貽後患，何耶？將儀之多詐不可告以情，抑秦自以不及儀，與之共謀六國，慮軋己耶？夫縱橫之士，固不可以常情概之也。」陳朝爵（1876～1939）《漢書藝文志約說》卷二曰：「姚明煇云佚，顧實云亡。案，儀書蓋亦即《國策》、《史記》中遊說之文，並非亡佚。蘇、張以及蒯通、鄒陽諸人，皆如是；儒家賈誼、兒寬、終軍亦皆如是。後世名臣政書、文集，實出於此。」今按：陳氏此說可謂創通之論。張舜徽（1911～1992）《漢書藝文志通釋》卷

三曰：「司馬遷評之曰：『此兩人，眞傾危之士哉！』後之人『諱學其術』，非無故矣。其書亦因以早亡。」

## 《龐煖》二篇。爲燕將。(師古曰：「煖音許遠反。」)

### 【存佚著錄】

今亡佚。《隋書‧經籍志》、《舊唐書‧經籍志》、《新唐書‧藝文志》皆不著錄，早已亡佚。又《漢志‧兵書略》兵權謀著錄「《龐煖》三篇」。清沈欽韓（1775～1831）《漢書藝文志疏證》卷二曰：「疑後人併入《鶡冠子》。」張舜徽（1911～1992）《漢書藝文志通釋》卷三曰：「龐煖之言見於《鶡冠子》者，乃節文，非即《漢志》之二篇也。……《兵書略》權謀家又有《龐煖》三篇，其所言者，蓋各有在也。此二篇之書早亡。」

### 【作者情況】

清姚振宗（1842～1906）《漢書藝文志條理》卷二謂燕將「似爲『趙將』之訛」，又曰：「《史‧趙世家》：『悼襄王三年，龐煖將，攻燕，禽其將劇辛。四年，龐煖將趙、楚、魏、燕之銳師，攻秦蕞，不拔；移攻徐，取饒安。』又〈燕世家〉：『今王喜十二年，劇辛故居趙，與龐煖善，已而亡走燕。燕見趙數困於秦，而廉頗去，令龐煖將也，欲因趙弊攻之。問劇辛，辛曰：龐煖易與耳。燕使劇辛將擊趙，趙使龐煖擊之，取燕軍二萬，殺劇辛。』本書〈人表〉龐煖列第六等中下。梁玉繩曰：『龐煖始見《鶡冠子‧世賢》、〈趙世家〉、〈李牧傳〉。又作援。亦曰龐子。〈李牧傳〉《索隱》以爲即馮煖，非也。』梁玉繩《瞥記》五：『《漢志》有《龐煖》二篇，久不傳。今觀《鶡冠子》，則二篇全在其中，即〈世賢〉篇、〈武靈王〉篇是。煖，趙人，蓋鶡冠弟子，凡書中所云龐子即煖也。』（按〈武靈王〉篇乃龐煥之言，宋陸佃解云：『龐煥，蓋龐煖之兄。』又按此二篇見《鶡冠子》者，大抵是節文，恐非《漢志》二篇之舊矣。）」張舜徽（1911～1992）《漢書藝文志通釋》卷三曰：「《史記‧趙世家》稱：『悼襄王三年，龐煖將攻燕，禽其將劇辛。』〈燕世家〉又稱：『燕使劇辛將擊趙，趙使龐煖擊之，取燕軍二萬，殺劇辛。』是龐煖乃趙之名將。班《志》自注云『爲燕將』，蓋記憶偶誤。」而葉長青（1902～1948）《漢書藝文志問答》駁之曰：「據《史記‧趙世家》，悼襄王三年，『龐暖將，攻燕，

禽其將劇辛』，則當爲趙將之誤。然其下又云：『四年，龐暖將趙、楚、魏、燕之銳師，攻秦蕞，不拔。』則謂燕將亦無不可也。」

## 《闕子》一篇。

### 【存佚著錄】

今亡佚。《隋書・經籍志》著錄「梁有《補闕子》十卷，亡。」《舊唐書・經籍志》、《新唐書・藝文志》著錄梁元帝「《補闕子》十卷」，可見《闕子》原書早已亡佚。

《闕子》之輯本有二種：其一爲馬國翰所輯《闕子》一卷，見《玉函山房輯佚書》子編縱橫家，馬國翰序曰：「《闕子》一卷，撰人名、字、裏、爵皆無考。《後漢書・孝獻帝紀》章懷太子注：『《風俗通》曰：闕，姓也。承闕黨童子之後也。縱橫家有闕子著書。』《文選》、《太平御覽》或引作「鬪子」，誤也。《漢志》縱橫十二家，有《闕子》一篇。在龐煖之後，國筮子、秦零陵令信之前，當爲六國時人。《隋志》云：『梁有《補闕子》十卷。』蓋梁時《闕子》書已不傳，故元帝補之。隋時未見其書，至唐初搜得而著於目。今並佚矣。茲從《藝文類聚》、《御覽》諸書輯錄六節。其『宋景公使弓工爲弓』，『宋之愚人得燕石』二事，酈道元《水經注》引之，似是原書。而諸所引徵，率多缺略，茲並互校訂正，使首尾完具。此外四節，未知出於原書，抑爲梁帝所補？然詞義頗古，決非唐以後人所能擬也。」其二爲顧觀光所輯《闕子》一卷，見《武陵山人遺稿・古書逸文》。又嚴可均輯有《闕子》一卷，見《鐵橋漫稿》卷三〈答徐星伯同年書〉所附嚴可均著書目錄，未見刻本，《鐵橋漫稿》卷五載〈闕子敘〉曰：「《漢志》縱橫家：《闕子》一篇。《隋志》注：梁有《補闕子》十卷，亡。元帝撰《金樓子・著書》篇：《補闕子》一帙十卷。金樓爲序，付鮑泉東里撰。《舊》、《新唐志》著於錄。今散見於各書者凡十九事，省併複重，僅得五事。諸引皆稱《闕子》，不稱《補闕子》。劉逵注〈吳都賦〉、酈元注《水經・睢水》並採用之。當是先秦古書，非梁補也。」清沈欽韓（1775～1831）《漢書藝文志疏證》卷二曰：「《御覽》三百八十一：《闕子》曰：……此其詞飾，非周秦人文字，顯然可知，王氏《考證》以徵《闕子》，非也。」孫啓治等曰：「按闕爲姓，見《後漢書・孝獻帝紀》注引《風俗通》。《文選》李善注、《太平御覽》或引作『鬪』，誤。其人無考，馬國翰定爲六國時人。《隋》、《唐志》並載梁元帝《補闕子》十

卷。按原書不過一篇，元帝乃補成十卷，未詳所以。馬國翰從《水經注》及唐、宋類書採得佚文六節，顧觀光所輯無異。按《闕子》自《隋志》已不載，諸書所引者，疑是元帝之補作。」〔註2〕

### 【作者情況】

張舜徽（1911～1992）《漢書藝文志通釋》卷三曰：「馬國翰曰：『此書在龐煖之後，秦零陵令信之前，當為六國時人。』按：闕乃其姓，書已早亡。」

## 《國筮子》十七篇。

### 【存佚著錄】

今亡佚。《隋書・經籍志》、《舊唐書・經籍志》、《新唐書・藝文志》皆不著錄，早已亡佚。

### 【作者情況】

宋王應麟（1223～1296）《姓氏急就篇》卷上：「漢有議郎國由，魏有國淵，晉有國欽。《漢・藝文志》有國筮子。又百濟八姓有國氏。」清姚振宗（1842～1906）《漢書藝文志條理》卷二曰：「國筮子未詳。按《廣韻》二十五德『國』字下云：『國，又姓，太公之後。《左傳》齊有國氏，代為上卿。』此國筮子，或為姓名，如鄧析子之類，或為別號，如關尹子之類，均無由考見矣。」

## 秦《零陵令信》一篇。難秦相李斯。

### 【存佚著錄】

今亡佚。《隋書・經籍志》、《舊唐書・經籍志》、《新唐書・藝文志》皆不著錄，早已亡佚。

### 【學術源流】

清姚振宗（1842～1906）《漢書藝文志條理》卷二曰：「洪亮吉《曉讀書齋二錄》曰：『劉逵〈吳都賦〉注引秦零陵令上書云：荊軻挾匕首卒刺陛下云

---

〔註2〕 孫啟治、陳建華：《中國古佚書輯本目錄解題》，上海古籍出版社，2009年版，第216頁。

云。是零陵令信有〈上始皇書〉，又有〈難李斯書〉也。』嚴可均《全秦文編》曰：『零陵令信失其姓，始皇時爲零陵令，《文選注》有秦零陵令〈上始皇書〉。案《漢志》縱橫家有〈秦零陵令信〉一篇，難秦相李斯，即此。』」清王先謙（1842～1917）《漢書補注》引陶紹曾曰：「信，令名。《文選·吳都賦》劉淵林注引《秦零陵令上書》云：『荊軻挾匕首卒刺陛下，陛下以神武扶揄長劍以自救。疑即此篇文也』」張舜徽（1911～1992）《漢書藝文志通釋》卷三曰：「秦之零陵令，但知其名信，而偶失其姓，其行事更不可考矣。書亦早亡。」

## 《蒯子》五篇。名通。

### 【存佚著錄】

今亡佚。《隋書·經籍志》、《舊唐書·經籍志》、《新唐書·藝文志》皆不著錄，早已亡佚。輯本有馬國翰所輯《蒯子》一卷，見《玉函山房輯佚書》子編縱橫家類，馬國翰序曰：「所謂論戰國說士之文，不可復見。本傳所載『說徐公』及『說韓信、曹相國』當是自序本文，茲據輯錄。夫利口覆邦，聖人所惡。班氏贊謂：『蒯通一說而喪三雋，其得不烹者，幸也。』黃東發謂：『通口辯不在儀、秦下，會眞主出，故無所售其奸爾。』茅鹿門謂：『通忌酈生以口舌成名，遂欲破之以爲功也。』皆發伏誅心之論。然其奇謀雄辯，亦足與《國策》同傳，『雋永』之號，豈虛哉？」孫啓治等曰：「本傳裁其說徐公、韓信諸人之文，馬國翰以爲當是自序之本文，爰據輯錄。按《漢書》傳稱『自序其說』者，序、敘古通，言自敘述己說，凡八十一首，號曰《雋永》也。」〔註3〕

### 【作者情況】

《史記·田儋傳贊》曰：「蒯通者，善爲長短說，論戰國之權變，爲八十一首。」裴駰《索隱》云：「長短說者，言欲令此事長，則長說之；短，則短說之。故《戰國策》亦名《短長書》，是也。」《漢書·蒯伍江息夫傳》曰：「蒯通，范陽人也，本與武帝同諱。楚漢初起，武臣略定趙地，號武信君。通說范陽令徐公……徐公再拜，具車馬遣通。通遂以此說武臣。武臣以車百乘，

---

〔註3〕 孫啓治、陳建華：《中國古佚書輯本目錄解題》，上海古籍出版社，2009年版，第244頁。

騎二百，侯印迎徐公。燕趙聞之，降者三十餘城，如通策焉。後漢將韓信虜
魏王，破趙、代，降燕，定三國，引兵將東擊齊。未度平原，聞漢王使酈食
其說下齊，信欲止。通說信……於是信然之，從其計，遂度河。齊已聽酈生，
即留之縱酒，罷備漢守禦。信因襲歷下軍，遂至臨災。齊王以酈生爲欺己而
烹之，因敗走。信遂定齊地，自立爲齊假王。……蒯通知天下權在信，欲說
信令背漢，乃先微感信……信猶與不忍背漢，又自以功多，漢不奪我齊，遂
謝通。通說不聽，惶恐，乃陽狂爲巫。天下既定，後信以罪廢爲淮陰侯，謀
反被誅，臨死歎曰：『悔不用蒯通之言，死於女子之手！』高帝曰：『是齊辯
士蒯通。』乃詔齊召蒯通。通至，上欲烹之……上乃赦之。至齊悼惠王時，
曹參爲相，禮下賢人，請通爲客。……通論戰國時說士權變，亦自序其說，
凡八十一首，號曰《雋永》。」今按：蒯子本名蒯徹，《史記》、《漢書》避漢
武帝劉徹諱，改書「蒯通」。

## 【學術源流】

宋王應麟（1223～1296）《漢藝文志考證》卷七曰：「本傳：論戰國時說
士權變，亦自敘其說，凡八十一首，號曰《雋永》。」陳朝爵（1876～1939）
《漢書藝文志約說》卷二曰：「雋，烏肥也。言之有味，如肥鳥。」清章學誠
（1738～1801）《校讎通義》卷三曰：「蒯通之書，自號《雋永》，今著錄止稱
《蒯子》；且《傳》云『自序其說八十一首』，而著錄僅稱五篇。不爲注語以
別白之，則劉、班之疏也。」又曰：「積句成章，積章成篇；擬之於樂，則篇
爲大成，而章爲一闋也。《漢志》計書，多以篇名，間有計及章數者，小學敘
例之稱《倉頡》諸書也。至於敘次目錄，而以章計者，惟儒家《公孫固》一
篇，注十八章，《羊子》四篇，注百章而已。其如何詳略，恐劉、班當日，亦
未有深意也。至於以首計者，獨見蒯通之傳，不知首之爲章計與？爲篇計與？
志存五篇之數，而不詳其所由，此傳志之所以當互考也。」葉長青（1902～
1948）《漢書藝文志問答》：「欲明劉、班著錄之旨，當先明《雋永》之名爲何
義。顏籀注：『雋，肥肉也。永長也。言其所論甘美而義深長也。』竊謂非也。
本書傳贊口：『　　說而喪二雋。』應劭注：『烹酈食其，敗田橫，驕韓信也。』
意者每說一條爲一首，合八十一首屆五篇，有何不可乎？」張舜徽（1911～1992）
《漢書藝文志通釋》卷三曰：「蒯通自著之書甚多，而自視甚高。徒以口給不在
儀、秦下，爲世所輕，諱學其術，故其書早佚。著錄於《漢志》之五篇，殆時
人所傳錄，如蘇、張之例，題曰《蒯子》耳。自是二書，未可混同也。」

## 《鄒陽》七篇。

### 【存佚著錄】

　　今亡佚。《隋書·經籍志》、《舊唐書·經籍志》、《新唐書·藝文志》皆不著錄，早已亡佚。

　　《鄒陽》之輯本有二種：其一爲嚴可均所輯《鄒陽》，見《全漢文》卷十九；其二爲馬國翰所輯《鄒陽書》一卷，見《玉函山房輯佚書》子編縱橫家類，馬國翰序曰：「陽生漢文、景之世，六國餘習未能盡除，故其言論雖正，而時與《戰國策》文字相近。《漢書·藝文志》列之縱橫家，以此故也。書本七篇，《史記》僅載《獄中》一書，《漢書》並載《諫吳王》及《說王長君》二篇，據錄，次《蒯子》之後，一從班《志》之舊目焉。」

### 【作者情況】

　　《史記·魯仲連鄒陽列傳》曰：「鄒陽者，齊人也。遊於梁，與故吳人莊忌夫子、淮陰枚生之徒交。上書而介於羊勝、公孫詭之間。勝等嫉鄒陽，惡之梁孝王。孝王怒，下之吏，將欲殺之。鄒陽客遊，以讒見禽，恐死而負累，乃從獄中上書……書奏梁孝王，孝王使人出之，卒爲上客。太史公曰：……鄒陽辭雖不遜，然其比物連類，有足悲者，亦可謂抗直不橈矣，吾是以附之列傳焉。」《漢書·賈鄒枚路傳》曰：「鄒陽，齊人也。漢興，諸侯王皆自治民聘賢。吳王濞招致四方遊士，陽與吳嚴忌、枚乘等俱仕吳，皆以文辯著名。久之，吳王以太子事怨望，稱疾不朝，陰有邪謀，陽奏書諫。爲其事尙隱，惡指斥言，故先引秦爲諭，因道胡、越、齊、趙、淮南之難，然後乃致其意。……吳王不內其言。是時，景帝少弟梁孝王貴盛，亦待士。於是鄒陽、枚乘、嚴忌知吳不可說，皆去之梁，從孝王遊。陽爲人有智略，忼慨不苟合，介於羊勝、公孫詭之間。勝等疾陽，惡之孝王。孝王怒，下陽吏，將殺之。陽客遊以讒見禽，恐死而負絫，乃從獄中上書……書奏孝王，孝王立出之，卒爲上客。初，勝、詭欲使王求爲漢嗣，王又嘗上書，願賜容車之地徑至長樂宮，自使梁國士眾築作甬道朝太后。爰盎等皆建以爲不可。天子不許。梁王怒，令人刺殺盎。上疑梁殺之，使者冠蓋相望責梁王。梁王始與勝、詭有謀，陽爭以爲不可，故見讒。枚先生、嚴夫子皆不敢諫。及梁事敗，勝、詭死，孝王恐誅，乃思陽言，深辭謝之，齎以千金，令求方略解罪於上者。」張舜徽（1911〜1992）《漢書藝文志通釋》卷三曰：「今觀《史記》所載其《獄中上

書》,《漢書》所載〈諫吳王〉及〈說王長君〉二篇,可以見其持論侃侃之概,固與從橫家言有所不同。」

## 《主父偃》二十八篇。

### 【存佚著錄】

今亡佚。《隋書‧經籍志》、《舊唐書‧經籍志》、《新唐書‧藝文志》皆不著錄,早已亡佚。

《主父偃》之輯本有二種:其一為嚴可均所輯《主父偃》,見《全漢文》卷二十七;其二為馬國翰所輯《主父偃書》一卷,見《玉函山房輯佚書》子編縱橫家類,馬國翰序曰:「其人蓋反覆傾危之士,出處大略與蘇秦相埒。嘗自言:『丈夫生不五鼎食,死則五鼎烹耳!吾日暮,故倒行逆施之。』負才任氣,卒不得其死,然則禍由自取也。《漢志》從橫家有《主父偃》二十八篇,今存本傳者四篇。上書所言九事,八事為律令,不傳。諫伐匈奴一節,可謂盡言。其說上使諸侯分封子弟,以弱其勢,亦賈誼之議。然誼不見用,偃竊之而得行焉,則乘乎時勢之既驗也。全其議徙豪民、置朔方,皆與時政有裨。茲據錄之,毋以人廢言,其可乎?」孫啓治等曰:「馬國翰從本傳採得〈諫伐匈奴文〉等四則,嚴可均輯本缺〈置朔方議〉一則。」〔註4〕

### 【作者情況】

《史記‧平津侯主父列傳》曰:「主父偃者,齊臨菑人也。學長短縱橫之術,晚乃學《易》、《春秋》、百家言。遊齊諸生間,莫能厚遇也。齊諸儒生相與排擯,不容於齊。家貧,假貸無所得,乃北遊燕、趙、中山,皆莫能厚遇,為客甚困。孝武元光元年中,以為諸侯莫足遊者,乃西入關見衛將軍。衛將軍數言上,上不召。資用乏,留久,諸公賓客多厭之,乃上書闕下。朝奏,暮召入見。所言九事,其八事為律令,一事諫伐匈奴。……是時趙人徐樂、齊人嚴安俱上書言世務,各一事。……書奏天子,天子召見三人,謂曰:『公等皆安在?何相見之晚也!』於是上乃拜主父偃、徐樂、嚴安為郎中。偃數見,上疏言事,詔拜偃為謁者,遷為中大夫。一歲中四遷偃。……尊立衛皇

---

〔註4〕 孫啓治、陳建華:《中國古佚書輯本目錄解題》,上海古籍出版社,2009年版,第245頁。

后，及發燕王定國陰事，蓋偃有功焉。大臣皆畏其口，賂遺累千金。……偃盛言朔方地肥饒，外阻河，蒙恬城之以逐匈奴，內省轉輸戍漕，廣中國，滅胡之本也。上覽其說，下公卿議，皆言不便。公孫弘曰：『秦時常發三十萬眾築北河，終不可就，已而棄之。』主父偃盛言其便，上竟用主父計，立朔方郡。元朔二年，主父言齊王內淫佚行僻，上拜主父爲齊相。至齊，遍召昆弟賓客，散五百金予之……乃使人以王與姊奸事動王，王以爲終不得脫罪，恐效燕王論死，乃自殺。有司以聞。主父始爲布衣時，嘗遊燕、趙，及其貴，發燕事。趙王恐其爲國患，欲上書言其陰事，爲偃居中，不敢發。及爲齊相，出關，即使人上書，告言主父偃受諸侯金，以故諸侯子弟多以得封者。及齊王自殺，上聞大怒，以爲主父劫其王令自殺，乃徵下吏治。主父服受諸侯金，實不劫王令自殺。上欲勿誅，是時公孫弘爲御史大夫，乃言曰：』齊王自殺無後，國除爲郡，入漢，主父偃本首惡，陛下不誅主父偃，無以謝天下。』乃遂族主父偃。」《漢書·嚴朱吾丘主父徐嚴終王賈傳》亦載主父偃事，與《史記》大同小異。張舜徽（1911～1992）《漢書藝文志通釋》卷三曰：「主父偃，漢武帝時臨菑人，學長短縱橫之術，後乃習《易》、《春秋》百家之言。嘗上書言九事，八事爲律令，一爲諫伐匈奴。拜郎中。喜揭發陰私，大臣皆畏忌之。後擢齊相，卒以事被族誅。事跡詳《史》、《漢》本傳。其所上書，馬、班皆僅錄其諫伐匈奴一事，其他八事言律令者竟不傳。」

# 《徐樂》一篇。

## 【存佚著錄】

今亡佚。《隋書·經籍志》、《舊唐書·經籍志》、《新唐書·藝文志》皆不著錄，早已亡佚。然張舜徽（1911～1992）《漢書藝文志通釋》卷三曰：「徐樂上書一篇，具載傳中，是其書未亡也。」

《徐樂》之輯本有二種：其一爲嚴可均所輯《徐樂》，見《全漢文》卷二十六；其二爲馬國翰所輯《徐樂書》一卷，見《玉函山房輯佚書》子編縱橫家類，馬國翰序曰：「〈藝文志〉從橫家有《徐樂》一篇，今其《傳》中不敘他事，僅載上書一篇，《志》所稱者即此也。黃東發曰：『《土崩瓦解》一書，大要可觀，惜其駁處多。』真西山亦曰：『樂之告武帝也，欲明安危之機，銷未形之患，則凡幾微之際，皆所當謹也。顧乃以瓦解之勢爲不必慮，而欲其

自恣於游畋聲色之間，豈忠臣之言哉？大抵縱橫之士逞其高談雄辯，軌於理者絕少。」二公之論切中其病，然其言隱而危，其詞微而婉，亦足自成一家之說。故據本傳錄之，以合《漢志》之家數云。」孫啓治等曰：「馬國翰以爲即本傳所載上書一篇，據以錄存。嚴可均所輯同。」〔註5〕

## 【作者情況】

《漢書・嚴朱吾丘主父徐嚴終王賈傳》曰：「徐樂，燕郡無終人也。」張舜徽（1911～1992）《漢書藝文志通釋》卷三曰：「《漢書》以主父偃、徐樂、嚴安等合列一傳，敘主父偃事時又兼及二人云：『是時徐樂、嚴安，亦俱上書言世務。書奏，上召見三人謂曰：「公皆安在？」何相見之晚也。』乃拜偃、樂、安皆爲郎中。」

## 《莊安》一篇。

### 【存佚著錄】

今亡佚。《隋書・經籍志》、《舊唐書・經籍志》、《新唐書・藝文志》皆不著錄，早已亡佚。張舜徽（1911～1992）《漢書藝文志通釋》卷三認爲：「《嚴安傳》中，具載其《上武帝書》一篇，是其書亦未亡也。」

《嚴安》之輯本有二種：其一爲嚴可均所輯《嚴安》，見《全漢文》卷二十七；其二爲馬國翰所輯《嚴安書》一卷，見《玉函山房輯佚書》子編縱橫家類，馬國翰序曰：「《藝文志》縱橫家有《莊安》一篇，莊安即嚴安。《漢書》避明帝諱，故易『莊』爲『嚴』，如『莊遵』、『莊助』，並改嚴氏是也。本傳亦僅標其里、爵，以所上書備載之，與《徐樂傳》同。上書之文，即縱橫家《莊安》一篇也。安與主父偃雖同時以上書拜郎中，而安過偃遠甚。偃救其末，安正其本。其言薄賦斂，箴帝之利心也；緩刑罰，藥帝之慘心也；省徭役，約帝之侈心也。至『用兵乃人臣之利，非天下之長策』二語，尤足關要功生事者之口，更爲切要之論。惟以『銷兵爲逢明天子，人人自以爲更生』，其言太過，則終近捭闔氣息。故《漢志》與主父偃、徐樂並列縱橫家。茲亦編次二家之後，從其類也。」孫啓治等曰：「馬國翰以爲本傳所載上書一篇即

---

〔註5〕 孫啓治、陳建華：《中國古佚書輯本目錄解題》，上海古籍出版社，2009年版，第245頁。

《漢志》所載之一篇，據以輯存。嚴可均所輯同。」〔註6〕

## 【作者情況】

清姚振宗（1842～1906）《漢書藝文志條理》卷二曰：「本書〈主父偃傳〉：『是時，徐樂、嚴安亦俱上書言世務。書奏，上召見三人，謂曰：公皆安在？何相見之晚也！乃拜偃、樂、安皆爲郎中。』又曰：『嚴安者，臨菑人也。以故丞相史上書。後以安爲騎馬令。』師古曰：『主天子之騎馬也。』《黃氏日鈔》曰：『嚴安一書，言武帝靡敝中國，結怨夷狄，而其後則謂郡守之權非特六卿，豈慮根本既耗，或有乘時而起者耶？』殿本《考證》：『顧炎武曰：鄧伯羔謂安自姓嚴，然〈藝文志〉曰《莊安》一篇，是安亦姓莊也。《志》之稱莊安，班氏所未及改也。』」張舜徽（1911～1992）《漢書藝文志通釋》卷三曰：「《漢書》列傳稱『嚴安』，避後漢明帝諱也。《漢志》作『莊安』，蓋本《七略》舊文耳。」

## 【學術淵源】

葉長青（1902～1948）《漢書藝文志問答》：「問：『縱橫家浸潤詩教，長於辭令，則〈詩賦略〉中必有作者，能舉以證否？』答：『如《嚴助賦》三十五篇是也。』」

## 《待詔金馬聊蒼》三篇。趙人，武帝時。（師古曰：「〈嚴助傳〉作『膠倉』，而此《志》作『聊』。《志》、《傳》不同，未知孰是。」）

## 【存佚著錄】

今亡佚。《隋書·經籍志》、《舊唐書·經籍志》、《新唐書·藝文志》皆不著錄，早已亡佚。

## 【作者情況】

清姚振宗（1842～1906）《漢書藝文志條理》卷二曰：「本書〈嚴助傳〉：『武帝時，助與朱買臣、吾丘壽王、司馬相如、主父偃、徐樂、嚴安、東方朔、枚皋、膠倉、終軍、嚴蔥奇等，並在左右。』應劭《風俗通·姓氏》篇：『聊氏，漢有聊倉，爲侍中，著子書，號聊子。』張澍輯注曰：『聊，齊

---

〔註6〕 孫啓治、陳建華：《中國古佚書輯本目錄解題》，上海古籍出版社，2009年版，第245頁。

地，殆大夫食采，子孫以爲氏也。聊倉，〈嚴助傳〉作膠倉。』梁玉繩《瞥記》三：『膠鬲之姓甚少，漢武帝時有趙人膠倉，見《嚴助》、《東方朔傳》，而〈藝文志〉作聊倉，疑以音近而異。《廣韻》引《風俗通》亦作聊倉，蓋仍《漢志》，未必是兩人。』案《風俗通》又云：『又有聊某，爲穎川太守，著《萬姓譜》。』則確爲聊氏。聊氏之先或出自膠鬲，故亦作膠。膠倉始以待詔金馬門而至侍中，其書亦曰《聊子》，唯應仲遠得見而知之。」張舜徽（1911～1992）《漢書藝文志通釋》卷三曰：「錢大昭曰：『《廣韻》二蕭聊下云：亦姓。《風俗通》有聊倉，爲漢侍中，著子書。據此，則作膠者非。姚明煇曰：『漢制：凡吏民上書未報，及召而未見者，皆留京師待詔。金馬，宮門名，蒼待詔處也。』」

## 右從橫十二家，百七篇。

### 【家篇數目】

清姚振宗（1842～1906）《漢書藝文志條理》卷二曰：「此篇家數、篇數並不誤。」張舜徽（1911～1992）《漢書藝文志通釋》卷三曰：「今計家數、篇數，並與此合。」梁啓超（1873～1929）《漢書藝文志諸子略考釋》曰：「右書今皆佚，惟《闕子》自《藝文類聚》迄《太平御覽》皆徵引之，蓋宋初猶存。《蘇子》、《張子》、《蒯子》、《鄒陽》、《主父偃》則《史》、《漢》各本傳所載，殆皆其文也。《史記‧田儋列傳》云：『蒯通者善爲長短說，論戰國之權變，爲八十一首。』當即本志之《蒯子》五篇；據『論戰國權變』之文，則似不僅說韓信諸語而已。」

從橫家者流，蓋出於行人之官。孔子曰：「誦《詩》三百，使於四方，不能專對，雖多，亦奚以爲？」（師古曰：「《論語》載孔子之言也。謂人不達於事，誦《詩》雖多，亦無所用。」）又曰：「使乎，使乎！」（師古曰：「亦《論語》載孔子之言，歎使者之難其人。」）言其當權事制宜，受命而不受辭，此其所長也。及邪人爲之，則上詐諼而棄其信。（師古曰：「諼，詐言也，音許遠反。」）

### 【學術源流】

《韓非子‧五蠹》駁縱橫曰：「從者合眾弱以攻一強，衡者事一強以攻眾弱，皆非所以持國也。今言衡者，皆曰不事大則遇敵受禍，事大必有實，則

舉國而委，效璽而請兵矣。獻圖則削地，效璽則名卑。言從者，皆曰不救小而伐大則失天下，失天下則國危。救小必有實，則起兵而敵大矣。救小未必存，則敵大未必不疏，有疏則爲強國制矣。」

《淮南子‧要略》曰：「晚世之時，六國諸侯谿異谷別，水絕山隔，各自治其境內，守其分地，握其權柄，擅其政令，下無方伯，上無天子，力征爭權，勝者爲右，恃連與國，約重致，剖信符，結遠援，以守其國家，持其社稷，故縱橫修短之說生焉。」

《新論‧九流》曰：「縱橫者，闞子（名子我）、龐煖、蘇秦、張儀之類也。其術本於行仁，譯二國之情，弭戰爭之患，受命不受辭，因事而制權，安危扶傾，轉禍就福。然而薄者，則苟尚華詐，而棄忠信也。」

《文心雕龍‧論說》曰：「戰國爭雄，辯士雲踊，縱橫參謀，長短角勢，轉丸騁其巧辭，飛鉗伏其精術。一人之辯，重於九鼎之寶；三寸之舌，強於百萬之師。六印磊落以佩，五都隱賑而封。至漢定秦、楚，辯士弭節。酈君既斃於鑊，蒯子幾入乎漢鼎。雖復陸賈籍甚，張釋傅會，杜欽文辯，婁護唇舌，頡頑萬乘之階，抵噓公卿之席，並順風以託勢，莫能逆波而泝回。」

《隋書‧經籍志》曰：「從橫者，所以明辯說，善辭令，以通上下之志者也。《漢書》以爲本出行人之官，受命出疆，臨事而制。故曰：『誦《詩》三百，使於四方，不能專對，雖多，亦奚以爲？』《周官》掌交以節與幣，巡邦國之諸侯及萬姓之聚，導王之德意志慮，使辟行之，而和諸侯之好，達萬民之說；諭以九稅之利，九儀之親，九牧之維，九禁之難，九戎之威是也。佞人爲之，則便辭利口，傾危變詐，至於賊害忠信，覆邦亂家。」

《崇文總目‧縱橫家類敘》曰：「春秋之際，王政不明，而諸侯交亂。談說之士，出於其間，各挾其術，以干時君。其因時適變，當權事而制宜，有足取焉。」

宋黃震（1213～1281）《黃氏日鈔》卷五十二「戰國策」條曰：「所謂揣摩大要，不過合從離橫之兩端，要其節目，不過獻地於彼，取償於此，或陰合以緩兵，或中立以乘弊之數說。展轉相因，無非故智，投機輒用，有同套括。」

明焦竑（1540～1620）《國史經籍志‧縱橫家類敘》曰：「孔子曰：「誦《詩》三百，使於四方，不能專對，雖多，亦奚以爲！」蓋謂言有其道也。前代若呂相之紀秦，子產之獻捷，魯連倜儻以全趙，左師委曲而悟主，斯亦何惡於

詞哉？乃蘇張、睢首得其術而以召敗，非術之罪也。史言魏徵諍諫靡出弗從，而其初實學縱橫，顧用之者如何耳。《戰國策》或曰《國事》，或曰《短長》，或曰《事語》，或曰《長書》，其志列之史家，晁氏謂其紀事非盡實錄，附於縱橫者，近是，今從之。」

清章學誠（1738～1801）《校讎通義》卷三曰：「縱橫者，詞說之總名也。蘇秦合六國爲縱，張儀爲秦散六國爲橫，同術而異用，所以爲戰國事也。既無戰國，則無縱橫矣。而其學具存，則以兵法權謀所參互，而抵掌談說所取資也。是以蘇、張諸家，可互見於兵書；（《七略》以蘇秦、蒯通入兵書。）而鄒陽、嚴、徐諸家，又爲後世詞命之祖也。」

清劉毓崧（1818～1867）《通義堂文集》卷十一〈從橫家出於行人之官說上篇〉曰：「《漢書‧藝文志》云：『從橫家者流，蓋出於行人之官。孔子曰：「誦詩三百，使於四方，不能專對，雖多亦奚以爲？」又曰：「使乎，使乎！」言其當權事，制宜受命，而不受辭，此其所長也。』《隋書‧經籍志》云：『從橫者，漢書以爲本出行人之官。周官掌交以節，與幣巡邦國之諸侯及萬姓之聚是也。』案：以《周禮》秋官考之，凡奉使典謁之事，以大小行人爲主，與之聯職者，司儀、行夫兩官，即附於其間。環人、象胥、掌客、掌訝、掌交、掌察、掌貨賄七官皆列於其後，而掌察、掌貨賄久闕其文，故《隋志》特舉在末之掌交以括其餘職。蓋司儀、環人、象胥、掌客、掌訝皆典謁四方之賓，惟行夫掌交乃爲四方之使，而行夫之職實次於大小行人，自不妨但述掌交，著其爲行人之助，誠以行人之所重不在典，謁於本國，而在奉使於四方，則從橫家之所習，必以奉使爲本也。惟是從橫家宜於奉使之任，人咸知之，而從橫家出於行人之官，人罕道之。良以言及從橫者，皆斥其爲合從、連橫，而究之何以名爲從橫，則不一考其本義，每覺與行人之說扞格而不能貫通。今以諸家傳注核之，從與縱，橫與衡，字本通用。從與經，橫與緯，義亦相同。凡南北謂之經，東西謂之緯，故從可訓爲南北，橫可訓爲東西，東西南北四方爲人所共行之路，而行人奉使尤當遍歷四方，其官既以行爲名，則東西南北惟其所使。所謂從橫者無他，夫亦曰行而已矣。且也從有順義，橫有逆義，從橫有旁午之義，亦即交午之義。交午、旁午者，行人之奔走。從橫、順逆者，行人之往來。則行字取義於從橫固確有明徵矣。況乎習從橫者或稱說士，或稱策士，士字指事爲推十合一，爲士者果能奉使於四方，而出疆專對，自不憚東西南北之遠矣。昔吾夫子歷聘各國，自稱爲東西南北之

人，蓋轍環天下，終其身故以行人自擬耳。當春秋之世，爲行人者猶有三代之遺風。從橫家與儒家其道初無歧異，行於南北者，即可稱爲從人，行於東西者，即可稱爲橫人。在夫子既以東西南北之人爲名，則儒者必不以從橫之名爲諱。志在四方者，固賢哲之所許也。迨戰國以還合從連橫之輩專恃詐諼爲策，其事遂爲儒者所羞稱，而從橫家言恒爲後人所詬病。然合從者，合其南北，連橫者，連其東西，蘇秦以合從爲功，往來於南北，張儀以連橫爲務，奔走於東西，所存者雖非古行人之心，而所踐者猶是古行人之跡，然則儀、秦所爲誠不可爲訓，而從橫所出則未可厚非矣。若夫釋從橫之訓者，或謂東西爲從，南北爲橫，此變例之異而非其常也。斥從橫之說者，或謂從者合眾強，橫者攻眾弱，此末學之失，而非其本也。考古者能明乎從橫之初義，又何難洞悉其源流也哉！

清劉毓崧（1818～1867）《通義堂文集》卷十一〈從橫家出於行人之說中篇〉：存目。

清劉毓崧（1818～1867）《通義堂文集》卷十一〈從橫家出於行人之官說下篇〉：存目。

章太炎（1869～1936）《諸子學略說》曰：「縱橫家之得名，因於縱人橫人。以六國抗秦爲縱，以秦制六國爲橫。其名實不通於異時異處。《漢志》所錄，漢有《蒯子》五篇，《鄒陽》七篇。蒯勸韓信以三分天下，鼎足而居；鄒陽仕梁，值吳楚昌狂之世，其書入於縱橫家，亦其所也。其他《秦零陵令信》一篇，《主父偃》二十八篇，《徐樂》一篇，《莊安》一篇，《待詔金馬聊蒼》一篇。身仕王朝，復何縱橫之有？然則縱橫者，遊說之異名，非獨外交專對之事也。儒家者流，熱中趨利，故未有不兼縱橫者。……自爾以來，儒家不兼縱橫，則不能取富貴。余觀《漢志》儒家所列，有《魯仲連子》十四篇，《平原君》七篇，《陸賈》二十三篇，《劉敬》三篇，《終軍》八篇，《吾丘壽王》六篇，《莊助》四篇。此外則有酈生，漢初謁者，稱爲大儒，而其人皆善縱橫之術。其關於外交者，則魯仲連說辛垣衍，酈生說田橫，陸賈、終軍、嚴助諭南越是也。其關於內事者，則劉敬請都關中是也。吾丘壽王在武帝前，智略輻湊，傳中不言其事。壽王既與主父偃、徐樂、莊助同傳，其行事實相似。而平原君朱建者，則爲辟陽侯審食其事遊說嬖人，其所爲愈卑鄙矣。縱橫之術，不用於國家，則用於私人。而持書求薦者，又其末流。曹丘通謁於季布，樓護傳食於五侯。降及唐世，韓愈以儒者得名，亦數數騰言當道，求爲援手。

乃知儒與縱橫，相爲表裏，猶手足之相支、毛革之相附也。宋儒稍能自重。降及晚明，何心隱輩又以此術自豪。及滿洲而稱理學者，無不習捭闔、知避就矣。孔子稱『達者，察言觀色，慮以下人』，『聞者，色取行違，居之不疑』。由今觀之，則聞者與縱橫稍遠，而達者與縱橫最近，達固無以愈於聞也。程朱末流，惟是聞者；陸王末流，惟是達者。至於今日，所謂名臣大儒，則聞達兼之矣。若夫縱人橫人之事，則秦皇一統而後，業已滅絕。故《隋書·經籍志》中，惟存《鬼谷》三卷，而梁元帝所著《補闕子》與《湘東鴻烈》二書，不知其何所指也。」

陳朝爵（1876～1939）《漢書藝文志約說》卷二曰：「《周禮·秋官》有大行人、小行人，蓋掌使之官。《韓非·五蠹》篇：『從橫之黨，借力於國。從者，合眾弱以攻一強也；橫者，事，強以攻棄弱也。皆非所以持國也。』」又曰：「姚明煇曰：『受命不受辭，爲其能專對也。《史記·仲尼弟子列傳》：「子貢一出，存魯、亂齊、破吳、強晉而霸越；子貢一使，使勢相破。十年之中，五國各有變。」此孔門之從橫也。』爵案：子貢使吳事，殆出從橫家傅會，不足信。孔門諸弟子忠於魯國，事詳《左傳》。余於《讀左隨筆》中已詳考之。《史記》、《越絕書》諸書皆未可信。」

呂思勉（1884～1957）《先秦學術概論》曰：「蓋古者外交，使人之責任甚重，後遂寖成一種學問。此學蓋至戰國而後大成。《漢志》所謂邪人爲之者，正其學成立之時也。……蓋縱橫家所言之理，亦夫人之所知，惟言之之術，則爲縱橫家之所獨耳。」

江瑔（1888～1917）《讀子巵言》第四章〈論諸子之淵源〉曰：「從橫家出於行人之官。行人者，奉使命於邦國者也。孔子曰『誦《詩》三百，使於四方』，而太史之職亦『陳《詩》以觀民風』，以明乎得失之跡。則行人之官亦出於史氏者矣。」

劉咸炘（1896～1932）《子疏》定本卷下〈陰陽辨說第九〉曰：「縱橫者，戰國之畫策，連關中謂之橫，合關東謂之縱。江瑔駁《七略》縱橫家之名不當曰：『戰國說士盛行，固足驚人動眾，而究無實學，若儒、墨、名、法諸家，足以成一家言。況一縱一橫，迥不相伴，蘇、張之術，宗旨各別，明爲二家，安可納爲一家？』此說過也。正以其無實學，不可混於諸家，故不得不別標一目，又不直分爲二家，故即以縱橫二字略概之，聊爲表記耳。若分爲二家，則有不主縱亦不主橫者，又何所歸耳。」

　　傅斯年（1896～1950）《戰國子家敘論・戰國諸子除墨子外皆出於職業》
曰：「縱橫、刑法皆是一種職業，正所謂不辯自明者。……墨與儒者同類而異
宗，也在那裏上說世主，下授門徒。但墨家是比儒者更有組織的，而又能
吸收士大夫以下之平民。既是一種宗教的組織，則應有以墨爲業者，而一
般信徒各從其業。故儒、縱橫、刑、名、兵、法皆以職業名，墨家獨以人
名。」〔註7〕

　　侯外廬（1903～1987）等《中國思想通史》第一卷第十七章〈中國古代
思想的沒落傾向〉第二節〈縱橫家思想〉曰：「縱橫家的思想學派性，頗相似
於希臘的詭辯派。從他們誤用形式邏輯的推理方法，爲人們解決困難的問題
看來，其思想脈絡是相同的。惟中國古代的縱橫家遊說的對象偏重在國君。
而希臘古代的詭辯派則偏重在一般的市民。這是因爲西洋文明史一開始就以
地域財富爲單位，而財富的人格化者是『國民』；中國文明史則走了維新路徑，
財富的人格億者是『宗子』，戰國末年才在氏族貴族的破衣中產生了國民的大
變革運動，而兼併者仍然不能脫去氏族桎梏，所謂『以富兼人』也並非表裏
如一的純國民式的。縱橫家和法家不同，法家的重點針對了社會內部的中心
問題，主張土地財產國民化的法制，反對富貴尊卑天定的氏族宗法制度。而
縱橫家不然，他的重點針對了均衡勢力的運用，把問題中心移向力的矛盾與
抵消，故國際的外交敵與關係便成了解決時務的不二法門。……縱橫家與名
家在辯說方面是有血緣關係的，如公孫龍曾與鄒衍辯於平原君之門，又如惠
施說魏、趙諸國。惠施好像更注重計策之所以然，而不僅言其當然，他反對
以魏合於秦、韓，然而縱橫家更是時務主義者，他們把轉禍爲福、轉危爲安
的國勢變化，看得非常容易，唯一的先決問題便是主觀至上的謀策。只要詭
詐得售，一切現實都可以由一個智辯者任意翻改，這叫做策略決定一切，其
中毫無客觀原則性。他們依此便『熒惑諸侯，以是爲非，以非爲是』，反覆於
國際之間。如果沒有策略，便是『無妄』。反之，策略決定一切的前提，是策
士的普遍思想。縱橫家的辯術，主要採用的是邏輯上所忌的法吏誘人法。他
們和諸侯執政者的問答法，總是誘人深入自己所假定的前提之下，然後迫之
承認合乎自己目的的推論，不管前提怎樣有問題，這前提總是伏在對話者問
的心理中不能懷疑。例如個別類例是特稱的命題，而縱橫家常列舉些例子，

〔註7〕　傅斯年：《戰國子家敘論・史學方法導論・史記研究》，上海古籍出版社，2012
　　　　年版，第13頁。今按：傅斯年又將縱橫家者界定爲「流出於遊說形勢者」。

－554－

作為全稱的命題，立為前提，然後誘人承認合乎自己所欲得出的結論。……這一推論方法，極其普及於縱橫家之間。例如有人要取得國君的信任而不遭疑忌，便拿曾參殺人，告其母三次，母亦懷疑的例子，反面得出取信的結論。有人要使國君聽謗議而不信私譽，便拿親近者美我乃出於私畏，或有所求的例子，反面得出聽諫的結論，這種推論非常簡單，在邏輯上是『以偏概全』的謬誤方法。除了這種方法，他們又常使用兩刀論法，即兩面皆有理的說法，如燕國弱小，對於秦、齊、楚、韓、魏，敵哪一國都不合理，附託於哪一國都合理……我們以為縱橫思想是時務主義熱衷的老前輩，這在中國史上一直到近代政學系的政客還繼承他們的詭辯思想的傳統。」〔註8〕

張舜徽（1911～1992）《漢書藝文志通釋》卷三曰：「此『上』字與『尚』通。謂邪人出使，則以欺詐相尚，而無相與之誠也。古之《詩》教，在於溫柔敦厚。人必熟於三百篇之義，而後能善於辭說。故孔子嘗曰：『不學《詩》，無以言』也。其教弟子誦《詩》，貴能奉使專對。苟能深於《詩》教，則出語委婉而不激直，即今之所謂外交辭令也。受命出使，辭必己出。重在因事制宜，與物變化，析疑辨難，應對無方，所謂折衝樽俎者，於是乎在。故其道又與縱橫之術有相通者矣。《隋書·經籍志》曰：『從橫者，所以明辯說、善辭令，以通上下之志者也。』是已。若其人膠固而不達權宜，則雖誦《詩》三百，亦不足以任此，故孔子又薄之也。至於邪人出使，以詐相傾，未有不取敗者。《隋志》又曰：『佞人為之，則便辭利口，傾危變詐。至於賊害忠信，覆邦亂家。』可與《漢志》『上詐諼而棄其信』之旨相發。」

高華平《先秦諸子與楚國諸子學》曰：「由於鬼谷子的生平籍貫歧說眾多，因此縱橫家的產生從地域上說，應和楚、韓、齊都有一定關係；而從哲學思想的發展來看，則與道家思想、三晉法家『權變』思想以及齊國稷下學派的黃老思想都密切相關。當然，我們並不能因此就可以將縱橫家與先秦諸子中的儒、道、法、墨，特別是稷下黃老之學混同起來。事實上，縱橫家作為先秦諸子中一個獨立的學派，它一定有其作為一個獨立學派存在的理由，有其區別於其他諸子學派的理論與實踐特點。而在我看來，縱橫家這個學術及行為特點可以用一個字來概括，即『術』。《史記·蘇秦列傳》說：『蘇秦兄弟三人皆遊說諸侯以顯名，其術長於權變。而蘇秦被反間而死，天下共笑之，諱

---

〔註8〕 侯外廬等：《中國思想通史》第一冊，人民出版社，2011 年版，第 575～579頁。

學其術。』〈張儀列傳〉說：『張儀者，魏人也。始嘗與蘇秦、張儀俱事於鬼谷先生，學術。』全都用一個『術』字來指稱從鬼谷子到蘇秦、張儀的縱橫家學說。呂思勉曾說：『蓋縱橫家所言之理，亦人人之所知，惟言之之術，則縱橫家之所獨耳。』以我認爲，可用一個『術』字來概括縱橫家的思想及行爲特點。戰國縱橫家們所謂『術』，似主要可概括三種手段，即威脅、利誘和詐騙。戰國時期的作爲諸子學派之一的縱橫家，其實是沒有多少學術可言的，他們的思想和行爲的最大特點就是用『術』。而這種『術』雖然在言辭上也不乏傳統的學術史所稱的『巧妙』或『巧辯』等特點，但就其實質而言，則不外威脅、利誘與欺詐。」〔註9〕

今按：「行人」，又稱「行李」、「行理」，官名。掌管朝覲聘問的官。《周禮・秋官》有行人，是西周時周王室專門負責與諸侯和少數族朝覲聘問的外事之官。有大行人和小行人之分。《周禮・秋官・司寇》載：「大行人，中大夫三人；小行人，下大夫四人。」「大行人，掌大賓之禮，及大客之儀，以親諸侯……」「小行人掌邦國賓客之禮籍，以待四方之使者，令諸侯春入貢，秋獻功。」由於當時周是天下大宗，「禮樂征伐自天子出」，行人的職責只是和周屬下的邦國及少數族進行交往，是宗周迎待諸侯賓客之官，行使的是外交官的一部分權利，此時，行人還稱不上眞正的外交家。到春秋時期，各諸侯力量大大發展，紛紛擺脫周王室的控制。周天子的地位日益下降，其「天下共主」的權威逐步喪失，「禮樂征伐自諸侯出」。各諸侯由於獨立性增強，諸侯之間需相互聯繫，便都設立了從事外交活動的官員——行人，以爲「通使之官」（《左傳・襄公四年》）。在早期，行人只起到溝通各諸侯國或上傳下達的作用。其後，各國皆相繼設行人專官，在國內掌賓客之事，遇事則出使以專事交涉。各國統治者爲了在爭霸中取勝，不僅重視在國內富國強兵，而且特別重視處理與他國的關係的策略，常派遣善於辭令的行人來開展外交活動。特別是一些弱小國家或戰敗國的「行人」，常奔走於諸侯間，憑自己卓越的外交才能，特別是靠自己出色的外交辭令來折服對方。於是行人顯得日益重要，他們的使命已不限於信使的範圍，而是承擔起拯救國家危亡的重任。他們往來於列國之間，負有「繼好結信，謀事補闕」（《左傳・襄公元年》）、「要結外授，好事鄰國，以衛社稷」（《左傳・文公元年》）的重要使命。各諸侯國

---

〔註9〕 高華平：《先秦諸子與楚國諸子學》，北京師範大學出版社，2016年版，第261～266頁。

都不拘一格招納這方面的人才，以強化外交，許多人紛紛參加到外交中來，成為一批善於外交的行人。由於在整個春秋社會「禮」在人們的心目中仍有著較高的地位，在觀念上仍提倡「尊禮重信」和「宗周王」，禮法信義思想仍是對當時行人起主導作用的傳統觀念；同時又由於幾大諸侯國勢均力敵，輪流稱霸和春秋時期的士在政治上還不成熟。因此，儘管行人機智博學，謹言慎行，有膽有識，開創了外交人員的風範，創造出精湛的外交藝術，取得了卓越的成就，但不是真正的縱橫家，而只是成為戰國縱橫家的前身。到了戰國中後期，戰國七雄各自實行變法圖強，爭霸日益激烈，尤其是魏、齊於公元前 334 年會徐州相王，這兩個諸侯相互稱王，標志著周天子共主地位的喪失。不久，秦、韓、趙、燕、中山、魯、宋等所有重要諸侯國也都相繼稱王。諸侯爭戰由爭霸發展為兼併戰爭。隨著諸侯國之間爭戰目的的變化，各國之間的戰爭十分激烈、殘酷，戰爭規模越來越大，時間亦越來越長。軍事離不開外交，諸侯國之間的外交關係也變得越來越重要。同時，隨著戰國七雄內部變法程度的不同和外部發展條件的變化，諸侯的對比力量失去平衡，逐漸趨於兩極分化。較為強大的諸侯國力圖削弱並逐步吞併較弱的國家，而較弱的國家在互相兼併的同時往往聯合起來以抵抗大國的吞併。因此，相對地產生了「合縱」與「連橫」兩種對立的外交策略。這樣，「合縱」、「連橫」成為各國外交的主題。各國為了在兼併戰爭中保存自己，消滅對手，在發展國力的同時，非常重視擇交。所謂「擇交而得則民安，擇交不得則民終身不得安」（《戰國策・趙策二》），於是各國統治者紛紛搜羅人才，廣求良策。在這種情況下，儒、墨等家無法提出立即生效的策略，而行人遊士則取得了發言的地位，他們繼承了春秋以來行人的風範，提出適應形勢發展的外交策略，登上歷史舞臺，形成一代縱橫。他們「一怒而諸侯懼，安居而天下安」（《孟子・滕文公上》），憑三寸不爛之舌，在各國間奔走遊說，「扶急持傾，轉危為安，運亡為存」。《淮南子・要略》說，各諸侯「握其權柄，擅其政令，下無方伯，上無天子，力征爭權，勝者為右，恃連與國，約重致、剖信符，結遠援，以守其國家、持其社稷，故縱橫修短生焉。」行人在春秋、戰國時各國都有設置。漢代大鴻臚屬官有行人，後改稱大行令。明代設行人司，復有行人之官，掌傳旨，冊封、撫諭等事。

# 八、雜　家

**孔甲《盤盂》二十六篇。**黃帝之史，或曰夏帝孔甲，似皆非。

## 【存佚著錄】

今亡佚。《隋書・經籍志》、《舊唐書・經籍志》、《新唐書・藝文志》皆不著錄，早已亡佚。

## 【學術源流】

《漢書・田蚡傳》曰：「學《盤盂》諸書。」唐顏師古注曰：「應劭曰：『黃帝史孔甲所作也。書盤盂中，所以爲法戒。』孟康曰：『雜家書，兼儒、墨、名、法。』」唐李善《文選注》引劉歆《七略》曰：「《盤盂》書者，其傳言孔甲爲之。孔甲，黃帝之史也。書盤盂中，爲誡法。或於鼎，名曰銘。」宋王應麟（1223～1296）《漢藝文志考證》卷七曰：「《文選注》《七略》曰：『《盤盂書》者，其傳言孔甲爲之。孔甲，黃帝之史也。書盤盂中爲誡法。或於鼎，名曰銘。』蔡邕《銘論》：『黃帝有巾機之法，孔甲有盤杅之誡。」陳朝爵（1876～1939）《漢書藝文志約說》卷二曰：「《盤盂書》皆法誡之辭，爲韻文。蔡邕以爲銘文之祖，是當人之詩賦之類歌詩之首。漢時蘇伯玉《盤中詩》，蓋亦此體之遺也。」張舜徽（1911～1992）《漢書藝文志通釋》卷三曰：「此乃我國書目著錄金文之始也。盤盂爲古銅器，上有刻辭，《墨子・兼愛下篇》所云『琢於盤盂』，是也。《文選・新刻漏銘》：『昔嘉量微物，盤盂小器，猶其昭德記功，載在銘典。』李《注》引《七略》云：『盤盂書者，其傳言孔甲爲之。孔

甲，黃帝之史。書盤盂中爲誡法，或於鼎；名曰銘。』是古銅器多有銘辭，即今所謂金文。」今按：陳朝爵、張舜徽從形式方面立論，不無道理，但孟康從內容方面著眼，更爲合理。

## 《大令》三十七篇。傳言禹所作，其文似後世語。（師古曰：「令，古禹字。」）

### 【存佚著錄】

今亡佚。《隋書·經籍志》、《舊唐書·經籍志》、《新唐書·藝文志》皆不著錄，早已亡佚。

### 【學術源流】

漢賈誼（前 200～前 168）《新書·修政語》引大禹曰：「民無食也，則我弗能使也。功成而不利於民，我弗能勸也。」清沈欽韓（1775～1831）《漢書疏證》卷二十五引《博物志》曰：「處士東鬼槐責禹亂天下事，禹退作三章。強者攻，弱者守，敵戰，城郭蓋禹始也。」清姚振宗（1842～1906）《漢書藝文志條理》卷二曰：「後漢王逸注《離騷》引《禹大傳》。《禹大傳》及《禹本紀》，或當是此書篇目。又《岣嶁碑》文，或亦當在此書。」顧實（1878～1956）《漢書藝文志講疏》三《諸子略》曰：「《賈子·修政》與《周書·大聚》引『禹之禁』，《文傳篇》引夏箴，文俱相似，蓋皆在大禹書中。」陳朝爵（1876～1939）《漢書藝文志約說》卷二引王集成曰：「雜家兼儒、墨，合名、法，而所錄第二家即《大令》三十七篇。夫禹之與名、法無關，不待言；觀其所事，亦墨多而儒少。班《志》錄入雜家，蓋已以禹爲墨行矣。」張舜徽（1911～1992）《漢書藝文志通釋》卷三曰：「《漢志》作令，即古文之變也。禹以治水有大功於生民，後世尊之，被稱爲大禹，亦曰神禹。漢以前人，已有紀其行事者，如《禹本紀》、《禹大傳》之類是也；亦有刻石紀功者，如《岣嶁之碑》是也。岣嶁爲衡山主峰，其上有碑。相傳爲夏禹治水時所書刻，字形怪異難辨，凡七十七字。原石在衡山雲密峰，其後各地漸多摹刻。目爲禹碑，雖出後世附會，然固非漢以後人所能僞造也。使果在此三十七篇之中，則又開著錄碑文之端矣。」

## 《五子胥》八篇。名員，春秋時為吳將，忠值遇讒死。

### 【存佚著錄】

今亡佚。《漢志》兵書略兵技巧家又著錄「《伍子胥》十篇，圖一卷」。《隋書・經籍志》、《舊唐書・經籍志》、《新唐書・藝文志》皆不著錄，早已亡佚。

### 【作者情況】

《史記・伍子胥列傳》曰：「伍子胥者，楚人也，名員。員父曰伍奢。兄曰伍尚。……平王怒，囚伍奢，而使城父司馬奮揚往殺太子。……王不聽，使人召二子曰：『來，吾生汝父；不來，今殺奢也。』伍尚欲往……尚既就執，使者捕伍胥。……伍尚至楚，楚並殺奢與尚也。……伍胥未至吳而疾，止中道，乞食。至於吳，吳王僚方用事，公子光為將。伍胥乃因公子光以求見吳王。……吳國內空，而公子光乃令專諸襲刺吳王僚而自立，是為吳王闔廬。闔廬既立，得志，乃召伍員以為行人，而與謀國事。……九年，吳王闔廬謂子胥、孫武曰：『始子言郢未可入，今果何如？』二子對曰：『楚將囊瓦貪，而唐、蔡皆怨之。王必欲大伐之，必先得唐、蔡乃可。』闔廬聽之，悉興師與唐、蔡伐楚，與楚夾漢水而陳。吳王之弟夫概將兵請從，王不聽，遂以其屬五千人擊楚將子常。己卯，楚昭王出奔。庚辰，吳王入郢。……及吳兵入郢，伍子胥求昭王。既不得，乃掘楚平王墓，出其屍，鞭之三百，然後已。……夫差既立為王，以伯嚭為太宰，習戰射。……吳太宰嚭既與子胥有隙，因讒曰：『子胥為人剛暴，少恩，猜賊，其怨望恐為深禍也。前日王欲伐齊，子胥以為不可，王卒伐之而有大功。子胥恥其計謀不用，乃反怨望。而今王又復伐齊，子胥專愎強諫，沮毀用事，徒幸吳之敗以自勝其計謀耳。今王自行，悉國中武力以伐齊，而子胥諫不用，因輟謝，詳病不行。王不可不備，此起禍不難。且嚭使人微伺之，其使於齊也，乃屬其子於齊之鮑氏。夫為人臣，內不得意，外倚諸侯，自以為先王之謀臣，今不見用，常鞅鞅怨望。願王早圖之。』吳王曰：『微子之言，吾亦疑之。』乃使使賜伍子胥屬鏤之劍，曰：『子以此死。』伍子胥仰天歎曰：『嗟乎！讒臣嚭為亂矣，王乃反誅我。我令若父霸。自若未立時，諸公子爭立，我以死爭之於先王，幾不得立。若既得立，欲分吳國予我，我顧不敢望也。然今若聽諛臣言以殺長者。』乃告其舍人曰：『必樹吾墓上以梓，令可以為器；而抉吾眼縣吳東門之上，以觀越寇之

入滅吳也。』乃自剄死。吳王聞之大怒，乃取子胥屍盛以鴟夷革，浮之江中。吳人憐之，爲立祠於江上，因命曰胥山。」《漢書・古今人表》列「伍子胥」於第四等中上，清梁玉繩（1744～1819）《人表考》曰：「子胥始見《左・昭卅一》，名員。伍奢子，伍尚弟，適吳，吳與之申地，故曰申胥，亦曰伍胥，亦曰申子，亦曰申氏，亦曰伍子。身長丈，腰十圍，眉間一尺。吳王夫差賜之屬鏤以死，烹其屍，乃盛鴟夷而投之江。元成宗大德三年封爲忠孝威惠顯聖王。案：五、伍古通，《呂氏春秋・異寶》、《抱朴子・嘉遁》皆作五員，本書《藝文志》亦作伍子胥也。又《釋文》員音雲，但《唐書》員半千，其先本劉氏，以忠烈自比伍員，因改姓員。宋董衡《新唐書釋音》曰：員，王問切。《廣韻》平、去二員字注並音運，姓也。《通志・氏族略》四同。然則員雖讀雲並可作雲，而惟姓與名專音去聲，故子胥之名，半千之姓，均當音運。《唐書・張嘉貞傳》當時語云：令君四俊，苗、呂、崔、員。尤足取證。後人讀伍員平聲，即唐人詩亦作平聲用，蓋仍《釋文》之誤，王觀國《學林》十曾辨之。《路史》後紀八注以讀運爲好異，《通雅》廿卷以作去聲爲非，皆未深考耳。又〈吳語〉子胥有縣目東門之言，《史・吳越世家》及本傳皆述之。乃一時忿辭，非實有其事。而《莊子・盜跖》、《呂氏春秋・知化》、《韓詩外傳》七、《賈誼新書・耳痺》、《楚辭》劉向《九歎》並稱子胥抉眼，又《荀子・宥坐》謂磔東門外，《吳越春秋》三謂斷頭置高樓，恐俱傳聞之異。」

## 【學術源流】

明胡應麟（1551～1602）《四部正訛》曰：「《伍子胥》兩見《漢志》，一雜家八篇，一兵家十篇，今皆不傳。而《越絕書》稱子胥撰，蓋東漢人據二書潤飾爲此。其遺言逸事，大率本之。其文詞氣法出東漢人手裁，故與戰國異。」清洪頤煊（1765～1837）《讀書叢錄》卷二十「五子胥」條曰：「雜家《五子胥》八篇，兵技巧家《五子胥》十篇，圖二卷。頤煊案：……今本《越絕》無水戰法，又篇次錯亂。以末篇證之，本八篇：〈太伯〉一，〈荊平〉二，〈吳〉三，〈計倪〉四，〈請糴〉五，〈九術〉六，〈兵法〉七，〈陳恒〉八，與雜家《五子胥》篇數正同。」《漢書補注》引清周壽昌曰：「兵技巧又有《伍子胥》十篇。」顧實（1878～1956）《漢書藝文志講疏》三《諸子略》曰：「《越絕書》一說爲子胥作，其內傳八篇，今存六篇。審其文字，當即雜家之《伍子胥》書，而餘爲後漢袁康作也。」陳朝爵（1876～1939）《漢書藝文志約說》卷二曰：「姚際恒《僞書考》引胡元瑞說已如此，存以備考。」張舜徽（1911

～1992）《漢書藝文志通釋》卷三曰：「今所傳《越絕書》，乃後漢袁康所作（此舊說或有誤，詳見李步嘉先生《越絕書研究》——引者注）。著錄於《漢志》之《伍子胥》八篇，不得以今本《越絕》之八篇等同之。即《漢志》之八篇，亦在伍員既死之後，時人裒錄其言論行事而成，而題爲《伍子胥》也。書雖早亡，其言行見於《左傳》、《國語》、《呂氏春秋》、《吳越春秋》、《史記》吳、越世家及本傳者詳矣，固猶可稽考也。」今按：《伍子胥》與《越絕書》有關。《史記・孫子吳起列傳》正義引《七錄》佚文曰：「《越絕》十六卷，或云伍子胥撰。」今本《越絕書・越絕篇敘外傳記》有《越絕》八篇之目：〈太伯〉、〈荊平〉、〈吳人〉、〈計倪〉、〈請糴〉、〈九術〉、〈兵法〉、〈陳恒〉，洪頤煊《讀書叢錄》卷二十以爲即《伍子胥》八篇。

## 《子晚子》三十五篇。齊人，好議兵，與《司馬法》相似。

### 【存佚著錄】

今亡佚。《隋書・經籍志》、《舊唐書・經籍志》、《新唐書・藝文志》皆不著錄，早已亡佚。

### 【作者情況】

宋鄧名世《古今姓氏書辯證》卷二十五「晚」條曰：「《漢・藝文志》雜家有《子晚子》三十五篇，齊人，好議兵，與《司馬法》相似。姓書未有此氏，今增入。」清王筠（1784～1854）《菉友蛣術編》卷下曰：「《漢書・藝文志》從橫家有子晚子。子晚豈字邪？而注不著其姓，何邪？若謂子晚是字，則是篇無稱字者，恐亦其徒加以子也。」清王先謙（1842～1917）《漢書補注》卷七曰：「子服子。梁玉繩曰：『當是子服回，惟列於哀公時，在其子景伯之後，或傳寫失次也。』錢大昕曰：『《藝文志》有子晚子，齊人，晚與服聲相近，蓋即其人。或云魯繆公臣有子服厲伯，見《論衡・非韓篇》。』」

### 【學術源流】

清章學誠（1738～1801）《校讎通義》卷三曰：「雜家《子晚子》三十五篇。注云：『好議兵，似《司馬法》。』何以不入兵家耶？《尉繚子》之當入兵家，已爲鄭樵糾正，不復置論。」清成瓘（1763～1842）《（道光）濟南府志》卷六十四曰：「《子晚子》三十五篇，齊人好議兵者，與《司馬法》相似。」

張舜徽（1911～1992）《漢書藝文志通釋》卷三曰：「《諸子略》中，有著錄其書於某家，而其學術兼擅他家之長者，其例甚多。故一人既有此家之著述，亦可有他家之著述，似未能以一方一隅限之。子晚子好議兵，特其術之一耳。《漢志》著錄之三十五篇，蓋所包甚廣，故列之雜家也。其書早亡。」

## 《由余》三篇。戎人，秦穆公聘以為大夫。

### 【存佚著錄】

今亡佚。《隋書‧經籍志》、《舊唐書‧經籍志》、《新唐書‧藝文志》皆不著錄，早已亡佚。輯本有馬國翰所輯《由余書》一卷，見《玉函山房輯佚書》子編雜家類，馬國翰序曰：「考《史記》載其對秦繆公『示以宮室積聚』及『戎無《詩》、《書》、《禮》、《樂》法度』之問，《韓非子》、《說苑》並引，以儉說道。賈誼《新書》引其『待下有禮』之說。佚篇略存，並據輯錄。白居易《六帖》引有『楚王使由余城麤，覆命子西問高厚大小』云云。由余與子西不同時，為楚臣，亦無所見，當別是一人。否則，傳聞誤也。故編中不取此節。其說『黃帝作為禮樂法度，身以先之，僅以小治，而謂後世之亂皆以此』，類與老子『禮為忠信之薄』同意。論儉獨推帝堯，而以舜、禹製食器、祭器為侈，復似墨子之教。宜班《志》入其書於雜家哉！」

### 【作者情況】

《史記‧秦本紀》曰：「（繆公三十四年）戎王使由余於秦。由余，其先晉人也，亡入戎，能晉言。聞繆公賢，故使由余觀秦。秦繆公示以宮室、積聚。由余曰：『使鬼為之，則勞神矣。使人為之，亦苦民矣。』繆公怪之，問曰：『中國以詩書禮樂法度為政，然尚時亂；今戎夷無此，何以為治，不亦難乎？』由余笑曰：『此乃中國所以亂也。夫自上聖黃帝作為禮樂法度，身以先之，僅以小治。及其後世，日以驕淫。阻法度之威，以責督於下，下罷極則以仁義怨望於上，上下交爭怨而相篡弒，至於滅宗，皆以此類也。夫戎夷不然。上含淳德以遇其下，下懷忠信以事其上，一國之政猶一身之治，不知所以治，此真聖人之治也。』於是繆公退而問內史廖曰：『孤聞鄰國有聖人，敵國之憂也。今由余賢，寡人之害，將奈之何？』內史廖曰：『戎王處辟匿，未聞中國之聲。君試遺其女樂，以奪其志；為由余請，以疏其間；留而莫遣，以失其期。戎王怪之，必疑

由余。君臣有間，乃可虜也。且戎王好樂，必怠於政。』繆公曰：『善。』因與由余曲席而坐，傳器而食，問其地形與其兵勢盡聲，而後令內史廖以女樂二八遺戎王。戎王受而說之，終年不還。於是秦乃歸由余。由余數諫不聽，繆公又使人間要由余，由余遂去降秦。繆公以客禮禮之，問伐戎之形。……三十七年，秦用由余謀伐戎王，益國十二，開地千里，遂霸西戎。天子使召公過賀繆公以金鼓。」又《漢書・古今人表》列「繇余」於第四等中上，梁玉繩（1744～1819）《人表考》曰：「由余始見《韓子・十過》、《呂氏春秋・不苟》、《韓詩外傳》九、《史・秦紀》、《李斯傳》。姓由，繇讀與由同，繆公西取於戎。」今按：《韓非・十遇》篇秦穆公問由余事，較《呂覽》為詳，司馬遷採入《秦本紀》。

## 【學術源流】

顧實（1878～1956）《漢書藝文志講疏》三《諸子略》曰：「《史記・秦本紀》：由余，其先晉人，亡入戎。戎王使觀秦，秦繆公問曰：『中國以詩書禮樂法度為政，然尚時亂，今戎夷無此，何以為治？』由余曰『此乃中國所以亂也』云云，皆黃老淳樸清淨之旨。是黃老之治，即戎夷之道，而雜家以道德為歸，亦自由余啟之。」張舜徽（1911～1992）《漢書藝文志通釋》卷三曰：「著錄於〈兵書略〉形勢之二篇，乃論兵；此三篇，則論政也。……由余此論，通乎無為而治之旨矣。大抵清靜無為，大用有二：一則存於人君，虛心弱志，不為物先倡，是也。一則施之天下，簡政省事，我好靜而民自正，是也。《老子》所謂『治大國若烹小鮮』，即治民貴靜之意也。《詩・檜風・匪風》篇：『誰能亨魚，溉之釜鬵。』毛傳云：『亨魚煩則碎，治民煩則散。知亨魚，則知治民矣。』而《韓非・解老》篇云：『事大眾而數搖之，則少成功；藏大器而數徙之，則多敗傷；烹小鮮而數撓之，則賊其澤；治大國而數變法，則民苦之。是以有道之君，貴虛靜而重變法。故曰治大國者若烹小鮮。』韓非此解精覈，實『李耳無為自化、清靜自正』之弘綱也。由余所論，可謂深入老聃之室。其後馬國翰搜輯佚文，即據《史記》所載對秦繆公之問，錄為一篇，復益以他文。余故但就斯篇發其旨趣云。」王錦民《古學經子》第十章〈道家〉曰：「由余的話並非司馬遷所虛擬。《漢志》雜家著錄《由余》三篇，班固云：『戎人，秦穆公聘以為大夫。』則自先秦本有《由余》一書傳世，司馬遷所論當據《由余》一書。由余之言足證孔子之前可以有非禮之說。」〔註1〕

---

〔註 1〕 王錦民：《古學經子》，華夏出版社，2008年版，第293頁。按：王氏旨在證偽羅根澤所謂老子「夫禮者，忠倚之薄而亂之首」的命題是孔子尚禮之反題。

## 《尉繚》二十九篇。六國時。（師古曰：「尉，姓；繚，名也，音了，又音聊。劉向《別錄》云繚爲商君學。」）

### 【存佚著錄】

今存《尉繚子》五卷二十四篇，其卷次篇目爲：卷一〈天官第一〉、〈兵談第二〉、〈制談第三〉、〈戰威第四〉；卷二〈攻權第五〉、〈守權第六〉、〈十二陵第七〉、〈武議第八〉、〈將理第九〉；卷三〈原官第十〉、〈治本第十一〉、〈戰權第十二〉、〈重刑令第十三〉、〈伍制令第十四〉、〈分塞令第十五〉；卷四〈束伍令第十六〉、〈經卒令第十七〉、〈勒卒令第十八〉、〈將令第十九〉、〈踵軍令第二十〉；卷五〈兵教上第二十一〉、〈兵教下第二十二〉、〈兵令上第二十三〉、〈兵令下第二十四〉。《漢志》兵書略兵形勢又著錄「《尉繚》三十一篇」。《隋書·經籍志》子部雜家類著錄：「《尉繚子》五卷。梁並《錄》六卷。尉繚，梁惠王時人。」《舊唐書·經籍志》、《新唐書·藝文志》子部雜家類皆著錄「《尉繚子》六卷」，《宋史·藝文志》子部兵書類著錄「《尉繚子》五卷」。

### 【作者情況】

《史記·秦始皇本紀》曰：「大梁人尉繚來，說秦王曰：『以秦之強，諸侯譬如郡縣之君，臣但恐諸侯合從，翕而出不意，此乃智伯、夫差、泯王之所以亡也。願大王毋愛財物，賂其豪臣，以亂其謀，不過亡三十萬金，則諸侯可盡。』秦王從其計，見尉繚亢禮，衣服食飲與繚同。繚曰：『秦王爲人，蜂準，長目，摯鳥膺，豺聲，少恩而虎狼心，居約易出人下，得志亦輕食人。我布衣，然見我常身自下我。誠使秦王得志於天下，天下皆爲虜矣。不可與久遊。』乃亡去。秦王覺，固止，以爲秦國尉，卒用其計策。而李斯用事。」葉長青（1902～1948）《漢書藝文志問答》引姚氏《漢書藝文志條理》曰：「按《秦始皇本紀》，有大梁人尉繚，來說秦王，王以爲秦國時尉。其時爲始皇十年，與李斯同官，已在六國之末。此尉繚敘次，在由余之後，尸子、呂不韋之上，則遠在其前，非大梁人尉繚可知。」

### 【學術源流】

宋鄭樵（1104～1162）《通志·校讎略》曰：「編書之家多是苟且，有見名不見書者，有看前不看後者。《尉繚子》，兵書也，班固以爲諸子類，置於雜家，此之謂見名不見書。隋、唐因之。至《崇文目》，始入兵書類。」宋王應麟（1223～1296）《漢藝文志考證》卷七曰：「兵形勢又有《尉繚》三十一篇。

《隋志》：《尉繚子》五卷。今二十四篇，〈天官〉至〈兵令〉，言刑政兵戰之事，其文意有附會者。首篇稱梁惠王問，意者魏人與？」明胡應麟（1551～1602）《九流緒論》曰：「《尉繚子》，兵書也。自漢至隋，咸列雜家。鄭漁仲以爲見名不見書。馬端臨大善其論，然《漢志》兵家自有《尉繚》三十一篇，蓋即今所傳者，而雜家之《尉繚》，非此書也。今雜家亡而兵家獨傳，故鄭以爲孟堅之誤舛矣。若此書論兵，孫武而下，他亡與匹，戰國人著無疑。」梁啓超（1873～1929）《漢書藝文志諸子略考釋》曰：「《四庫總目》入兵家，眞僞待考。……此論（指《四庫提要》所論——引者注）甚是，但今本是否即兵家《尉繚》原書，尙未敢深信耳。」顧實（1878～1956）《漢書藝文志講疏》三〈諸子略〉曰：「兵形勢家有《尉繚》二十一篇，蓋非同書。然《隋志》雜家《尉繚子》五卷，謂『梁並錄六卷，梁惠王時人』，則已合兵家《尉繚》而爲一矣。《初學記》、《御覽》引《尉繚子》，並雜家言，是其書唐、宋猶存。爲商君學者，蓋不必親受業，如有爲神農之言者許行，是其比也。」

## 【學術大旨】

宋晁公武（1105～1180）《郡齋讀書志》卷十四謂《尉繚子》「書論兵主刑法」。宋葉適（1150～1223）《習學記言序目》卷四十六「尉繚子」曰：「『凡兵不攻無過之城，不殺無罪之人。夫殺人之父兄，利人之貨財，臣妾人之子女，皆盜也。』尉繚子言兵，猶能立此論。孫子得車十乘以上賞其先得者，而更其旌旗車雜而乘之，卒善而養之，是謂勝敵而益強，區區乎計虜掠之多少，視尉繚此論，何其狹也！夫名爲禁暴除患，而未嘗不以盜賊自居者，天下皆是也，何論兵法乎？」宋黃震（1213～1281）《黃氏日鈔》卷五十八曰：「《尉繚子》謂對梁惠王而言其說，欲絕拘忌，嚴法令，務耕織，使三軍一心，畏將而不畏敵。而譬之於水，謂水至柔弱者也，然所觸丘陵，必爲之摧者無異也，性專而觸誠也。嗚呼！此殆孟子所指，我能爲君戰，必克者歟？雖欲審囚決獄，不殺無罪，兵不血刃，而天下親。然立爲什伍相揭之法，專務殺其士卒，使之畏已，而以殺卒之半爲善用兵。孫、吳談兵，已不如此，況仁人乎？然其言曰：亡國富倉府，上滿下漏，患無所救。此足警有國者云。」元馬端臨（1254～1323）《文獻通考・經籍考》引《周氏涉筆》曰：「《尉繚子》言兵，理法兼盡，然於諸令督責部伍刻矣。所以爲善者，能分本末，別賓主，所謂高之以廊廟之論，重之以受命之論，銳之以逾垠之論。廊廟，本也。受命，所以授也。凡論令所云，將事也，逾垠之論爾。視《孫子》專篇論火攻，

吳起、武侯纖碎講切，蓋從容有餘矣。人主崇儉務本，均田節斂，明法稽驗，為之主本。無蔓獄，無留刑，故曰兵兇器，爭逆德。事必有本，以武為植，以文為種。武為表，文為裏。文視利害，辨安危；武犯強敵，力攻守。不攻無過之城，不殺無罪之人。夫殺人之父兄，利人之財貨，臣妾人之子女，此皆盜也。其說雖未純王政，亦可謂窺本統矣。古者什伍為兵，有戰無敗，有死無逃。自春秋、戰國來，長募既行，動輒驅數十萬人以赴一決，然後有逃亡不可禁，故《尉繚子》兵令於誅逃尤詳。世傳張魏公建壇，拜曲端為大將，端首問魏公見兵幾何。魏公曰：八十萬人。端曰：須是斬了四十萬人，方得四十萬人。用端所言，果如是，固覆軍失地，殺身之道也。夫分數，豈專在殺哉？此念薰烝，決不能興起，輯睦吸引安祥。而《尉繚子》亦云：『善用兵者，能殺卒之半，其次殺其十三，其下殺其十一。能殺其半者，威加海內；殺十三者，力加諸侯；殺十一者，令行士卒。筆之於書，以殺垂教。』孫、吳卻未有是論也。」明方孝孺（1357～1402）《遜志齋集》卷四〈讀尉繚子〉曰：「《尉繚子》二十三篇。尉繚子，或曰齊人，或曰梁人，以其有惠王問答語也。三山施子美稱其有三代之遺風，其然哉？三代之盛，未嘗有兵書也。非惟無兵書，而兵亦非君子之所屑談也。君子之道圖亂於未萌，防危於既安，本之以德禮，導之以教化，同之以政令，使兵無自而作，俟兵之起，而後與戰，雖孫武、吳起為將，且恐不救，而況云云之書豈足恃乎？故好言兵者，賊天下者也。著書論兵者，流禍於後世者也，皆不免於聖人之誅也。尉繚子不能明君子之道，而恣意極口稱兵以惑眾，其重刑諸令，皆嚴酷苛暴，道殺人如道飲食常事，則其人之刻深少恩可知矣。〈武議〉、〈原官〉諸篇，雖時有中理，譬猶盜跖而誦堯言，非出其本心，是以無片簡之可取者。謂之有三代之遺風，可乎？然孫、吳之書與《尉繚子》一術，彼以兵為職，無怪其然。若《尉繚子》者，言天官、兵談、制談、戰威、守權、十二陵、武議、將理、原官、治本、戰權、重刑令、伍利令、分塞令、束伍令、經卒令、勤卒令、將令，有似乎君子而實非者也。予不得不論之。」清梁玉繩（1744～1819）《瞥記》五曰：「諸子中有《尉繚子》，疑即《尸子》所謂『料子貴別』者也。《漢志》雜家《尉繚》二十九篇，先《尸子》。兵家《尉繚》三十一篇，先《魏公子》，蓋兩人。尸佼所稱，非為始皇國尉者。」張舜徽（1911～1992）《漢書藝文志通釋》卷三曰：「雜家之《尉繚》，其書早亡。今所傳者，乃兵家之《尉繚》，而亦已殘缺矣。詳〈兵書略〉。《史記·秦始皇本紀》記始皇十年……尉繚有智有謀，固深通政理之要。

此段言論，當在雜家之《尉繚》中。」

## 【出土文獻】

　　與《尉繚》有關之出土文獻有銀雀山出土漢墓竹簡本《尉繚子》，見《銀雀山漢墓竹簡（壹）》（文物出版社，1985年版），分圖版、摹本、釋文注釋三類，共五節，見於今本《尉繚子》之〈兵談〉、〈攻權〉、〈守權〉、〈將理〉、〈原官〉五篇中，簡本篇目與傳本略有不同。

## 《尸子》二十篇。名佼，魯人，秦相商君師之。鞅死，佼逃入蜀。（師古曰：「佼音絞。」）

## 【存佚著錄】

　　今亡佚。《隋書・經籍志》子部雜家類著錄：「《尸子》二十卷，目一卷。梁十九卷，秦相衛鞅上客尸佼撰，其九篇亡，魏黃初中續。」《舊唐書・經籍志》、《新唐書・藝文志》子部雜家類皆著錄「《尸子》二十卷」，《宋史・藝文志》子部儒家類著錄「尸子一卷」，自隋、唐以下，《尸子》已非原本，至宋則散佚更甚。今《尸子》之輯本有八：其一為元陶宗儀所輯《尸子》，見《說郛》卷六；其二為明歸有光所輯《尸子》，見《諸子彙函》卷九；其三為惠棟所輯《尸子》三卷、《附錄》一卷，見《心齋十種》；其四為任兆麟所輯《尸子》一卷，見《述記》；其五為孫志祖所輯《尸子逸文》，見《讀書脞錄》卷四；其六為孫星衍所輯《尸子》二卷，見《平津館叢書》，序曰：「尸子著書於周末，凡二十篇。《藝文志》列之雜家，後亡九篇。魏黃初中續之，至南宋而全書散佚。」其七為汪繼培所輯《尸子》二卷、《存疑》一卷，見《湖海樓叢書》；其八為張之純評注《尸子》一卷，見《評注朱子菁華錄》。孫啓治等曰：「王應麟《漢書藝文志考證》引李淑《書目》存四卷，又《館閣書目》止存二篇，則宋時已無完書。明人刻本不能出宋人所見之外，或有雜採群書而成者。《說郛》止載二節，未明出處。今唯《群書治要》載〈勸學〉至〈神明〉十三篇，又《爾雅注疏》引〈廣澤〉一篇。至《諸子彙函》所載〈止楚師〉、〈君治〉，汪繼培謂乃雜取諸書，妄擬篇目，非原書之篇也。外此則《文選》李善注及唐、宋類書亦引有佚文。孫星衍初據章宗源輯本訂補為一卷，後見惠棟輯本及《治要》所載，因重輯為二卷，上卷及錄自《治要》所載諸篇，下卷則採自諸書所引。汪繼培所輯在後，得見任兆麟、惠、孫三家本，參互

比較，依孫本體例釐爲二卷，後附《存疑》一卷，以考訂諸家訛誤。張之純大體即據汪輯爲之評注，唯於汪輯下卷有所刪略。」〔註2〕

## 【作者情況】

《史記・孟子荀卿列傳》曰：「楚有尸子、長盧。」裴駰《集解》引劉向《別錄》曰：「楚有尸子，疑謂其在蜀。今按《尸子》書，晉人也，名佼，秦相衛鞅客也。衛鞅商君謀事畫計，立法理民，未嘗不與佼規之也。商君被刑，佼恐並誅，乃亡逃入蜀。自爲造此二十篇書，凡六萬餘言。卒，因葬蜀。」《漢書・古今人表》列「尸子」與第五等中中，梁玉繩《人表考》曰：「尸子始見《穀梁・隱五》。名佼，商君師之，鞅死，逃入蜀，卒，因葬蜀。案：《史集解》引劉向《別錄》云：『佼，晉人。』《後書・呂強傳》注同。當是也。乃《史》作楚人，〈藝文志〉作魯人，蓋因其逃亡在蜀，而魯後屬楚故耳。」明鄭明選《鄭侯升集》卷三十五「尸子」條曰：「尸子名佼，楚人，或曰晉人，秦相衛鞅客也。鞅謀事畫策，立法理民，未嘗不與佼規也。商君被刑，佼亡逃入蜀，然則商君之惡，尸子實成之，乃商君蒙大僇，受惡名，而尸子得免。特表而出之，毋令獨罪商君焉。」梁啓超（1873～1929）《漢書藝文志諸子略考釋》曰：「尸子始見《史記・孟荀列傳》，謂爲楚人。今注謂『魯人，名佼，爲商君師』云云，不知何據。《穀梁傳・隱五年》引『尸子曰』，則其人似儒家經師也。且今所存佚文，亦無一語與商、韓一派相近者，班說恐未可信。」孫啓治等曰：「《史記》稱佼楚人，《漢志》班固注則稱魯人，均與劉向說異。梁玉繩（1744～1819）《人表考》以爲佼因逃亡在蜀，而魯後屬楚，故稱魯人、楚人。按此蓋傳聞各異，不必強爲牽合。唯班固《漢志》即本劉向父子《別錄》、《七略》，『魯』、『晉』形近，則或有形誤耳。」〔註3〕

## 【學術大旨】

漢劉向《別錄》曰：「《尸子》書凡六萬餘言。」（《史記・孟荀列傳》集解引）又《荀子敍錄》云：「尸子著書，非先王之法，不循孔氏之術。」劉勰《文心雕龍・諸子》曰：「尸佼兼總於雜術，青史曲綴以街談。承流而枝附者

〔註2〕 孫啓治、陳建華：《中國古佚書輯本目錄解題》，上海古籍出版社，2009 年版，第 216 頁。

〔註3〕 孫啓治、陳建華：《中國古佚書輯本目錄解題》，上海古籍出版社，2009 年版，第 216 頁。

不可勝算，並飛辨以馳術，鬿祿而餘榮矣。……《尸佼》、《尉繚》術通而文鈍。」唐李賢（655～684）《後漢書・宦官傳》注云：「《尸子》二十篇，十九篇陳道德仁義之紀，一篇言九州險阻、水泉所出。」清王士禛（1634～1711）《居易錄》卷二十六曰：「唐趙蕤《長短經》第二十篇曰〈懼誡〉，引《尸子》曰：昔周公反政，孔子非之曰，周公其不聖乎，以天下讓不爲兆人云云。此荒唐悠謬之論，乃孔子之所必誅，而託名聖人，眞可謂無忌憚者，孟子惡處士橫議，正謂是也。」清章學誠（1738～1801）《校讎通義》卷三曰：「《尸子》二十篇，書既不傳，既云『商鞅師之』，恐亦法家之言矣。如云《尸子》非爲法者，則商鞅師其何術，亦當辨而著之；今不置一說，部次雜家，恐有誤也。」清方濬頤（1815～1888）《二知軒文存》卷十三〈讀尸子〉曰：「佼之論君治也，歷敍五帝、堯、舜、禹、湯、文、武，而歸諸四術、四德，崇閎典博，援引孔子、子夏之言，以日譬君，訓曰明遠，所學固絕正大，乃其徒則爲商君，迥與師異，豈佼之平日所教者別有道耶？抑鞅學成乃背其師，自立門戶耶？鞅死，避而之蜀，後世稱爲傑士，吾則謂佼不智也。如鞅之性情學術，佼不能知之，而引爲弟子則已；佼或知之，而引爲弟子，佼非失言乎？佼既失言於先，猶幸全身於後，人皆服其一時之勇決，吾方咎其疇昔之昏蒙，教不擇人而授，固古今之通病也，豈獨一尸佼哉！」梁啓超（1873～1929）《漢書藝文志諸子略考釋》曰：「今所存佚文，多中正和平，頗類儒家言。彥和所謂『兼總雜術』則有之，子政所謂『不循孔氏』則未之見。使佼而果爲商鞅師，則其道術與鞅大不類矣。《隋志》云：『其九篇亡，魏黃初中續。』蓋原書在東漢已佚其大部分，而魏晉間人依託補撰，勰所見本未必即爲向所見本，而《群書治要》及他書所徵引則皆魏黃初以後本也。但其中存先秦佚說甚多，固自可寶。」孫德謙（1869～1935）《諸子通考》卷一曰：「尸子之學出於雜家，其書至宋已亡，今本爲近儒搜輯，雖不足窺其全，然雜家者流，兼儒、墨，合名、法，通於眾家之意，則昭然明矣。此篇謂『若使兼、公、虛、衷、平易、別囿，一實也，則無相非也』，則其意之所注，在博採兼收，將以息百家爭，眞《漢志》所謂『見王治之無不貫也』。且由其說而求之之道，以公爲貴，固無論已。田駢之書雖已散佚，皇子、料子雖不載班書《諸子略》，而讀《墨子》、《列子》者，其一以貴兼，一以貴虛，捨是固無以達其神旨矣，何也？……要之斯篇之意，在揭諸子之指歸，而雜家之所以博通眾家，於此蓋大可見矣。」呂思勉（1884～1957）《經子解題・尸子》曰：「此書雖闕佚特

甚，然確爲先秦古籍，殊爲可寶。……據今所輯存者，十之七八皆儒家言，劉向校序本僞物，不足信。此書蓋亦如《呂覽》，兼總各家而偏於儒。其文極樸茂，非劉勰所解耳。今雖闕佚已甚。然單詞碎義，足以取證經子者，實屬指不勝屈。……實足以通儒、道、名、法四家之郵。」劉咸炘（1896～1932）《子疏》定本卷上〈老徒裔第三〉：「尸佼者，雜家也，兼治王霸之術，軼受其學，故以帝王說秦。不入，乃出任法之說。惟其兼治王霸，故以爲王霸各不同時，曰三代不同禮，五霸不同法，世事變而行道異，王道有繩。又屢言神農教耕，湯武致強之殊，其意以爲隨時制宜，自符王道，故言法制詐力，亦復引聖王以爲說。……道家主反古，法家主從今，二派各異，欲排老而反商鞅也。」《子疏》定本卷下〈雜家第十一〉：「陳道德仁義之紀，內一篇言九州險阻水泉所起。今存十三篇皆不完，義亦不屬，餘逸文尤多。孫星衍謂佼斥孔、墨諸子，囿學相非，皆夆於私，故謂之雜家。商君行變古之政，亦覺其學不純。陳澧謂其說大抵近於名家，亦以商鞅爲佼罪。汪繼培曰：『其書原本先民，時有竊取，後出諸子又或餐挹其中，轉相蹈襲。』今按其書，汪說信是。〈分〉與〈發蒙〉二篇，屢言正名實，道家之說，未如愼、商諸人之主法。且於用賢之道極詳。〈恕〉篇、〈處道〉篇、〈神明〉篇皆言正己，是儒、道二家所同主，與主法不主人者殊。又言刑不得已。〈處道〉、〈治天下〉二篇言無私，〈仁意〉篇言仁，尤與商鞅異。而謂與鞅謀書，豈所言非所行耶？其書旨多合於儒，又屢稱堯、舜，引孔子語，與劉子政之言不合。《隋志》稱九篇亡，黃初中續。豈今醇語皆後人所續，而子政所指今已亡歟？其他佚文多釋名物，詞賦家多用之，遂子多未見有愬，殆黃初所續耳。」葉長青（1902～1948）《漢書藝文志問答》：「問：『章學誠謂尸子爲商鞅師，當入法家；審否？』答：『《史記・孟子荀卿列傳》：「楚有尸子畏盧。」《集解》：「尸佼，秦相衛鞅客也。鞅謀事劃計，立法理民，未嘗不與佼規也。商君被刑，佼恐並誅，乃逃亡入蜀，自爲造此二十篇書。」據此，則佼因懼誅逃蜀而著書，乃欲因書以自白，豈有做法家言之理？弟子法家，其師不必亦法家，使李斯著書自成一子，其師荀卿亦豈非法家？章氏可謂憑臆懸斷矣。』」張舜徽（1911～1992）《漢書藝文志通釋》卷三曰：「是此二十篇之書，既富儒家之言，復有水地之記。其學多方，本不限於一隅。徒以其爲商君師，佐之治秦，遽謂爲僅長於刑名法術之學，則猶淺視之矣。其書《隋》、《唐志》皆二十卷，宋時已殘闕，後遂全佚。清儒輯本數家，以汪繼培本較勝。」

## 《呂氏春秋》二十六篇。秦相呂不韋輯智略士作。

### 【存佚著錄】

今存。《隋書・經籍志》、《舊唐書・經籍志》、《新唐書・藝文志》、《宋史・藝文志》子部雜家類皆著錄「《呂氏春秋》二十六卷」。梁啓超（1873～1929）《漢書藝文志諸子略考釋》曰：「其〈季冬紀〉之末篇，題曰〈序意〉，即全書之自序，發端云：『維秦八年，歲在涒灘。』即成書之年月也。此書經二千年，無殘缺，無竄亂，且有高誘之佳注，實古書中之最完好而易讀者。」

### 【作者情況】

《史記・呂不韋列傳》曰：「呂不韋者，陽翟大賈也。往來販賤賣貴，家累千金。秦昭王以安國君爲太子。安國君中男名子楚，爲質子於趙。不韋聞安國君愛幸華陽夫人，華陽夫人無子。不韋乃行千金入秦，說華陽夫人姊立子楚爲嫡嗣。昭王薨，太子安國君立爲王，華陽夫人爲王后，子楚爲太子。秦王立一年，薨，爲孝文王。太子子楚代立，是爲莊襄王。莊襄王元年，以不韋爲丞相，封爲文信侯，食河南洛陽十萬戶。……是時諸侯多辯士，如荀卿之徒，著書佈天下。不韋乃使其客人人著所聞，集論以爲八覽、六論、十二紀，二十餘萬言。以爲備天地萬物古今之事，號曰《呂氏春秋》。布咸陽市門，懸千金其上，延諸侯遊士賓客有能增損一字者予千金。始皇十年十月，以嫪毒事免，就國河南。歲餘，諸侯賓客使者相望於道，請文信侯。秦王恐其爲變，乃賜書，與家屬徙處蜀。不韋自度稍侵，恐誅，乃飲酖而死。」《漢書・古今人表》列呂不韋於第五等中中，清梁玉繩（1744～1819）《人表考》曰：「呂不韋始見《秦》、《楚策》。濮陽人，封文信侯，亦曰呂子，亦曰呂氏，始皇稱爲仲父。飲酖死，葬洛陽北邙道西。妻先葬，故其冢名呂母也。」

### 【學術大旨】

《呂氏春秋・季冬紀・序意》曰：「維秦八年，歲在涒灘，秋甲子朔。朔之日，良人請問十二紀。文信侯曰：『嘗得學黃帝之所以誨顓頊矣，爰有大圜在上，大矩在下，汝能法之，爲民父母。』蓋聞古之清世，是法天地。凡十二紀者，所以紀治亂存亡也，所以知壽夭吉凶也。上揆之天，下驗之地，中審之人，若此則是非可不可無所遁矣。天曰順，順維生；地曰固，固維寧；人曰信，信維聽。三者咸當，無爲而行。行也者，行其理也，行數，循其理，平其私。夫私視使目盲，私聽使耳聾，私慮使心狂。三者皆私設，精則智無

由公。智不公，則福日衰，災日隆。以日倪而西望知之。」漢高誘《呂氏春秋序》曰：「此書所尚，以道德爲標的，以無爲爲綱紀，以忠義爲品式，以公方爲檢格，與孟軻、孫卿、淮南、楊雄相表裏也，是以著在《錄》、《略》。誘正《孟子》章句，作《淮南》、《孝經》解畢訖，家有此書，尋繹案省，大出諸子之右，既有脫誤，小儒又以私意改定，猶慮傳義失其本真，少能詳之，故復依先儒舊訓，輒乃爲之解焉，以述古儒之旨，凡十七萬三千五十四言。若有紕繆不經，後之君子斷而裁之，比其義焉。」宋黃震（1213～1281）《黃氏日鈔》卷五十六引韓彥直序曰：「《呂氏春秋》言天地萬物之故，其書最爲近古，今獨無傳焉，豈不以呂不韋而因廢其書耶？愈久無傳，恐天下無有識此書者，於是序而傳之。」又引蔡伯尹跋曰：「漢興，高堂生后倉、二戴之徒取此書之十二紀爲〈月令〉，河間獻王與其客取其〈大樂〉、〈適音〉爲〈樂記〉，司馬遷多取其說爲世家、律曆書，孝武藏書以預九家之學，劉向集書以繫《七略》之數。今其書不得與諸子爭衡者，徒以不韋病也。然不知不韋固無與焉者也。」元陳澔（1260～1341）《禮記集說》卷三曰：「呂不韋相秦十餘年，此時已有必得天下之勢，故大集群儒，損益先王之禮，而作此書，名曰《春秋》，將欲爲一代興王之典禮也。故其間亦多有未見與禮經合者。」明方孝孺（1357～1402）《遜志齋集》卷四〈讀呂氏春秋〉曰：「其書誠有足取者。其〈節喪〉、〈安死〉篇譏厚葬之弊，其〈勿躬〉篇言人君之要在任人，〈用民〉篇言刑罰不如德禮，〈達爵〉、〈分職〉篇皆盡君人之道，切中始皇之病。其後秦卒以是數者僨敗亡國，非知幾之士，豈足以爲之哉？第其時去聖人稍遠，論道德皆本黃老，書出於諸人之所傳聞，事多舛謬，如以桑穀共生爲成湯，以魯莊與顏闔論馬，與齊桓伐魯，魯請比關內侯，皆非其事，而其時竟無敢易一字者，豈畏不韋勢而然耶？」《四庫全書總目》卷一百十七〈呂氏春秋提要〉曰：「不韋固小人，而是書較諸子之言獨爲醇正大。大抵以儒爲主，而參以道家、墨家，故多引六籍之文與孔子、曾子之言。其他如論音則引〈樂記〉，論鑄劍則引〈考工記〉，雖不著篇名，而其文可案。所引莊、列之言，皆不取其放誕恣肆者。墨翟之言，不取其非儒、明鬼者。而縱橫之術，刑名之說，一無及焉。其持論頗爲不苟。論者鄙其爲人，因不甚重其書，非公論也。」又《四庫全書簡明目錄》卷十三曰：「不韋人不足稱道，而是書裒合群書，大抵據儒書者十之八九，參以道家、墨家之近理者十之一二，較諸子爲頗醇。」清盧文弨（1717～1795）《抱經堂文集》卷十〈書呂氏春秋後〉曰：「《呂氏春

秋》一書，大約宗墨氏之學，而緣飾以儒術，其〈重己〉、〈貴生〉、〈節喪〉、〈安死〉、〈尊師〉、〈下賢〉，皆墨道也，然君子猶有取焉。秦之君臣，曷嘗能行哉？獨墨子非樂，而此書不然，要由成之者非一人，其近墨者多也。……孟子尊孔子，斥楊、墨，書中無一言及之，所稱引者，莊、惠、公孫龍、子華子諸人耳，世儒以不韋故，幾欲棄絕此書，然書於不韋固無與也。以秦皇之嚴，秦丞相之勢燄，而其爲書時寓規諷之旨，求其一言近於揣合而無有，此則風俗人心之古，可以明示天下後世而不作者也。世儒不察，猥欲並棄之，此與耳食何異哉？」清畢沅《呂氏春秋新校正序》曰：「不韋書在秦火以前，故其採綴，原書類亡，不能悉尋其所本。今觀其〈至味〉一篇，皆述伊尹之言，而漢儒如許慎、應劭等，間引其文，一則直稱伊尹曰，一則又稱《伊尹書》，今考《藝文志》道家《伊尹》五十一篇，不韋所本，當在是矣。又〈上農〉、〈任地〉、〈辨土〉等篇，述后稷之言，與《亢倉子》所載略同，則亦周、秦以前農家者流相傳爲后稷之說無疑也。他如採《老子》、《文子》之說，亦不一而足。是以其書沉博絕麗，彙儒、墨之旨，合名、法之源，古今帝王、天地名物之故，後人所以探索而靡盡歟！」（見王昶《湖海文傳》卷二十八）清章學誠（1738～1801）《校讎通義》卷三曰：「《呂氏春秋》，亦《春秋》家言而兼存典章者也。當互見於《春秋》、《尚書》，而猥次於雜家，亦錯誤也。古者《春秋》家言，體例未有一定；自孔子有知我罪我之說，而諸家著書，往往以《春秋》爲獨見心裁之總名。然而左氏而外，鐸椒、虞卿、呂不韋之書，雖非依經爲文，而宗仰獲麟之意，觀司馬遷敘〈十二諸侯年表〉，而後曉然也。呂氏之書，蓋司馬遷之所取法也。十二本紀，仿其十二月紀；八書，仿其八覽；七十列傳，仿其六論；則亦微有所以折衷之也。四時錯舉，名曰春秋，則呂氏猶較虞卿《晏子春秋》爲合度也。劉知幾譏其本非史書，而冒稱《春秋》，失其旨矣。」清汪中（1744～1794）《述學》內篇卷一〈明堂通釋〉曰：「〈呂不韋傳〉稱：不韋使其客人人著所聞，集論以爲〈八覽〉、〈六論〉、〈十二紀〉，二十餘萬言，以爲備天地萬物古今之事。今觀其書，儒墨刑名，兼收並蓄，實爲後世類書之祖。」其《述學補遺·呂氏春秋序》曰：「周官失其職而諸子之學以興，各擇其術以明其學，莫不持之有故，言之成理。及比而同之，則仁之與義，敬之與和，猶水火之相反也。最後《呂氏春秋》出，則諸子之說兼有之。故〈勸學〉、〈尊師〉、〈誣徒〉、〈善學〉四篇，皆教學之方，與〈學記〉表裏；〈大樂〉、〈侈樂〉、〈適音〉、〈古樂〉、〈音律〉、〈音

初〉、〈制樂〉,皆論樂……凡此諸篇,則六藝之遺文也;十二紀發明明堂禮,則明堂陰陽之學也;〈貴生〉、〈情慾〉、〈盡數〉、〈審分〉、〈君守〉五篇,尚清淨養生之術,則道家流也;〈蕩兵〉、〈振亂〉、〈禁塞〉、〈懷寵〉、〈論威〉、〈簡選〉、〈決勝〉、〈愛士〉七篇,皆論兵,則兵權謀、形勢二家也;〈上農〉、〈任地〉、〈辨土〉三篇,皆農桑樹藝之事,則農家者流也。其有牴牾者:〈振亂〉、〈禁塞〉、〈大樂〉三篇,以墨子非攻、救守及非樂爲過,而〈當染〉篇全取〈墨子〉,〈應言〉篇司馬喜事,則深重墨氏之學。甚者吳起之去西河,〈長見〉、〈觀表〉二篇,一事兩見。惟〈有始覽〉所謂解見某書者,於本書能觀其會通爾。司馬遷謂不韋使其客人人著所聞,以爲備天地萬物古今之事。然則是書之成,不出於一人之手,故不名一家之學,而爲後世《修文御覽》、《華林遍略》〔註4〕之所託始。〈藝文志〉列之雜家,良有以也。然其所採摭,今見於周、漢諸書者,十不及三四,其餘則本書已亡,而先哲之話言、前古之佚事,賴此以傳於後世,其善者可以勸,其不善者可以懲焉,亦有閭里小智,一意採奇詞奧旨,可喜可觀,庶幾乎立言不朽者矣。」清沈欽韓(1775~1831)《漢書藝文志疏證》卷二曰:「不韋之書,弘益良多。以其與《淮南》並雜採諸書,故入雜家。然《呂氏》隸名,篇各有指歸,比於《淮南》市井販賣者懸絕,且帝王舊物猶可窺尋;所惜者,秦僅處墨之徒,本無儒者。雖極崇王道,終是旁門。王氏《考證》糾其引夏、商之《書》,異於今僞古文者爲舛謬,恐未能睨市門之金也。」孫德謙(1869~1935)《諸子通考》卷四曰:「雜家之學,以《呂氏春秋》爲最正,其書於儒、墨、名、法,有不兼綜併合者乎?試取而證之。〈勸學〉、〈尊師〉,儒家之說也。〈大樂〉、〈侈樂〉等篇,論樂特詳。《漢書‧禮樂志》云:『《六經》之道同歸,而《禮》、《樂》之用爲急。』儒家以移風易俗莫善於樂,此書深於音樂,眞儒家之旨也。〈蕩兵〉、〈振亂〉諸篇,皆論兵家之事,可知其長於兵家矣。惟言『今世之以儌兵疾說者,終身用兵而不知悖』,似《墨子》非攻,爲呂氏所不取。然〈節喪〉、〈安死〉各有專篇,則《墨子》之節用、節葬,不韋固用其說也。〈先識覽〉中,其一篇曰〈正名〉,正名者,名家之術也,而鄧析、尹文、惠施、公孫龍皆載其言行,

---

〔註4〕 《修文御覽》即《修文殿御覽》,是北齊後主在武平三年(572)二月下詔編纂的一部官修類書。《華林遍略》是南北朝時期最重要的類書之一,此書由梁武帝下令華林園學士編纂,凡六百二十卷。侯外廬等《中國思想通史》在引用此則材料時居然誤以爲是四部書,誤標爲《修文》、《御覽》、《華林》、《遍略》,而此條硬傷居然一直沒有被指出來!

雖辨其是非，並不患宗其意，然亦見呂氏深知名家之學者也。〈義賞〉篇曰：『故善教者，不以賞罰而教成，教成而賞罰弗能禁。用賞罰不當亦然。』夫信賞必罰，法家之所尚也。又每著商鞅、申不害之事，則又通於法家矣。其他〈貴生〉篇之『堯讓於子州支父云云』，文全與《莊子》同，〈去尤〉篇之『人有亡鐵者』，此事見《列子》，是皆道家言也。〈上農〉、〈任地〉四篇，多採后稷之說，則農家也。十二月紀，為明堂、陰陽，又陰陽家之敬授民時也。然則兼儒墨，合名法，而博貫諸子之學，如《呂覽》者，純乎其為雜家矣。今存者，後有《尸子》、《尉繚》與《淮南鴻烈解》。《尸子》非原本，姑勿論，《尉繚》則以雜家而偏於兵，《淮南》則於雜家之中，又以道家為主，故雜家惟呂氏最正。說者謂其採莊、列之言，非莊、列之理；用韓非之說，殊韓非之旨。蓋雜家不專一家，而仍自名為一家，此其所以為雜家乎？」又曰：「不韋之人雖不足取，較李斯同為秦相，則勝焉。李斯識六藝之歸，而專以任法。不韋此書，網羅百家，道無不貫，不失為王者治天下之資也。讀其書者，但知遺文佚事，相谷並收，而未知雜家既出議官。議官為議政之三公，上參天子，而統理其政，真為相者之事也。」陳朝爵（1876～1939）《漢書藝文志約說》卷二曰：「《史記》云『人人著所聞集論』，集者，合也，合即雜也。雜家之義，本取集合。畢沅云：「其書沉博絕麗，彙儒、墨之旨，合名、法之源」，是其誼也。」清徐時棟（1814～1873）《煙嶼樓文集》卷一〈呂氏春秋雜記序〉曰：「呂不韋以相父之尊，耦國之富，招致天下豪傑士，羅古今圖書，剌取眾說，採精錄異，勒成巨編，僣其名曰《春秋》，專其號曰《呂氏》。劉《略》、班《志》，品目之以為雜家，蓋精確乎不可易矣。其書瑰瑋宏博，幽怪奇豔，上下鉅細事理名物之故，粲然皆具。讀之如身入寶藏，貪者既得恣所欲以去，廉介之士雖一毫無取，而不能不歎羨其備物之富有也，乃儒者獨以不韋之書而羞稱之。……遺文軼事，名言至理，往往而在。考其徵引神農之教，黃帝之誨，堯之戒，舜之詩，后稷之書，伊尹之說，夏之鼎，商周之箴，三代以來，禮樂刑政，以至春秋、戰國之法令，《易》、《書》、《詩》、《禮》、《孝經》、周公、孔子、曾子、子貢、子思之言，以及夫關、列、老、莊、文子、子華子、季子、李子、魏公子牟、惠施、慎到、寧越、陳駢、孫臏、墨翟、公孫龍之書，上志故記，歌誦謠諺，其攟摭也博，故其言也雜，然而其說多醇而少疵。……漢人高誘有言：尋繹此書，大出諸子之右。吾習其書，尤信。故於諸子中，每好觀是書。竊嘗總攬大略以論之如此。」呂思勉（1884～1957）

《經子解題・呂氏春秋》曰：「此書雖稱雜家，然其中儒家言實最多。《四庫提要》謂其『大抵皆儒家言』，實爲卓識。……今此書除儒家言外，亦存道、墨、名、法、兵、農諸家之言。諸家之書，或多不傳；傳者或非其眞；欲考其義，或轉賴此書之存焉；亦可謂藝林瑰寶矣。要之，不韋之爲人固善惡不相掩，而其書則卓然可傳；譏其失而忘其善，已不免一曲之見；因其人而廢其書，則更耳食之流矣。」郭沫若（1892〜1978）《十批判書・呂不韋與秦王政的批判》曰：「呂不韋在中國歷史上應該是一位有數的大政治家，但他在生前不幸被迫害而自殺，在他死後又爲一些莫須有的事跡所掩蓋口他的存在的影子已經十分稀薄，而且呈現著一個相當歪曲了的輪廓。這是呂氏的不幸，然而不在二千多年後的今日，呂氏的眞面目要想被人認識恐怕也是不可能的事吧。……成書於八年，草創或當在六七年時。在這時候，內則始皇已近成人；而繆氏勢力日益膨大，外則六國日見衰頹，天下將趨於一統。呂氏在這時候纂成這一部書，綜合百家九流，暢論天地人物，決不會僅如司馬遷所說，只是出於想同列國的四公子比賽比賽的那種虛榮心理的。這書在《漢書・藝文志》被列於『雜家』，而『雜家』中的各書事實上要以本書爲代表作，所謂『兼儒、墨，合名、法，知國體之有此，見王治之無不貫』，正好是對於這部書的批評。『雜』之爲名無疑是有點惡意的。這書不僅在思想上兼收並蓄，表現得『雜』，就是在文字結構上也每每訂恒泄沓，表現得『雜』。因爲篇數有一定的限制，各篇的長短也約略相等，於是便有好些篇目明明是勉強湊成，或把一篇割裂爲數篇（此例甚多），或把同一內容改頭換面而重出（例如〈應同〉與〈召類〉，〈務大〉與〈諭大〉，〈去尤〉與〈去囿〉），因而全書的體裁，在編製上實在也相當拙劣的。然而這書卻含有極大的政治上的意義，也含有極高的文化史上的價值；向來的學者似乎還不曾充分的認識。首先我們要注意，自春秋末年以來中國的思想得到一個極大的開放，呈現出一個百家爭鳴的局面。這是因爲奴隸制度解紐了，知識下移，民權上漲，大家正想求得一條新的韌帶，以作爲新社會的綱領。儒、墨先起，黃老繼之，更進而有名、法、縱橫、陰陽、兵、農，各執一端，各持一術，欲競售於世，因而互相鬥爭，入主出奴，是丹非素。即在本書中對於這種情勢也有敘述……其次，它對於各家雖然兼收並蓄，但卻有一定的標準。主要的是對於儒家、道家採取盡量攝取的態度，而對於墨家、法家則出以批判。這是最值得注意的本書的一個原則，也可以說是呂不韋這位古人作爲政治家或文化批評家的生命。而

且我們還要知道，他是在秦國做丞相，在秦國著書的人，在秦國要批判墨家、法家，與在秦國要推尊儒家、道家，在這行為本身已經就具有重大的意義。因為秦法自商鞅以來便採取了法家的精神，而自惠王以來又滲入了墨家的主張。墨家鉅子的腹醇是惠王的『先生』，唐姑果是惠王的親信，還有田鳩、謝子這些墨者都曾先後在惠王時代入秦，故秦自惠王時已有墨，而在昭王時卻還沒有儒。……把這些主要的關鍵弄明白了之後我們再去讀《呂氏春秋》，你可以發覺著它並不『雜』，它是有一定的權衡，有嚴正的去取。在大體上它是折衷著道家與儒家的宇宙觀和人生觀，尊重理性；而對於墨家的宗教思想是摒棄的。它採取著道家的衛生的教條，遵守著儒家的修齊治平的理論，行夏時，重德政，隆禮樂，敦詩書，而反對著墨家的非樂非攻，法家的嚴刑峻罰，名家的詭辯苟察。它主張君主無為，並鼓吹著儒家的禪讓說，和『傳子孫，業萬世』的觀念根本不相容。我們瞭解了這些，再去讀《呂氏春秋》，你可以發覺它的每一篇每一節差不多都是和秦國的政治傳統相反對，尤其是和秦始皇后來的政見與作風作正面的衝突。呂不韋可以說是秦始皇的死對頭，秦始皇要除掉他是理所當然而亦勢所必然。……在多士濟濟的呂氏門下，我們可以相信九流百家都是有的，墨家、法家、名家不用說都有，但這些分子顯然不占勢力。特別值得注意的是《呂氏》書中把墨子和孔子相提並稱的地方那麼多，而卻處處攻擊墨子的學說。但攻擊他的學說時卻又是混合著說的，絕不道出任何派別，任何個人的名字。如像說，『世之學者有非樂者矣』，或者說，『今之世，學者多非乎攻伐』，有時甚至於連這樣混合著的指示都不提。這裡一定是有所顧慮的。這固然可以解釋為政治家或學者們的禮貌，但我相信，在呂門之外，秦國之墨者一定還很多，故爾不好明目張膽的攻擊。」
〔註5〕劉咸炘（1896～1932）《子疏》定本卷下〈雜家第十一〉：「陳澧曰：『多採古儒家之說，故可取者多。古之儒家多偉人名論，其書雖亡，其姓名雖湮沒，而其言猶有存者，令人發思古之幽情。』按：是書調和眾說，據圓方同異公平之理，圓統同而方別異也。其所主則儒、道兩家大旨，以生生為本，己身為主，誠感為用，此三旨乃道、儒二家之所同，而大異於權勢、法術之說者也。書中言之最詳。高氏之言最為得要，道德固儒、道之所同，無為亦儒、道、法三家同有之目的，而虛靜無為則道家之所詳，公方忠義則儒家之所詳也。道德無為，合天道之圓也；公方忠義，修人義之方也。書中所取楊、

────────────

〔註5〕　郭沫若：《十批判書》，人民出版社，2012年版，第301～328頁。

墨、慎、申、兵家、名家之說，皆能節去其偏宕，必通儒爲之。宋蔡氏伯尹
謂其書不得與諸子爭衡，徒以不韋病。信哉！大抵十二紀、八覽最整密，六
論蓋緒餘，故雜亂複緟，每篇義類或不貫。蓋其每立一義，必引事以明之。
引事既已，又論其事，或支出他義，如是者最多。豈抄取他書失於刪削耶？
抑其簡多錯亂佚脫，聯貫之跡不明耶？」楊東蒓（1900～1979）《中國學術史
講話》第三講〈學術思想的混合與儒家的獨尊〉曰：「《呂氏春秋》與《淮南
子》乃是以老、莊思想作中心而綜合儒、墨、陰陽、名、法各家的雜家。〈序
意〉說：『蓋聞古之清世，是法天地。凡十二紀者，所以紀治亂存亡也，所以
知壽夭吉凶也。上揆之天，下驗之地，中審之人，若此，則是非可不可遁矣。
天曰順，順維生；地曰固，固維寧，人曰信，信維聽。三者咸當，無爲而行；
行也者，行其理也。行（其）數，循其禮，平其私。夫私視使目盲，私聽使
耳聾，私慮使心狂。三音皆私設，精則智，無由公。智不公則，福曰衰，災
曰隆。』這是全書的大意，而其主旨在於「法天地」。「法天地」就是老子的
自然主義的根本觀念。」又從貴生、重孝、五德終始、變法、功利主義五個
方面分析《呂氏春秋》的主要思想。侯外廬（1903～1987）等《中國思想通
史》第一卷第十七章〈中國古代思想的沒落傾向〉第三節〈雜家言之作始者
呂不韋和呂氏春秋〉曰：「所謂『出於議官』，自然是不可靠的（「蓋」之云者，
也表示作者不敢肯定）。至於所謂『兼儒、墨，合名、法』，是合於事實的話。
《呂氏春秋》確是『兼』『合』以前各派的學說編集而成的一部書。……在中
國『古代』末期（秦末），產生《呂氏春秋》那樣的一部書，也不是偶然的。
所謂『諸子……各擇其術以明其學，莫不持之有故』，就是企圖創立自己獨特
體系；而所謂『《呂氏春秋》……則諸子之說兼有之』，就是走向調和折中的
路徑。『兼』字，於古義即爲雜，如『兼金』即雜金，雜多是與純一相對的，
故雜有諸說，正是折中的沒落思想。復次，呂氏的作風，和稷下的作風實有
顯著的區別。因爲稷下先生的治學精神是兼容並包，讓各家獨立自見；而《呂
氏春秋》的編製則是『兼聽雜學』的糅合，而沒有創造精神，頗傾向於統一
思想的路數。這和呂不韋的身世行動也是頗相稱的。……在這書裏於調和折
中之中，是不是也有所偏愛呢？如果有的話，與其說是偏愛儒家，毋寧說是
兼畸儒、道。在呂不韋的主觀上，比較是有意畸重於道家……可見呂書作者
雖有『儒者』在內，而其書則以『道德』、『無爲』（道）爲內容，以『忠義』、
『公方』（儒）爲形式。因爲道家持盈保泰之術，對於這位投機起家的陽翟巨

賈是更協調的。……《呂氏春秋》因爲它是『諸子之說兼有之』，即調和折中的緣故，所以任何二說都沒有徹底；不能創立一個體系，〈察今篇〉就是最具體的例子。」〔註6〕張舜徽（1911～1992）《漢書藝文志通釋》卷三曰：「《史記・呂不韋傳》稱不韋『使其客人人著所聞，集論以爲八覽、六論、十二紀，十十餘萬言。以爲備天地萬物古今之事，號曰《呂氏春秋》』。又《十二諸侯年表》亦云：『呂水韋者，秦莊襄王相。亦上觀尚古，刪拾《春秋》，集六國時事，以爲八覽、六論、十二紀，爲《呂氏春秋》。』……此書保藏先秦學說思想，至爲豐贍。舉凡道德、陰陽、儒、法、名、墨、兵、農諸家遺論，悉可考見其大要。漢儒高誘，既注其書，又爲之序以發其蘊奧，有云：『此書所尙，以道德爲標的，以無爲爲綱紀。』今觀其中〈圜道〉、〈君守〉諸篇，尤其彰明較著，悉道論之精英也。」任繼愈（1916～2009）《中國哲學發展史》曰：「《呂氏春秋》是先秦向兩漢轉變時期的產物，它是前一個時代的文化向後一個時代的文化的過渡時期，具有中間類型的著作。要瞭解先秦的學術史和哲學史，固然不可不讀《呂氏春秋》；要瞭解秦漢的學術史和哲學史，尤其不可不深入研究《呂氏春秋》。」〔註7〕韋政通（1927～？）《中國思想史》第十一章〈混合與變化：先秦思想的終局〉曰：「陰陽家的思想是秦代的顯學，所以呂氏直接引用鄒衍的五德終始說（〈應同〉篇），作爲全書開宗明義之章。同時在殘存的〈自序〉中，特別解釋了十二紀的意義是在法天地，紀治亂存亡，知壽夭吉凶，定是非的標準。這說明《呂氏春秋》接受了陰陽家的世界觀。陰陽家之外，以涉及儒、道兩家思想的地方爲最多，儒家方面談得較多的是心性、孝道、貴民、師道、樂和樂教等問題。道家方面談得最多的是君道問題，這方面的思想，正如勞榦先生所說：『是將老子的小國寡民主張，莊子的遁世絕俗主張，衍變成了使得一個大一統的具有文化的帝國，可以做到無爲而治。』一個空前大帝國的相國，所以會提倡無爲的理想，是因爲這個理想，爲道、儒、法三大家所共有，雖然其內涵與功用並不盡同。此外，兵家、名家、墨家都仍相當被重視，法家的主要思想被提到的次數不多。」〔註8〕郭齊勇、吳根友《諸子學通論》曰：「《呂氏春秋》全書從論天、治國到

---

〔註6〕侯外廬等：《中國思想通史》第一卷，人民出版社，2011年版，第589～592頁。

〔註7〕任繼愈主編：《中國哲學發展史（秦漢）》，人民出版社，1985年版，第2頁。

〔註8〕韋政通：《中國思想史》，上海書店出版社，2003年版，第288頁。

做人、養身，從政治、經濟、軍事到哲學、歷史、道德、音樂，涉及到各個領域，各個方面，是一部完備的治國法典。……《呂氏春秋》綜合了道家、儒家、陰陽家、法家、墨家、兵家、農家的主要思想，爲行將統一的封建王朝提供了治世的思想學說，在漢代文化史、思想史上產生了重大的影響。……《呂氏春秋》不僅開漢初黃老之學的先聲，而且在思維方式和理論框架上深刻影響了《淮南子》、《史記》、《黃帝內經》等著作。其天人感應、陰陽五行學說滲透到漢代文化史、社會史的各個層面，啓導了董仲舒、劉向、劉歆及其他經學家，是漢代社會風行的神秘化的讖緯思潮的濫觴。」〔註9〕

## 《淮南內》二十一篇。王安。

### 【存佚著錄】

今存，題《淮南子》或《淮南鴻烈》，每篇爲一卷，篇目依次爲：〈原道訓〉、〈俶眞訓〉、〈天文訓〉、〈地形訓〉、〈時則訓〉、〈覽冥訓〉、〈精神訓〉、〈本經訓〉、〈主術訓〉、〈繆稱訓〉、〈齊俗訓〉、〈道應訓〉、〈氾論訓〉、〈詮言訓〉、〈兵略訓〉、〈說山訓〉、〈說林訓〉、〈人間訓〉、〈脩務訓〉、〈泰族訓〉、〈要略〉。《隋書·經籍志》、《新唐書·藝文志》、《崇文總目》子部雜家類著錄許慎、高誘二家注《淮南子》二十一卷，《舊唐書·經籍志》子部雜家類著錄：「《淮南商詁》二十一卷，劉安撰。《淮南子注解》二十一卷，高誘撰。」宋洪邁（1123～1202）《容齋續筆》卷七「淮南王」條曰：「厲王子安復爲王，招致賓客方術之士，作爲內書二十一篇，外書甚眾；又有中篇八卷，言神仙黃白之術。《漢書·藝文志》《淮南內》二十一篇、《淮南外》三十三篇，列於雜家，今所存者二十一卷，蓋內篇也。」清錢塘（1735～1790）《淮南天文訓補注序》曰：「《淮南鴻烈解》有許慎、高誘兩家注，《隋書·經籍志》並列於篇，至劉昫作《唐書·經籍志》，唯載高注，則許注已佚於五季之亂矣。而《新唐書》及《宋史·藝文志》仍並列兩家，謂唐時許注猶存，歐陽氏得其故籍以爲志，可也，宋時安得復有許注而修史志者猶採入之歟？」

### 【作者情況】

《史記·淮南衡山列傳》曰：「淮南王安爲人好讀書鼓琴，不喜弋獵狗馬

---

〔註9〕 郭齊勇、吳根友：《諸子學通論》，商務印書館，2015年版，第465～480頁。

馳騁，亦欲以行陰德拊循百姓，流譽天下。時時怨望厲王死，時欲畔逆，未
有因也。及建元二年，淮南王入朝。素善武安侯，武安侯時爲太尉，乃逆王
霸上，與王語曰：『方今上無太子，大王親高皇帝孫，行仁義，天下莫不聞。
即宮車一日晏駕，非大王當誰立者！』淮南王大喜，厚遺武安侯金財物。陰
結賓客，拊循百姓，爲畔逆事。建元六年，彗星見，淮南王心怪之。……諸
辨士爲方略者，妄作妖言，諂諛王，王喜，多賜金錢，而謀反滋甚。……元
朔三年，上賜淮南王几杖，不朝。……淮南王削地之後，其爲反謀益甚。……
王欲發國中兵，恐其相、二千石不聽。王乃與伍被謀，先殺相、二千石；僞
失火宮中，相、二千石救火，至即殺之。……伍被自詣吏，因告與淮南王謀
反，反蹤跡俱如此。吏因捕太子、王后，圍王宮，盡求捕王所與謀反賓客在
國中者，索得反具以聞。上下公卿治，所連引與淮南王謀反列侯二千石豪傑
數千人，皆以罪輕重受誅。……丞相弘、廷尉湯等以聞，天子使宗正以符節
治王。未至，淮南王安自剄殺。王后荼、太子遷諸所與謀反者皆族。」《漢書·
景十三王傳》曰：「淮南王安好書，鼓琴，不喜弋獵狗馬馳騁，亦欲以行陰德，
拊循百姓，流名譽。招致賓客方術之士數千人，作爲內書二十一篇，外書甚
眾。時武帝方好藝文，以安屬爲諸父，辯博善爲文辭，甚尊重之。每爲報書
及賜，常召司馬相如等視草迺遣。初，安入朝，獻所作內篇，新出，上愛祕
之。」今按：王雲度在《劉安評傳》（南京大學出版社，1997 年版）中，以《史
記》、《漢書》淮南王本傳爲基本資料，結合漢初的經濟、政治、文化及《淮
南子》本書，深入研究了劉安謀反一事，並全面評價其思想。該書將劉安定
位爲「轉折時期的悲劇人物」，認爲他由於生於「叛逆」之家，從小就心懷報
仇之志，最終走上謀反之路。對劉安進行全面評價的，還有陳廣忠《劉安評
傳》（廣西教育出版社，1996 年版）一書。〔註 10〕

## 【作者問題】

　　歷代關於《淮南子》作者的觀點有兩不同說法：其一，「劉安所作說」。
張舜徽《漢書藝文志通釋》卷三曰：「此書作者，爲漢武帝時淮南王劉安，班
氏自注但標『王安』二字，此史家之率筆也。」漢王充（27～97）《論衡·書
解》篇引「儒者」曰：「淮南王作道書，禍至滅族。」又曰：「淮南王以他爲
過，不以書有非。」西晉葛洪（284～364）《西京雜記》曰：「淮南王安著《鴻

---

〔註 10〕　馬慶洲：《淮南子考論》，北京大學出版社，2009 年版，第 5 頁。

烈》二十一篇。」唐劉知幾（661～721）《史通・自敘》曰：「昔漢世劉安著書，號曰《淮南子》。」明胡應麟進而分析道：「淮南王招集奇士，傾動四方，說者咸以此書雜出賓客之手，非也。左吳、雷被諸人，著作無我可見，特附《淮南》而顯豈梁苑鄒枚、鄴中劉阮等哉！」胡適在《淮南王書》中則推斷：「淮南王是很能作文辭的，故他的書雖有賓客的幫助，我們不能說其書沒有他自己的手筆。」馬慶洲《淮南子考論》曰：「劉安之於《淮南子》遠不止是一個組織者，該書的大部分內容當出於他本人之手，其餘也必經過他細緻地加工、潤色，能夠反映其思想，展現其文采。《淮南子》雖然內容龐大，但絕非雜亂無章的拼湊，各篇既獨立成文，又有內在聯繫，並圍繞一個中心，是自成體系的完整之作。」〔註11〕其二，「集體創作說」。東漢高誘《淮南鴻烈解序》曰：「初，安為辯達，善屬文。……天下方術之士，多往歸焉。於是遂與蘇飛、李尚、左吳、田由、雷被、毛被、伍被、晉昌等八人，及諸儒大山、小山之徒，共講論道德，總統仁義，而著此書。」宋代高似孫（1158～1231）《子略》曰：「所謂蘇飛、李尚、左吳、田由、雷被、毛被、伍被、大山、小山諸人，各以才智辯謀，出奇馳雋，所以其書駁然不一。」宋黃震（1213～1281）《黃氏日鈔》亦曰：「《淮南鴻烈》者，淮南王劉安以文辯致天下方術之士，會粹諸子，旁搜異聞以成之。」明王世貞（1526～1590）《藝苑卮言》曰：「《淮南鴻烈》雖似錯雜，而氣法如一，當由劉安手裁。」梁啟超（1873～1929）《漢書藝文志諸子略考釋》亦曰：「劉安博學能文，其書雖由蘇飛輩分纂，然宗旨及體例，計必先行規定，然後從事；或安自總其成，亦未可知。《要略》所提絜各篇要點及排列次第，蓋匠心經營，極有柱脊，非漫然獺祭而已。」馮友蘭（1895～1990）《中國哲學史新編》、侯外廬（1903～1987）等著《中國思想通史》、任繼愈（1916～2009）主編《中國哲學史》、牟鍾鑒《〈呂氏春秋〉與〈淮南子〉思想研究》等等，均沿襲「集體創作說」。今按：關於《淮南子》的作者問題，筆者以為，應該將上述兩種觀點結合起來，既不能否定《淮南子》是一次集體創作，也不能否定劉安的主導作用。但是無論如何不能簡單地歸於劉安一人之作。此外，羅義俊則認為《淮南子》是一次大型學術聚會的記錄，他說：「前漢景武時，淮南王安招致賓客方術之士數千人，有蘇飛、李尚、左吳、田由、雷被、毛被、伍被、晉昌及諸儒大山、小山之徒，陰陽、儒、道、名、法畢集，各抒己見，討論長短，互存異說，『共講論道德，

---

〔註11〕馬慶洲：《淮南子考論》，北京大學出版社，2009年版，第28頁。

總統仁義」（高誘《淮南鴻烈解敘》），這實在是一次大型的學術聚會，而所著
《淮南鴻烈》無異是這次會議的記錄整理。可能正是由於各家學說都被記錄
整理在內，這才顯得內容似乎駁雜了。它反映了聚會明顯的私人講學性質。」
〔註12〕這一說法顯然與「集體創作說」有所不同，可備一說。

## 【校讎源流】

　　宋蘇頌（1020～1101）《蘇魏公集》卷六十六〈校淮南子題序〉曰：「是
書有後漢太尉祭酒許慎、東郡濮陽令高誘二家之注，隋、唐日錄皆別傳行。
今校崇文舊書與蜀川印本暨臣某家書，凡七部，並題曰《淮南子》，二注相
參，不復可辨。惟集賢本卷末有前賢題載云：『許標其首，皆詁，鴻烈之下，
謂之記上。高題卷首，皆謂之鴻烈解經，解經之下曰高氏注，每篇之下皆曰
訓，又分數篇為上下，以此為異。』《崇文總目》亦云如此，又謂高注詳於許
氏。本書文句，亦有小異。然今此七本，皆有高氏訓敘，題卷仍各不同：或
於『解經』下云『許慎記上』，或於『間詁』上云『高氏』，或但云『鴻烈解』，
或不言『高氏注』，或以〈人間〉篇為第七，或以〈精神〉篇為第十八，參差
不齊，非復昔時之體。臣某據文推次，頗見端緒，高注篇名皆有『故曰囚以
題篇』之語，其間奇字，並載音讀。許於篇下粗論大意，卷內或有假借用字，
以周為舟，以楯為循，以而為如，以恬為悏，如此非一。又其詳略不同，誠
如《總目》之說。互相考正，去其重複，共得高注十三篇，許注十八篇。」
清黃丕烈（1763～1825）《士禮居藏書題跋記》卷四「校宋舊鈔本《淮南子》」
條曰：「此《淮南鴻烈解》二十八卷舊鈔本，余得諸顏家巷張秋塘處，云是其
先世青父公所藏，卷中有校增字如高誘撰文云云，皆其筆也。《淮南子》世有
二本：一為二十一卷，出於宋本；一為二十八卷，出於《道藏》本。至二十
卷者，錢述古所謂流俗本也。近時莊刻謂出於《道藏》，顧澗薲取袁氏五硯樓
所藏《道藏》本校之，知多訛脫。余卻手臨一本。頃從都中歸，高郵王伯申
編修聞余收《淮南》本極多，囑為傳校。又五柳居陶蘊輝思得善本《淮南》
付梓，余家居無事，思為校勘，遂借袁本重校於此本，《道藏》面目略具於是
矣。」清錢塘（1735～1790）《淮南天文訓補注序》曰：「觀陳氏《書錄解題》
有曰：『既題許慎記上，而序文則用高誘，然則高注既佚，宋人以其零落僅存
者屬入高注，遂題許慎之名，而其未屬入者，仍名高注可知也。要其冠以高

---

〔註12〕羅義俊：《兩漢私人講學考略》，《紀念顧頡剛學術論文集》，巴蜀書社，1990
　　　年版，第 371 頁。

誘之序，則高注爲多矣。』今世所傳高氏訓解，已非全書，而明正統十年《道藏》刊本，首有高誘之序，內則題太尉祭酒臣許愼記上，一如陳氏所云。是即宋時屠人之本，以校高注，增多十三四，其間當有許注也。」吳承仕（1884～1939）《淮南舊注校理序》曰：「清儒治《淮南書》者，以高郵王氏爲最。近人劉文典撰《集解》，旁徵異文，博採眾說，雖有疏漏，用力故以勤矣。《淮南》注舊有許、高二家，自全宋來，已捆不可理。陶方琦始爲《異同詁》，識別異誼，使各有分序，不相干亂，其文理密察，誠諸師所不能到。然《淮南》注本，傳寫久訛。……陶氏有作，志在專輯許說，本不旁及高義，文句訛奪，又未能一二正之也。往時輯錄經籍音切，嘗取《淮南》舊讀，疏通證明之，得四十七事。今觀劉氏《集解》，於注文沿誤，顯自可知者，多未發正。頗以暇日，從事校讎。尋莊逵吉刊本，自謂依據《道藏》，昔人已譏其妄有刪易，未足保信。莊本既世所行用，《集解》又因而不革，懼其詿誤後學，故今一依莊本，而以異本勘之。復就昔人撰述，下迄筆語短書，凡所徵引，稍有採獲。更以唐、宋類書所錄，參伍比度，辨其然否。愚所未達，丘蓋不言。至於注家說義有違，則不復彈正也。」劉文典（1889～1958）《淮南鴻烈集解序》曰：「惟西漢迄今，歷二千祀，鈔刊屢改，流失遂多。許、高以之溷瀾，句讀由其相亂，後之覽者，每用病諸。雖清代諸師如盧文昭、洪頤煊、王念孫、俞樾、孫詒讓、陶方琦之倫各有記述，咸多匡正，而書傳繁博，條流蹐散，卷分裒異，檢覈難周，用使修學之士迴遑歧塗，沿波討原，未知攸適。予少好校書，長而彌篤，講誦多暇，有懷綜緝，聊以錐指，增演前修。採拓清代先儒注語，搆會甄實，取其要指，豫是有益，並皆抄內。其有穿鑿形聲，競逐新異，亂眞越理，以是爲非，隨文糾正，用袪疑惑。若乃務出遊辭，苟爲泛說，徒滋薉濫，只增煩冗，今之所集，又以忽諸。管窺所及，時見微意，確有發明，亦附其末。」王叔岷（1914～2008）《淮南子斠證序》曰：「《淮南子》一書，援採繁富，含大領微。復能秉其要歸，渾而爲一。漢儒注解於前，清儒斠理於後，近人劉文典復有《集解》之作，已頗便於研讀。惟劉書功在綜緝，殊少勝義，疵病雜陳，猶待針灸。……因據《道藏》本寫定積稿，成《淮南子斠證》一卷。前賢於許愼、高誘二家注，搜輯剖晰，用力已勤，偶有遺略，尚可補苴，因斠證正文之便，兼及注文云。」孫啓治（1942～2014）《淮南子小箚》曰：「《淮南》一書，採先秦傳記之要言，彙百家於一編，爲西京學術要籍，治丙部者所必讀。高誘之注，以漢人注漢人書，是《淮南》

書在當時已不易讀，況茲二千年之後？清儒治《淮南》書，乾嘉以降，殆十餘家，尤以王氏念孫用力勤篤。入民國，劉文典之《集解》、劉家立之《集證》皆集舊說之大成者。近代至今，學者繼有討研，又無慮十餘家，頗多成績。近出張雙棣先生之《淮南子校釋》、何寧先生之《淮南子集釋》，皆搜羅古今說最富者，勝過二劉也。」

## 【真偽考辨】

關於《淮南子》與《文子》，近世多以爲《文子》抄襲《淮南子》，王利器、趙建偉等仍持此觀點。唐蘭通過《老子》乙本卷前古佚書（即被稱爲《黃帝四經》者）與其他古籍的對比，也認爲：「《文子》與《淮南子》很多辭句是相同的。究竟誰抄誰，舊無定說。今以篇名襲黃帝之言來看，《文子》當在前。」江世榮通過對比兩書文字內容，認爲《淮南子》對《文子》多有加工之處，《文子》文字也有勝出《淮南子》的地方，不能簡單地認爲《文子》抄自《淮南子》。至於《淮南子》與《呂氏春秋》的關係，牟鍾鑒《〈呂氏春秋〉和〈淮南子〉思想研究》認爲：「《淮南子》是以《呂氏春秋》爲藍本而寫成的，它是《呂氏春秋》在新的歷史條件下的再現，兩書同屬於道家思潮。因此，我把這兩部書稱爲秦漢之際道家著作的姊妹篇。」王叔岷在《淮南子與莊子》和《〈淮南子〉引〈莊〉舉偶》兩文中，對《淮南子》明引、暗引及本於《莊子》而易其詞的情況，詳加勾勒，揭示了兩者密切的學術淵源關係。〔註13〕

## 【學術大旨】

《淮南子·要略》曰：「言道而不言事，則無以與世浮沉；言事而不言道，則無以與化遊息。」又曰：「若劉氏之書，觀天地之象，通古今之事，權事而立制，度形而施宜，原道之心，合三王之風，以儲與扈冶，玄眇之中，精搖廢覽，棄其畛挈，斟其淑靜，以統天下，理萬物，應變化，通殊類，非循一跡之路，守一隅之指，拘繫牽連之物，而不與世推移也。故置之尋常而不塞，布之天下而不窕。」東漢高誘《淮南鴻烈解序》曰：「其旨近《老子》，淡泊無爲，蹈虛守靜，出入經道。言其大也，則燾天載地，說其細也，則淪於無垠，及古今治亂、存亡禍福、世間詭異瑰奇之事。其義也著，其文也富，物事之類，無所不載，然其大較，歸之於道。號曰『鴻烈』。鴻，大也。

---

〔註13〕馬慶洲：《淮南子考論》，北京大學出版社，2009 年版，第 5～6 頁。

烈，明也。以爲大明道之言也。故夫學者不論《淮南》，則不知大道之深也。是以先賢通儒述作之士，莫不援採以驗經傳。……光祿大夫劉向校定撰具，名之《淮南》。又有十九篇，謂之外篇。」〔註14〕《西京雜記》卷三曰：「淮南王安著《鴻烈》二十一篇。鴻，大也；烈，明也。言大明禮教，號爲《淮南子》，一曰《劉安子》。自云字中皆挾風霜。揚子雲以爲一出一入。」唐顏師古曰：「內篇論道，外篇雜說。」宋黃震（1213～1281）《黃氏日鈔》卷五十五「淮南子」條曰：「《淮南鴻烈》者，淮安王劉安，以文辯致天下方術之士，會粹諸子、旁搜異聞以成之。凡陰陽造化，天文地理，四夷百蠻之遠，昆蟲草木之細，環奇詭異，足以駭人耳目者，無不森然羅列其間，蓋天下類書之博者也。」宋高似孫（1158～1231）《子略》卷四「淮南子」條曰：「又讀其書二十篇，篇中文章，無所不有，如與《莊》、《列》、《呂氏春秋》、《韓非子》諸篇相經緯表裏，何其意之雜出、文之沿復也！淮南之奇，出於《離騷》。淮南之放，得於《莊》、《列》。淮南之議論，錯於不韋之流。其精好者，又如《玉杯》、《繁露》之書，是又非獨出於淮南。所謂蘇飛、李尙、左吳、田由、雷被、毛被、伍被、大山、小山諸人，各以才智辯謀，出奇馳雋，所以其書駁然不一。」元馬端臨（1254～1323）《文獻通考・經籍考》引《周氏涉筆》曰：「《淮南子》多本《文子》，因而出入儒、墨、名、法諸家，雖章分事彙欲成其篇，而本末愈不相應。且並其事自相舛錯，如云武王伐紂，載屍而行，海內未定，故不爲三年之喪。又云天下未定，海內未輯，武王欲昭文王之令德，使夷狄各以其賄來貢，遼遠未能至，故治三年之喪，殯兩楹以俟遠方，當諸子放言之時，不自相考，幾無一可信者。又謂武王用太公之計，爲三年喪以不蕃人類，又甚矣。」元王惲（1227～1304）《秋澗文集》卷四十四〈讀淮南子〉曰：「《淮南鴻寶》書出大山等徒，所述在藝文，言掇百家之緒餘耳。特變其文，而爲小大異同之論，然自得者鮮矣。讀之者不無所益。至於陰陽造化之機，治道興衰之理，正有吾六經與信史昭在。又親於其身爲不善者，雖著書立言，君子有所不道。予所以讀之者，取其事實可訓，及漢文近古三代之氣有凝而未散者。」明王世貞（1526～1590）《讀書後》卷

---

〔註14〕 馮達文、郭齊勇主編的《新編中國哲學史》對此解釋說：「由於它是多個作者撰寫的，所以書中的思想內容比較龐雜，也不乏自相矛盾之處，但該書的基本傾向還是很明顯的。高誘注釋它的時候說它『旨近老子，淡泊無爲，蹈虛守靜』是符合事實的。不過，它並不是戰國老學的簡單繼承，而是漢初黃老之學的綜合發展。」見該書人民出版社，2004年版，第236頁。

二〈讀淮南子〉曰：「讀之知其非一手一事也，其理出於《文子》、《莊子》、《列子》，其辭出於《呂氏春秋》、《玉杯》、《繁露》、《慎子》、《鄧析》、《山海圖經》、《爾雅》，其人則左吳、蘇飛、李尚、田由、雷被、伍被之徒，各取其長，而未及衷，以故多錯綜重複，不受整束。而淮南王之材甚高，其筆甚勁，是以能成一家言。蓋自先秦以後之文，未有過《淮南子》者也。」明胡應麟（1551～1602）《少室山房筆叢‧九流緒論中》曰：「漢世記事之博，莫過太史公。立言之博，亡出《淮南子》。故揚雄以淮南、太史並論。又以為淮南之用弗如太史公，知言哉！淮南蓋效《呂覽》而作者，其文詞奇麗宏放，瑰日璨心，謂挾風霜之氣，良自不誣。……淮南又群集浮華，網羅淫僻，淵渟澤彙，萃為此編。自以極天下之觀，而不知好大喜誇之弊，不亡國殺身有不已者。余讀《淮南》，既奇其才，悲其遇，又重惜其未聞君子之大道也。」清章學誠（1738～1801）《校讎通義》卷三曰：「《淮南內》二十一篇，本名為《鴻烈解》，而止稱淮南，則不知為地名與？人名、書名與？此著錄之苟簡也。其書則當互見於道家，志僅列於雜家非也。」清沈欽韓（1775～1831）《漢書藝文志疏證》卷二曰：「其《要略》一篇，自敘也。《隋志》許慎、高誘兩家注並列，今惟存高注。《景十三王傳》云：『淮南王安好書，所招致率多浮辯。』則是書之定論也。」孫德謙（1869～1935）《諸子通考》卷四曰：「雜家之雜，乃兼合諸家，而非駁雜之謂〔註15〕。自《淮南》以後，漫羨無歸，不能考其宗旨，於是雜纂、雜記之作，編目錄者，概取而列入其中。甚至名、墨之書，以家學不傳，雜廁於此。故後人於諸子之術不復知有家數也久矣。即如《隋志》，未嘗不達乎雜家兼儒、墨之道，通眾家之意，乃其所載者，雜事抄也，雜書抄也。並庾仲容、沈約之《子鈔》，悉徑而著錄焉，夫雜家豈雜抄之無述哉？蓋雜家以百家之學，我為進退之，以成其一家言，而《子鈔》何能與之並論乎？《隋志‧雜家》又錄《皇覽》、《類苑》、《華林遍略》，此直為類書矣。後世以類書一種，歸之子部，別標為類書類，其不明諸子專家之學，已不然矣。《隋志》以《皇覽》諸類書即附雜家之後，斯實其作俑之過也。故後世為雜家者，既失其家，而此一家中皆為駁雜之書而已。」劉文典《淮南鴻烈集解序》曰：「《淮南王書》博極古今，總統仁義，牢籠天地，彈壓山川，誠眇義之淵叢，嘉言之林府，太史公所謂『因陰陽之大順，採

---

〔註15〕 江瑔《讀子卮言》第十五章題為《論雜家非駁雜不純》，與此同調，可以合觀。

儒、墨之善，撮名、法之要』者也。」梁啓超（1873～1929）《漢書藝文志諸子略考釋》曰：「其書《內篇》本名《鴻烈》。《淮南》之名，劉向所命。《隋志》以下，則因其爲諸子而稱以《淮南子》也。劉、班以《淮南》次《呂覽》之後，而併入雜家者，蓋以兩書皆成於賓客之手，皆雜採諸家之說，其性質頗相類也。雖然，猶有辯：呂不韋本不學無術之大賈，其著書非有宗旨，務炫博嘩世而已。故《呂覽》儒、墨、名、法樊然雜陳，動相違忤，只能爲最古之類書，不足以成一家言。命之曰雜，固宜。劉安博學能文，詳本傳。其書雖由蘇飛輩分纂，然宗旨及體例計必先行規定，然後從事。或安自總其成，亦未可知。觀〈要略〉所提絜各篇要點及排列次第，蓋匠心經營，極有倫脊，非漫然獺祭而已。高誘序云：『其旨近《老子》，淡泊無爲，蹈虛守靜，出入經道⋯⋯事物之類，無所不載，然其大較，歸之於道。』此眞能善讀其書者。故《淮南鴻烈》實可謂爲集道家學說之大成，就其內容爲嚴密的分類，毋寧以入道家也。」陳朝爵（1876～1939）《漢書藝文志約說》卷二曰：「今存內書二十一篇，其外書甚棄，此志云三十三篇劉向校定。又稱十九篇，又有中篇八卷，言神仙黃白之術。今皆不傳，高誘《敘》云：『安與蘇飛等八人及諸儒大山、小山之徒，講論道德，總統仁義而著此書，其旨近《老子》。』」呂思勉（1884～1957）《經子解題・淮南子》曰：「《淮南》雖號雜家，然道家言實最多；其意亦主於道；故有謂此書實可稱道家言者。予則謂儒、道二家哲學之說，本無大異同。自《易》之大義亡，而儒家之哲學不可得見。魏、晉以後，神仙家又竊儒、道二家公有之說，而自附於道。於是儒家哲學之說，與道家相類者，儒家遂不敢自有，悉舉而歸諸道家；稍一援引，即指爲援儒入道矣。其實九流之學，流異原同。凡今所指爲道家言者，十九固儒家所有之義也。魏、晉間人談玄者率以《易》、《老》並稱，即其一證。其時言《易》者皆棄數而言理，果使漢人言《易》，悉皆數術之談，當時之人，豈《易》創通其理，與《老》相比。」范文瀾（1893～1969）《中國通史》曰：「《淮南子》雖以道爲歸，但雜採眾家，不成爲一家言。」〔註16〕許地山（1894～1941）《道教史》曰：「綜觀《淮南》全書是以老莊思

---

〔註16〕 范文瀾：《中國通史》第二冊，人民出版社，2009 年版，第 167 頁。今按：此說過於守舊，雜家做得好也可以成一家之言。在繼承前人學說的基礎上，《淮南子》的思想有新的發展，它廣泛吸收各家的成果，但絕不是各種材料的拼湊，而是融合了各家學說，並有新的見解，其思想是有系統的。《淮南子》學術淵源極爲複雜。安樂哲以〈主術〉爲中心，分析了《淮南子》書中「無爲」、

想爲中心來折衷戰國以來諸家底學說，可以看爲集漢代道家思想底大成。」
〔註17〕馮友蘭（1895～1990）《中國哲學史新編》曰：「《淮南子》所講的，正
是司馬談所說的道德家的思想內容，《淮南子》所體現的，正是黃老之學的體
系。」〔註18〕楊東蓴（1900～1979）《中國學術史講話》第三講〈學術思想的
混合與儒家的獨尊〉曰：「《淮南子》是淮南王劉安的門客所作，其性質與
《呂氏春秋》同，也是屬於雜家，它包羅萬有，當得起雜家一個名稱。它的
內容，見於〈要略〉，其言曰：『若劉氏之書，觀天地之象，通古今之事，權
事而立制，度形而施宜。原道之心，合三王之風，以儲與扈冶。玄眇之中，
精搖靡覽，棄其畛挈，斟其淑靜，以統天下，理萬物，應變化，通宇殊類。
非循一跡之路，守一隅之指，拘繫牽連於物而不與世推移也。故置之尋常而
不塞，布之天下而不窕。』」張舜徽（1911～1992）《漢書藝文志通釋》卷三
曰：「高誘注其書，且爲之序，有云：『其旨近《老子》，淡泊無爲。蹈虛守
靜，出入經道，號曰《鴻烈》。鴻，大也；烈，明也；以爲大明道之言也。光
祿大夫劉向校定撰具，名之《淮南》。』是此書本名《鴻烈》，後由劉向校書
時改名《淮南》，今則通稱《淮南子》。」李澤厚在《秦漢思想簡議》中對其
給予了較高評價，認爲在建立把「人」（政治、社會）與「天」（自然、宇
宙）連結和溝通起來，爲建構統一帝國的上層建築提供理論體系的過程中，
《淮南子》是繼《呂氏春秋》之後的第二個里程碑，它在陰陽五行思想的基
礎上，構建了以天人感應爲核心的思想體系，爲董仲舒的思想體系奠定了基
礎。〔註19〕金春峰《漢代思想史》曰：「《淮南子》思想的特點是：以道家爲
主旨，反儒的傾向顯明而突出。」〔註20〕郭齊勇、吳根友《諸子學通論》曰：
「《淮南子》是與《呂氏春秋》一樣的大書，作者都要統攝天地人之道，融貫
形上形下，作成一個完備細密的鉅構。《淮南子》編纂方針、方法、目的，都
與《呂氏春秋》相同。在思想內容方面，兩書也有相同之處。如《淮南子》

「勢」、「法」、「用眾」、「利民」五個概念，最後得出結論說：「《淮南子》的
獨創性和深度恰恰在於，它能夠超越思想派別之紛爭，融合各派思想之精義，
而創造出一個新的哲學理論體系。」參見馬慶洲：《淮南子考論》，北京大學
出版社，2009年版，第106～107頁。
〔註17〕　許地山：《道教史》，華東師範大學出版社，1996年版，第121頁。
〔註18〕　馮友蘭：《中國哲學史新編》（中），人民出版社，1998年版，第156頁。
〔註19〕　李澤厚：《秦漢思想簡議》，《中國古代思想史論》，人民出版社，1986年版，
第135～176頁。
〔註20〕　金春峰：《漢代思想史》，中國社會科學出版社，1997年版，第262頁。

的〈時則〉、〈天文〉、〈地形〉與〈呂氏春秋〉十二紀的紀首和〈有始〉的內容相近。綜合道、儒、陰陽、法、兵家和辯察之學的理論而得出的諸多結論，如『法天地』，『無爲而無不爲』，『順時因勢』、『待時因資』，『安民』、『利民』、『民本』，『修身以仁義爲本』，『舉賢才』，『辨義利』，『法不可專亦不可無』，『同氣相應』，『天人相感』，等等，兩書都相同。《淮南子》比《呂氏春秋》更爲精緻，說理更爲系統、透闢，理論上有所深入、創新，又盡可能吸收了秦、漢間自然科學和學術研究的新成果。《淮南子》對先秦諸子百家緣起、興衰、思想主旨的評論比《呂氏春秋》更加翔實、準確。在選取、引證、發揮諸子百家思想資料方面，《老子》、《莊子》和漢初黃老道家著作比重較大，有關儒家六經三傳、孔子仁道、教育思想、禮治秩序的內容也不在少數，對陰陽家的思維框架和法家治世的主張都有發揮，對墨家則較少涉及。全書思想主旨在道家，但對道家對儒墨都有批評，尤其鑒於秦亡的教訓，嚴屬批評法家峭法刻誅，抨擊了暴君和暴政。」〔註 21〕馬慶洲《淮南子考論》曰：「《淮南子》是中國思想史上儒、道兩家融合較早、較成功的著作，它以『道』的面貌出現，廣泛吸收各家思想，建立了新的思想體系，是漢代初年學術融合的一個縮影，《漢書・藝文志》將其歸入雜家，正代表了漢代人對其性質的認識，是恰當的。論《淮南子》的性質，以『雜家』名之最爲合適，這一方面照顧了傳統的習慣，另一方面也能反映戰國至秦漢學術發展的狀況。」〔註 22〕

## 【研究簡史】

對《淮南子》的整理研究，自西漢時期開始，就陸續地在進行著，但清代以前主要停留在注釋、校勘等考據層次上，只能算是基礎性的工作。民國以後，學術研究由傳統向現代轉型。具體到《淮南子》，就是在注重考據的同時，思想等方面的研究漸成重點；學術表現方式也由札記、評點等轉爲論文、專著，奠定了今日研究的基礎。在中國學術現代化進程中具有開山之功的胡適，十分看重《淮南子》，他認爲：「道家集古代思想的大成，而《淮南子》又集道家的大成。」（《淮南王書》）其《淮南王書》一書出版於 1931

---

〔註21〕 郭齊勇、吳根友：《諸子學通論》，商務印書館，2015 年版，第 484～485 頁。
今按：《諸子學通論》善於綜合，持論通達，確爲一部不可多得的諸子學的通論性質的傳世之作，故本書往往取之殿後。
〔註22〕 馬慶洲：《淮南子考論》，北京大學出版社，2009 年版，第 107 頁。

年，成爲最早研究《淮南子》思想的專著。該書重在闡發《淮南子》一書中
所蘊涵的哲學思想，對道、無爲與有爲、政治、出世、陰陽感應等均有論
述，尤其是對書中的出世主義和陰陽感應思想進行了深人研究。許地山在
《道教史》一書中論及了《淮南子》的陰陽五行思想。其他如陳炳琨《〈淮
南子〉的教育學》，楊沒累《〈淮南子〉的樂律學》，姚章《淮南王書中的哲
理》，管道中《〈淮南〉書中修養之要旨》等，則對《淮南子》某一方面的成
就進行了學術探討 61978 年以來，《淮南子》中的哲學·法律、軍事、美學等
各個方面的思想，及天文、文學等方面的成就，均引起學者的關注。據統
計，在 20 世紀的百年之中，有關論文約有 160 篇，1949 年之後的就有不下
100 篇。〔註23〕

## 《淮南外》三十三篇。（師古曰：「《內篇》論道，《外篇》雜說。」）

### 【存佚著錄】

今亡佚。《隋書·經籍志》、《舊唐書·經籍志》、《新唐書·藝文志》僅著
錄《淮南子》，爲《淮南內》二十一篇，不著錄外篇。

### 【學術源流】

清沈欽韓（1775～1831）《漢書藝文志疏證》卷二曰：「本傳云：『《外書》
甚眾。』高誘序：『劉向校定撰具，名之《淮南》。又有十九篇者，謂之《淮
南外篇》。』與此三十三篇不同。蓋其後或有缺矣。按《文選注》引《淮南莊
子後解》，疑即外篇。」張舜徽（1911～1992）《漢書藝文志通釋》卷三曰：「內
篇議論詳博，實集道家學說之大成，本可列入道家。《淮南內篇》及《呂氏春
秋》，至今日猶完好無缺，亦賴有高誘之注以永其傳也。高誘，漢末涿郡人，
爲盧植弟子。學有本原，長於注述。大抵古書之得以永存，實以有漢注羽翼
之。漢末鄭玄之注經，高誘之注子，皆大有功於典籍者。《淮南外篇》無人爲
之注，故亡佚最早，《隋志》已不著錄矣。」王錦民《古學經子》曰：「據《史
記》、《漢書》所記，建元二年，淮南王入朝，將《內篇》獻於武帝；武帝愛
秘之。此書之作當在建元二年稍前。淮南王當漢初盛世，又廣招賓客，故得
多見古書，多聞眾家之學。高誘《淮南子序》稱此書旨近老子，又解說『鴻

烈』之名曰：『鴻，大也，烈，明也，以爲大明道之言也。』則《淮南子》以道家爲主旨，古今少有疑義。不過，《淮南子》之屬道家與先秦謹守一家之學的道家很不一樣。《史記・自序》述司馬談述六家要指，其述道家云：『道家使人精神專一，動合無形，贍足萬物，其爲術也，因陰陽之大順，採儒、墨之善，撮名、法之要，與時遷移，應物變化，立俗施事，無所不宜，指約而易操，事少而功多。』這樣的道家不是先秦的道家，以之衡之《淮南子》，則正好相合，此是漢代雜家之道家，以道家爲本，廣取諸子百家之長，從而集諸子學之大成。入漢以後經學漸興，自董仲舒起，儒家子學融入六經學而不復獨立。而與經學相對的諸子之學，因爲文、景重道家之故，道家成了諸子的代表，在此背景下的《淮南子》之作，並未開始諸子學之新時代，而是在實際上將先秦以來的諸子學引向結束。這表明雜家於先秦學術有總結的意義。雜家對先秦學術的總結，自《呂氏春秋》爲一總結，《淮南子》又一總結，經此總結，諸子學中比較重要的思想，盡被吸收到雜家一部著作中，諸子各家由此失去別家分傳的價值。自秦、漢統一天下，學術亦隨之歸一。司馬談論六家，引《易大傳》曰：『天下一致而百慮，同歸而殊途。』則雜家即是企圖使學術歸於一統。不過，此一企圖之實現也有很大的弊病。查太爻《諸子研究》云：『雜之義爲集，爲合，爲聚，爲會，故班氏言雜家兼儒、墨，合名、法。而雜家書之最著者如《呂氏春秋》及《淮南子內外篇》，又皆門下食客所合作，是大抵雜家之學系眾手雜纂而成於一人，即集合諸家而不偏於一說，家以雜名，義蓋在此。然雜之爲訓，亦有駁雜不純之義。古人著書，必抱一定之宗旨，貫徹初終，而後是成一家之言。若雜則非家，家則不雜，豈有駁雜不純之學而可以名家行乎？」查氏所論，正中雜家之弊，與《漢志》所云『及蕩者爲之，則漫羨而無所歸心』正合。一般來說，雜家著作雖亦有宗旨條理，但因其混雜故而學術不醇，其於諸子所取，也很難說都是最精華者。總括而言之，雜家著作在保存先秦諸子思想上的價值，過於其自身作爲一家學說的價值，與先秦諸子相比，雜家實不能與諸子各家並列，故司馬談論諸子，述儒、道、墨、法、名、陰陽，而不能及雜家。雜家之出現，實際上就是爲總結諸子各家而來的，經雜家之總結，惟傳承一家之學者如鳳毛麟角，此後的新作子書，亦多被收入雜家之內，先秦諸子之學由此基本斷續了。」〔註24〕

---

〔註24〕 王錦民：《古學經子》，華夏出版社，2008 年版，第 359～361 頁。

# 《東方朔》二十篇。

## 【存佚著錄】

今亡佚。《隋書・經籍志》集部別集類著錄：「《漢太中大夫東方朔集》二卷。」《舊唐書・經籍志》、《新唐書・藝文志》集部別集類皆著錄：「《東方朔集》二卷。」然此《隋》、《唐志》著錄之書，恐非《漢志》二十篇原本，或為後人裒輯，原本早已亡佚。《漢書》本傳注引劉向所錄云：「朔之文辭，〈客難〉、〈非有先生論〉此二篇最善。其餘有〈封泰山〉、〈責和氏璧〉，及〈皇太子生禖〉、〈屏風〉、〈殿上柏柱〉、〈平樂觀〉、〈賦獵〉、〈八言〉、〈七言〉上下、〈從公孫弘借車〉，凡朔書具是矣。」唐顏師古云：「向《別錄》所載也。」顧實（1878～1956）《漢書藝文志講疏》三《諸子略》曰：「本傳具述劉向所錄朔書，無《七諫》。本志〈詩賦略〉亦無東方朔賦，蓋有漏略。」梁啟超（1873～1929）《漢書藝文志諸子略考釋》曰：「右向所舉十四篇，又《北堂書鈔》百五十八引〈嗟伯夷〉，《文選・海賦》注引〈對詔〉，《藝文類聚》災異部引〈旱頌〉，人部引〈誡子〉，凡四篇。餘二篇待考。」

## 【作者情況】

《史記・滑稽列傳》：「武帝時，齊人有東方生名朔，以好古傳書，愛經術，多所博觀外家之語。朔初入長安，至公車上書，凡用三千奏牘。公車令兩人共持舉其書，僅然能勝之。人主從上方讀之，止，輒乙其處，讀之二月乃盡。詔拜以為郎，常在側侍中。數召至前談語，人主未嘗不說也。時詔賜之食於前。飯已，盡懷其餘肉持去，衣盡污。數賜縑帛，擔揭而去。徒用所賜錢帛，取少婦於長安中好女。率取婦一歲所者即棄去，更取婦。所賜錢財盡索之於女子。人主左右諸郎半呼之『狂人』。人主聞之，曰：『令朔在事無為是行者，若等安能及之哉！』朔任其子為郎，又為侍謁者，常持節出使。朔行殿中，郎謂之曰：『人皆以先生為狂。』朔曰：『如朔等，所謂避世於朝廷間者也。古之人，乃避世於深山中。』時坐席中，酒酣，據地歌曰：『陸沉於俗，避世金馬門。宮殿中可以避世全身，何必深山之中，蒿廬之下。』」《漢書》亦有《東方朔傳》。

## 【真偽考辨】

張舜徽（1911～1992）《漢書藝文志通釋》卷三曰：「本傳錄其所撰〈客

難〉、〈非有先生論〉既競，乃云：『朔之文辭，此二篇最善。其餘有〈封泰山〉、〈責和氏璧〉，及〈皇太子生楳〉、〈屏風殿上柏柱〉、〈平樂觀賦獵〉、〈八言〉、〈七言〉上下、〈從公孫弘借車〉，凡劉向所錄朔書具是矣。世所傳他事皆非也。』又云：『後世好事者，因取奇言怪語，附著之朔。』是朔之言行述造，出於偽託者不少矣。著錄於《漢志》之二十篇書，既已早佚；而《隋志》有《東方朔集》二卷，乃後人所裒輯，殆眞偽相雜。其他類書所引，亦未可全信也。」

## 【學術大旨】

　　宋黃震（1213～1281）《黃氏日鈔》卷四十七「東方朔」曰：「朔固滑稽之雄也，然未嘗有一語導人主於非，至其卻董偃、諫起上林、對化民有道三事，忠言讜論，如矢斯直，一時文墨議論之士，孰有髣髴其萬一者乎？」張舜徽（1911～1992）《漢書藝文志通釋》卷三曰：「東方朔，字曼倩，西漢厭次人。長於文辭，喜詼諧滑稽。武帝時，累官侍中、太中大夫。時以滑稽之談，寓諷諫之意，帝常爲所感悟。元成間，褚少孫嘗敘其行事，附入《史記・滑稽列傳》。其後班固，復爲立專傳於《漢書》中，紀述尤詳，稱其嘗『上書陳農戰強國之計』，『其言專商鞅、韓非之語』。可知朔實精通治術，不徒詼諧放蕩而已。」


# 《伯象先生》一篇。（應劭曰：「蓋隱者也，故公孫敖難以無益世主之治。」）

## 【存佚著錄】

　　今亡佚。《隋書・經籍志》、《舊唐書・經籍志》、《新唐書・藝文志》皆不著錄，早已亡佚。

## 【學術源流】

　　應劭（約 153～196）《漢書集解》曰：「蓋隱者也。故公孫敖難以無益世主之治。」宋王應麟（1223～1296）《漢藝文志考證》卷七曰：「《新序》公孫敖問伯象先生曰：『今先生收天下之術，博觀四方之事久矣，未能裨世主之治，明君臣之義。』」清沈欽韓（1775～1831）《漢書藝文志疏證》卷二曰：「《御覽》八百十一《新序》：『公孫敖問伯象先生曰：『今先生收天下之術，博觀四

方之日久矣，未能裨世主之治，明君臣之義，是則未有異於府庫之藏金玉、篋之囊簡書也。』又八百十三《新序》：『公孫敖曰：夫玉石金鐵，猶可琢磨以爲器用，而況於人？』按今《新序》無之。」清王先謙（1842～1917）《漢書補注》曰：「王氏《考證》引此作《新序》，是宋末《新序》尚有之也。」清姚振宗（1842～1906）《漢書藝文志條理》卷二曰：「應劭《漢書集解》曰：『伯象先生蓋隱者也，故公孫敖難以無益世主之治。』又《風俗通・姓氏》篇：『白象先生，古賢人隱者。』張澍輯汪曰：『伯與白同。』」梁啓超（1873～1929）《漢書藝文志諸子略考釋》曰：「《御覽》八百十一引《新序》『有公孫敖問伯象先生』語，殆即此一篇之文。」張舜徽（1911～1992）《漢書藝文志通釋》卷三曰：「《新序》所載公孫敖問伯夷先生語，蓋即在《漢志》著錄之一篇書中。其文早佚，《隋志》已不著錄。」

## 《荊軻論》五篇。軻爲燕刺秦王，不成而死，司馬相如等論之。

### 【存佚著錄】

今广佚。《隋書・經籍志》、《舊唐書・經籍志》、《新唐書・藝文志》皆不著錄，早已亡佚。

### 【學術源流】

梁任昉（460～508）《文章緣起》曰：「司馬相如作《荊軻贊》。」《文心雕龍・頌贊第九》曰：「相如屬筆，始贊荊軻。」清章學誠（1738～1801）《校讎通義》卷三曰：「《荊軻論》下注『司馬相如等論之』，而《文心雕龍》則云『相如屬詞，始贊荊軻』。是五篇之旨，大抵史贊之類也。銘、箴、頌、贊有韻之文，例當互見於詩賦，與詩賦門之〈孝景皇帝頌〉同類編次者也。」清姚振宗（1842～1906）《隋書經籍志考證》卷三十二曰：「《燕丹子》一卷：案《漢志》雜家《荊軻論》五篇注云：軻爲燕刺秦王不成而死，司馬相如等論之，疑此其前三篇也。」梁啓超（1873～1929）《漢書藝文志諸子略考釋》曰：「班云『相如等』，則非止一人之論，蓋總集嚆矢也。《漢志》無集部，故以附雜家。」陳朝爵（1876～1939）《漢書藝文志約說》卷二曰：「此論贊之文，與前《盤盂書》、後臣說所作賦，皆有韻之文，似皆宜入雜賦類，不當入雜家。」葉長青（1902～1948）《漢書藝文志問答》引李詳《黃注文心雕龍補正》曰：「『王氏《考證》引彥和論，繫於《荊軻論》下，而未辯論與贊歧分

之故，疑彥和所見《漢書》，本作《荊軻贊》，故人頌贊篇。若是『論』字，則必納入論說篇中，列班彪《王命》、嚴尤《三將》之上矣。」又案斷曰：「論、讚同實異名，《史通‧論贊篇》曰：『《春秋左氏傳》每有發論，假君子以稱之。二《傳》云公羊子、穀梁子，《史記》云太史公。既而班固曰贊，荀悅曰論，《東觀》曰序，謝承曰詮，陳壽曰評，王隱曰議，何法盛曰述，揚雄曰譔，劉昞曰奏，袁宏、裴子野顯姓名，皇甫謐、葛洪列其號。史官所撰，人通稱史臣。其名萬殊，其義一揆。』是也。」張舜徽（1911～1992）《漢書藝文志通釋》卷三曰：「章說非也。史論稱贊，肇於班固。故《漢書》每篇之末，皆有『贊曰』以論其事。率散行之文，非有韻之體。《漢志》著錄之《荊軻論》五篇，班氏自注明云：『司馬相如等論之。』則其為論文無疑。五篇蓋五人所作，故云『相如等』也。非止一人一論，而裒為一書，梁啟超謂『此乃總集嚆矢。《漢志》無集部，故以附雜家』。其說是已。其書早佚，《隋志》已不著錄。」

## 《吳子》一篇。

### 【存佚著錄】

今亡佚。《隋書‧經籍志》、《舊唐書‧經籍志》、《新唐書‧藝文志》皆不著錄，早已亡佚。

### 【學術源流】

清姚振宗（1842～1906）《漢書藝文志條理》卷二曰：「吳子未詳。按：此吳子列在公孫尼之前，則頗似吳起。同為七十子之弟子。別見兵權謀家。」顧實（1878～1956）《漢書藝文志講疏》三〈諸子略〉則持反對意見：「兵權謀家有《吳起》四十八篇，蓋非同書。」張舜徽（1911～1992）《漢書藝文志通釋》卷三又曰：「〈兵書略〉權謀有《吳起》四十八篇，皆論用兵之事；此一篇，蓋其論政之文也。其書早亡。」高華平《先秦諸子與楚國諸子學》曰：「《史記‧儒林傳》、《淮南子‧要略訓》等皆稱吳起『受業於子夏之倫』，很可能是吳起在此時同時問學於子夏和曾參矣。故《漢書‧儒林傳》曰：『仲尼既沒，七十子之徒散遊諸侯，大者為卿相師傅，小者友教士大夫，或隱而不見。故子張居陳，澹臺子羽居楚，子夏居西河，子貢終於齊。如田子方、段干木、吳起、禽滑氂之屬，皆受業於子夏之倫，為王者師。』從吳

起的思想特點來看，由於此時中國的學術處於儒學發展的一個重要分化期和諸子學派重要的發生期，吳起的思想具有明顯的由儒入法的特點，他的思想主張也完全符合法家思想的根本特點，堪稱先秦法家學派的眞正創始人。」〔註25〕

## 《公孫尼》一篇。

### 【存佚著錄】

今亡佚。《隋書・經籍志》、《舊唐書・經籍志》、《新唐書・藝文志》皆不著錄。《漢志》儒家類著錄「《公孫尼子》二十八篇」，可參見。

### 【學術源流】

清姚振宗（1842～1906）《漢書藝文志條理》卷二曰：「公孫尼，似即公孫尼子。別有書二十八篇，見前儒家。」顧實（1878～1956）《漢書藝文志講疏》三《諸子略》則持反對意見：「儒家《公孫尼子》二十八篇，蓋非同書。」劉咸炘（1896～1932）《子疏》定本卷上〈孔裔第二〉曰：「《七略》：『《公孫尼子》二十八篇，七十子弟子。』沈約謂《禮記》、〈樂記〉取〈公孫尼子〉。劉瓛謂〈緇衣〉公孫尼子作。按：〈緇衣〉乃子思書。〈樂記〉本集成，不出一家。中有主性善者，非皆尼語。他逸文少義，其言以心養氣，則儒家所僅見。」張舜徽（1911～1992）《漢書藝文志通釋》卷三曰：「此一篇書，蓋其雜論也。而亦早亡。」

## 《博士臣賢對》一篇。漢世，難韓子、商君。

### 【存佚著錄】

今亡佚。《隋書・經籍志》、《舊唐書・經籍志》、《新唐書・藝文志》皆不著錄。

### 【作者情況】

清李慈銘（1830～1894）《越縵堂讀史箚記・漢書札記》曰：「賢蓋博士之

---

〔註25〕 高華平：《先秦諸子與楚國諸子學》，北京師範大學出版社，2016 年版，第 189頁。

名。」張舜徽（1911～1992）《漢書藝文志通釋》卷三曰：「此即漢武帝時之韋賢也。賢字長孺，魯國鄒人。《漢書》本傳稱其爲人質樸少欲，篤志於學。兼通《禮》、《尚書》，以《詩》教授，號稱鄒魯大儒。徵爲博士，給事中。進授昭帝《詩》，稍遷光祿大夫詹事，至大鴻臚。昭帝崩，無嗣，大將軍霍光與公卿共尊立孝宣帝。帝初即位，賢以與謀議安宗廟，賜爵關內侯食邑，徙爲長信少府。以先帝師，甚見尊重。可知賢在昭、宣之際，實爲儒學重臣。既博通經義，則言治必與法家異趣。此一篇蓋其爲博士時對朝廷之問也，故題云《博士臣賢對》耳。班固既未採錄入《傳》，文亦早亡。班氏自注云：『難韓子、商君。』則非韋賢莫屬矣。」

## 【學術淵源】

葉長青（1902～1948）《漢書藝文志問答》：「問：『《博士臣賢對》一篇，班氏自注「漢世，難韓子、商君」，然本志《雜家敘》云：「雜家者流，蓋出議官，兼儒、墨，合名、法。」既合名、法，則難商、韓者不應列雜家也。』答：『以纏子得列儒家之例繩之，則難商、韓者，未始不可列雜家也。』」

## 《臣說》三篇。武帝時作賦。（師古曰：「說者，其人名，讀曰悦。」）

## 【存佚著錄】

今亡佚。《隋書・經籍志》、《舊唐書・經籍志》、《新唐書・藝文志》皆不著錄。

## 【學術源流】

清姚振宗（1842～1906）《漢書藝文志條理》卷二曰：「臣賢、臣說並未詳。按舊本連續而書，〈詩賦略〉之臣說次郎中嬰齊之後，此次於博士臣賢之後，似臣說者由郎中爲博士，《志》各蒙上省文，亦各從其奏對、奏賦時所署官秩，蓋猶《博士臣說對》三篇也。」張舜徽（1911～1992）《漢書藝文志通釋》卷三曰：「沈濤曰：『《志》所列雜家，皆非詞賦。此賦字誤衍。下賦家別有《臣說》九篇，則其人所作賦，此處因相涉而誤耳。』按：沈說非也。班云『武帝時作賦』者，謂此人於武帝時曾以作賦馳名者也；非謂此三篇即其所作之賦也。語意甚明，不必疑有誤字。書亦早亡。」葉長青（1902～1948）《漢書藝文志問答》所見與張氏略同。

## 《解子簿書》三十五篇。

### 【存佚著錄】

今亡佚。《隋書・經籍志》、《舊唐書・經籍志》、《新唐書・藝文志》皆不著錄。

### 【學術源流】

清姚振宗（1842～1906）《漢書藝文志條理》卷二曰：「《解子簿書》未詳。或曰：『其人姓解，所簿雜書凡三十五篇。』或又曰：『簿錄諸子書而雜解之。』前人無說，莫能詳也。」

## 《推雜書》八十七篇。

### 【存佚著錄】

今亡佚。《隋書・經籍志》、《舊唐書・經籍志》、《新唐書・藝文志》皆不著錄。

### 【學術源流】

清姚振宗（1842～1906）《漢書藝文志條理》卷二曰：「《推雜書》未詳。或曰：『劉中壘類推諸雜書之無書名、撰人者裒爲此編。』亦莫能詳也。」

## 《雜家言》一篇。王伯，不知作者。（師古曰：「言伯王之道。伯讀曰霸。」）

### 【存佚著錄】

今亡佚。《隋書・經籍志》、《舊唐書・經籍志》、《新唐書・藝文志》皆不著錄。

### 【學術源流】

清姚振宗（1842～1906）《漢書藝文志條理》卷二曰：「此亦無書名、撰人，猶《儒家言》、《道家言》、《雜陰陽》、《法家言》之類，或數十篇，或一、二篇，尋其義例，亦唯視所有以爲多寡而已。」張舜徽（1911～1992）

《漢書藝文志通釋》卷三曰：「此乃誦習雜家書者撮抄要言之作。所抄止於霸王之道，故爲書僅一卷。」王錦民《古學經子》曰：「王霸之道是戰國時期產生的關乎君王治術的思想，班固以言王霸之道的著作爲雜家，其實是凡雜家之著作均與主霸之道有關。《漢志》還著錄《伯象先生》一篇，《御覽》引劉向《新序》云：『公孫敖問伯象先生曰：先生收天下之術，博觀四方之日久矣，未能裨益世主之治，明君臣之義。』應劭曰：『蓋隱者也，故公孫敖難以無益世主之治。』由此可見伯象先生也是精通治術之人，惟其爲隱者，故未顯名當世，其書流傳，也當關乎王霸之道。除此二書外，我們還可從《漢志》收錄的人物中見出端倪。《漢志》在雜家中收錄的伍子胥、由余、吳起、尉繚等人，均是春秋至戰國時能佐成霸業之人物，伍子胥佐吳王闔閭，爲秦穆公言治，吳起興楚，尉繚說秦，都曾有過功業，這也可作爲雜家以王霸爲旨的證據。從著作體例來看，《漢志》著錄的雜家著作，總的說有兩個特點，其一爲託名，其二爲出於眾手。這兩個特點又交織在一起，即每一書一般既是託名，又出於眾手。如《呂氏春秋》一書，《史記・十二諸侯年表》云：『呂不韋上觀尙古，刪拾春秋，集六國時事，以爲八覽、六論、十二紀，爲《呂氏春秋》。』如司馬遷所記，《呂氏春秋》似出呂不韋之手，其實呂不韋本是商賈，沒有著書的本事，《漢志》則明指是呂不韋的門客合作此書，惟其託名呂氏而已。又如《淮南內外》，《漢志》未云出眾手，只注云：『王安。』高誘《淮南子序》云：『淮南王劉安善屬文，天下方術之士多往歸之。乃與蘇飛、李尙、左吳、田由、雷被、毛被、伍被、普昌等八人乃諸儒大山、小山之徒，共講論道德，總統仁義，而著此書。』顯然也是出於眾手，然後託之淮南王劉安。」

## 【部類章段】

清姚振宗（1842～1906）《漢書藝文志條理》卷二曰：「是篇凡分五章段：自孔甲《盤盂》至《東方朔》十家十一部爲一段；《伯象先生》、《荊軻論》二家爲一段；《吳子》、《公孫尼》二家爲一段；《博士臣賢》、《臣說對》爲一段。其自《伯象先生》至此，大抵皆論贊辯難奏對之文，而時代各不相接，故各以類從。《解子簿書》以下三家，則皆無撰人、時代者，例當置之末簡焉。」

## 右雜二十家，四百三篇。入兵法。

### 【家篇數目】

清姚振宗（1842～1906）《漢書藝文志條理》卷二曰：「所載二十條，條為一家，然《淮南王內》、《外》當合為一家。其篇數溢出十篇。今校定當為一十九家，三百九十三篇。注云『入兵法』者，以兵權謀家所注考之，則《淮南》書也。」張舜徽（1911～1992）《漢書藝文志通釋》卷三曰：「陶憲曾曰：『入兵法上脫出蹴鞠三字。兵書四家，惟兵技巧入蹴鞠一家二十五篇，而諸子家下亦注出蹴鞠一家二十五篇，是蹴鞠正從此出而入兵法也。今本脫出蹴鞠三字，則入兵法三字不可解，而諸子家所出之蹴鞠，亦不知其於十家中究出自何家矣。』按：今計家數篇數，實為二十家三百九十三篇，少十篇。」

雜家者流，蓋出於議官。兼儒、墨，合名、法，知國體之有此，（師古曰：「治國之體，亦當有此雜家之說。」）見王治之無不貫，（師古曰：「王者之治，於百家之道無不貫綜。」）此其所長也。及蕩者為之，則漫羨而無所歸心。（師古曰：「漫，放也。羨音弋戰反。」）

### 【學術源流】

《新論·九流》曰：「雜者，孔甲、尉繚、尸佼、淮夷之類也。明陰陽，本道德，兼儒墨，合名法，苞縱橫，納農植，觸類取與，不拘一緒。然而薄者，則蕪穢蔓衍，無所繫心也。」

《隋書·經籍志》曰：「雜者，兼儒、墨之道，通眾家之意，以見王者之化，無所不冠者也。古者，司史歷記前言往行，禍福存亡之道。然則雜者蓋出史官之職也。放者為之，不求其本，材少而多學，言非而博，是以雜錯漫羨，而無所指歸。」

《崇文總目·雜家類敘》曰：「雜家者流，取儒、墨、名、法，合而兼之，其言貫穿眾說，無所不通，然亦有補於治理，不可廢焉。」孫德謙（1869～1935）謂此敘「祇就漢、隋《志》稍變其文，少所發揮。而於源流得失，悉未詳載言之」。

宋黃裳（1044～1130）《演山集》卷三十四〈承事林君墓誌銘〉曰：「君為人不事小節，常教豫曰：『當以六經為宗，諸子百家博雜而無統，欲鑒古今之治亂，第求其始末，然而是非得失須折衷於六經，不然，則雜家者流耳，

徒費聰明，博記誦，豈能爲汝賢行哉？」」

宋林之奇（1112～1176）《拙齋文集》卷二十〈揚子講義序〉曰：「著書立言，古人之所難也。自孔子沒而微言絕，七十子喪而大義乖。百家諸子各以其所見而著書，出則汗牛馬，居則充棟宇，然皆雜家者流，非吾儒之正道。」

明焦竑（1540～1620）《國史經籍志・雜家類敍》曰：「《說文》：『五采合曰襍，從衣從集。』佳聚木上，亦其義也。人情美繡而惡雜，顧繪事必兼五色，彩色具而繡成，若之何其惡之？前史有雜家，譬之製錦然，鉅細奇正、典常俶詭，並包兼總，而王治貫焉矣，微獨諸子而有之。《易》之興也，蓋非其雜物撰德不備。皆是物也，第明天地之性，則神怪不能惑；知萬物之情，則非類不能罔。雖昆蟲水草，櫨梨橘柚，縮唇澀齒，日陳於其前，恃以養生，則不能勝五穀也。在學者精擇之而已。」

《四庫全書總目・子部雜家類敍》曰：「衰周之季，百氏爭鳴。立說著書，各爲流品。《漢志》所列備矣。或其學不傳，後無所述；或其名不美，人不肯居；故絕續不同，不能一概著錄。後人株守舊文，於是墨家僅《墨子》、《晏子》二書，名家僅《公孫龍子》、《尹文子》、《人物志》三書，縱橫家僅《鬼谷子》一書，亦別立標題，自爲支派，此拘泥門目之過也。黃虞稷《千頃堂書目》於寥寥不能成類者併入雜家。雜之義廣，無所不包。班固所謂合儒、墨，兼名、法也。變而得宜，於例爲善。今從其說，以立說者謂之雜學，辯證者謂之雜考，議論而兼敍述者謂之雜說，旁究物理、臚陳纖瑣者謂之雜品，類輯舊文，塗兼眾軌者謂之雜纂，合刻諸書、不名一體者謂之雜編，凡六類。」

《續文獻通考・經籍考》曰：「馬端臨因班史之例，立雜家一門，其說則班固所稱：『雜家者流出於議官，兼儒、墨，合名、法，知國體之有在，見王治之無不貫，此雜家所長也。』要之，漢以後名家、墨家之屬絕少專書，其有出入經史，泛濫百家，旁及乎名物象數之細者，俱得以雜家目之。馬氏所載，不敵小說家之半，南宋以來，厥類滋多。」

清文廷式（1856～1904）《純常子枝語》卷四曰：「實齋《校讎通義》自是確有心得，然亦有過於求深，而不可從者。如謂《淮南鴻烈解》當互見道家，《志》僅列於雜家，非也。余謂實齋若以《淮南子》宗述虛靜，旨近老、莊，宜改部道家，尚足自成一義。若與雜家互見，則必無是理。雜家者流，

兼儒、墨，合名、法，即道家亦何所不賅，若可專指一家，豈得復謂之雜乎？若必使其互見，則兼儒、墨，合名、法者又可盡使之互見於儒家、墨家、名家、法家乎？此特好爲異論而已。」

　　章太炎（1869～1936）《諸子學略說》曰：「雜家者，兼儒、墨，合名、法，見王治之無不貫。此本出於議官，彼此異論，非以調和爲能事也。《呂氏春秋》、《淮南內篇》由數人集合而成，言各異指，固無所害。及以一人爲之，則漫羨無所歸心，此《漢志》所以譏爲蕩者也。《韓非子・顯學》篇曰：『墨者之葬也，冬日冬服，夏日夏服，桐棺三寸，服喪三月，世主以爲儉而禮之。儒者破家而葬，服喪三年，大毀扶杖，世主以爲孝而禮之。夫是墨子之儉，將非孔子之侈也；是孔子之孝，將非墨子之戾也。今孝戾儉侈，俱在儒、墨，而上兼禮之。漆雕之議，不色撓，不目逃，行曲則連於臧獲，行直則怒於諸侯，世主以爲廉而禮之。宋榮子之議，設不鬥爭，取不隨讐，不羞囹圄，見侮不辱，世主以爲寬而禮之。夫是漆雕之廉，將非宋榮之恕也；是宋榮之寬，將非漆雕之暴也。今寬廉恕暴，俱在二子，人主兼而禮之。自愚誣之學、雜反之辭爭，而人主俱聽之。故海內之士言無定術，行無常議。夫冰炭不同器而久，寒暑不兼時而至，雜反之學不兩立而治。今兼聽雜學，繆行同異之舉，安得無亂乎？』韓非說雖如是，然欲一國議論如合符節，此固必不可得者。學術進行，亦借互相駁難，又不必偏廢也。至以一人之言，而矛盾自陷，俯仰異趣，則學術自此衰矣。東漢以來，此風最盛。章氏《文史通義》謂近人著作『無專門可歸者，率以儒家、雜家爲蛇龍之菹』，信不誣也。」

　　章太炎《太炎文錄》卷二〈國粹學報祝辭〉曰：「《七略》有云：『雜家者流蓋出於議官。』知國體之有此，見王治之無不貫。然則講學以待問者，待爲議官而已矣。君子道費則身隱，學以求是，不以致用，用以親民，不以干祿。高者宜爲陳仲、管寧，次雖爲雷次宗、周續之，未害也。」

　　孫德謙（1869～1935）《諸子通考》卷四曰：「雜家之出議官，於儒、墨、名、法諸子，幾有吾道一貫之意。昔有問於子貢者，曰：『夫子之門何其雜也？』孔子博學無名，人將以雜家視之。然孔子之大，固於學無所不貫，使遇乎其時，爲舜於堯，伊尹於湯，周召於周，處三公議政之位，得身爲議官，兼通並貫，足以行純王之治，而大有造於天下矣。但孔子備內聖外王之道，而目之爲雜家，則不可也。」又曰：「雜家之學，以《呂氏春秋》爲最正，其書於儒、墨、名、法，有不兼綜併合者乎？試取而證之。〈勸學〉、〈尊

師〉，儒家之說也。〈大樂〉、〈侈樂〉等篇，論樂特詳。《漢書‧禮樂志》云：『《六經》之道同歸，而《禮》、《樂》之用爲急。』儒家以移風易俗莫善於樂，此書深於音樂，眞儒家之旨也。〈蕩兵〉、〈振亂〉諸篇，皆論兵家之事，可知其長於兵家矣。惟言『今世之以偃兵疾說者，終身用兵而不知悖』，似《墨子》〈非攻〉，爲呂氏所不取。然〈節喪〉、〈安死〉，各有專篇，則《墨子》之〈節用〉、〈節葬〉，不韋固用其說也。〈先識覽〉中，其一篇曰〈正名〉，正名者，名家之術也，而鄧析、尹文、惠施、公孫龍皆載其言行，雖辨其是非，並不患宗其意，然亦見呂氏深知名家之學者也。〈義賞〉篇曰：『故善教者，不以賞罰而教成，教成而賞罰弗能禁。用賞罰不當亦然。』夫信賞必罰，法家之所尙也。又每著商鞅、申不害之事，則又通於法家矣。其他〈貴生〉篇之『堯讓於子州支父云云』，文全與《莊子》同，〈去尤〉篇之『人有亡鈇者』，此事見《列子》，是皆道家言也。〈上農〉、〈任地〉四篇，多採后稷之說，則農家也。十二月紀，爲明堂、陰陽，又陰陽家之敬授民時也。然則兼儒、墨，合名、法，而博貫諸子之學，如《呂覽》者，純乎其爲雜家矣。今存者，後有《尸子》、《尉繚》與《淮南鴻烈解》。《尸子》非原本，姑勿論，《尉繚》則以雜家而偏於兵，《淮南》則於雜家之中，又以道家爲主，故雜家惟呂氏最正。說者謂其採莊、列之言，非莊、列之理；用韓非之說，殊韓非之旨。蓋雜家不專一家，而仍自名爲一家，此其所以爲雜家乎？」又曰：「雜家之雜，乃兼合諸家，而非駁雜之謂。自《淮南》以後，漫羨無歸，不能考其宗旨，於是雜纂、雜記之作，編目錄者，槪取而列入其中。甚至名、墨之書，以家學不傳，雜廁於此。故後人於諸子之術，不復知有家數也久矣。即如《隋志》，未嘗不達乎雜家兼儒、墨之道，通眾家之意，乃其所載者，雜事鈔也，雜書鈔也，並庾仲容、沈約之《子鈔》，悉徑而著錄焉，夫雜家豈雜鈔之無述哉？蓋雜家以百家之學，我爲進退之，以成其一家言，而《子鈔》何能與之並論乎？」

孫德謙《諸子要略‧家數》曰：「雜家者，兼儒、墨，合名、法，博綜諸家者也，《呂覽》、《淮南》，是誠集眾修書矣。然此二子者，無不約之於道，誠以異家並進，既使各著所聞，苟不秉道以裁成之，將何以明其宗旨之所歸，而見王治之無不貫乎？無識者不達其義，曰此特雜錄古人言行耳。夫後之雜家，確有駁雜不純，入於雜考、雜纂者。周、秦之際，若《尸佼》、《尉繚》，與不韋《春秋》，是豈駁雜不純之謂哉？且雜於道，又有與道家不合

者，試徵之莊子。儒、墨、名、法，莊子則必攘黜之，雜家之皋牢百氏，往往其文則是，其義則非。而惟執道以爲之標的，惑者至以類書比之，則更非矣。」〔註26〕

陳朝爵（1876～1939）《漢書藝文志約說》卷二曰：「沈欽韓引《隋志》『雜家蓋出史官之職』。說者謂《周禮》無議官也。今案《周禮》，小司寇『致萬民而詢，一曰詢國危，二曰詢國遷，三曰詢立君』；又斷獄訟，亦有訊群臣、訊群吏、訊萬民之法，是即古議官所始。本書〈百官公卿表〉，博士、郎中令皆秦官。郎中令屬官有大夫，大夫掌論議，郎有議郎，是皆議官之職。而國有大禮、大政，往往諮於博士，是議官之由來尚矣。又案《說文》『襍，五采相合也』，今隸作『雜』。襍本會合之義，凡《史》、《漢》言訟獄曰雜治之，猶今雲會審也。雜家之義，則取其會合眾家之說。師古曰：『治國之體，亦當有此雜家之說。王者之治，於百家之道無不綜貫。』案，曰國體、曰王政，知古之土政，綜貫百家，而議官之職，惟在博備，雜家之所從出益明矣。……蓋爲雜家之學者，必中有所主，如高誘之論《呂覽》曰『標的』、曰『綱紀』，論《淮南》曰『總統』，皆雜而有宗主之義。雜而無主，則泛亂而無歸，其害深中於人心。故曰「無所歸心，言心之不可不一也。」

呂思勉（1884～1957）《先秦學術概論》曰：「諸子之學，除道家爲君人南面之術，不名一長外，餘皆各有所長；猶人身百骸，闕一不可；故曰知國體之有此。雜家兼容而並苞之，可謂能攬治法之全。所以異於道家者，驅策眾家，亦自成爲一種學術，道家專明此義，雜家則合眾說以爲說耳。雖集合眾說，亦可稱爲一家者。專門家雖有所長，亦有所蔽。如今言政治者或偏見政治之要，言軍事者或偏見軍事之要，不惜閣置他事以徇之。然國事當合全局而統籌，實不宜如此。惟雜家雖專精少遜，而閱覽無方，故能免此弊而足當議官之任。此後世所謂通學者之先驅也。」

江瑔（1888～1917）《讀子卮言》第十五章〈論雜家非駁雜不純〉曰：「九流之學，八曰雜家，『雜』之義爲『集』（見《方言》），爲『合』（見《國語》注），爲『聚』（見《廣雅》），爲『會』（見《呂覽》注）。故班氏言雜家『兼儒、墨，合名、法』，而雜家書之最著者，如《呂氏春秋》及《淮南子》內外篇，又皆門下食客所合作，是大抵雜家之學眾手雜纂，而非成於一人，即集合諸家而不偏於一說，故以『雜』名，此其義也。然『雜』之爲訓，亦有駁

〔註26〕　孫德謙：《諸子通考》，嶽麓書社，2013 年版，第 235 頁。

雜不純之義。古人著書，必抱一定之宗旨；貫徹初終，而後足以成一家言。若雜則非家，家則不雜，豈有駁雜不純之學而可以名家者乎？惟自周末以迄秦、漢，雜家之書頗盛，班氏所錄多至二十家，僅遜於儒、道、陰陽三家，而遠在從橫、法、農、名、墨諸家之上。魏、晉以後，儒學獨盛，諸子大衰，各家之學幾絕，即有一二傳者，亦變本而失其眞，惟雜家之書不絕於世。遠若葛洪之《抱朴子》，顏延之之《顏氏家訓》，近若賀貽孫之《激書》，亦咸不失雜家之體。以駁雜不純之學，而竟能獨成一家，顯揚於古代，繼繩於後世，何也？竊以爲雜家之學，名雖爲『雜』，實則一貫。考周、秦諸子之書，未嘗有『雜家』之名，惟《荀子》言：『雜能旁魄而無用』，楊注以『雜能』爲『多異術』，或即指雜家之徒言之。然當時所言學派究無此名，而爲此學者亦未嘗標『雜家』之目以自號。且儒家者流可稱『儒學』，墨家者流可稱『墨學』，雜家而稱『雜學』則不詞。是不特『雜』不可以稱家，且不可以言學。司馬談〈論六家要指〉亦無雜家，疑雜家之名實起於漢代，而古無班、劉二子纂輯藝文，究以書分，非以人分，其于謙括諸家之書，不能分隸於諸家下者，盡歸雜家，而其命名之所由來，在當時必有所本。後世只顧名思義，而不復考索其書；遂疑雜家之學駁雜不純，而不知其別有一貫之宗旨在也。考班氏之言曰：『雜家者流，出於議官。知國體之有此，見王治之無不貫。』又曰：『蕩者爲之，則漫羨而無所歸心。』味班氏之言，則知雜家之學本有一貫之宗旨，而非駁雜不純之謂。其末流之漫羨無歸，卒至於駁雜不純，則蕩者失之，非雜家之咎。其宗旨維何？蓋對於國家政治，爲之剖析是非，臧否人物，身居草野而操言論監導之權者也。古者立國，咸以民爲本，爲君必『得乎丘民』。貴民『重眾』之悟，詳於《穀梁》；民貴君輕之言，見於《孟子》。『故用殺必詢於國人，祀戎必謀於有眾。雖以草野細民，咸有與聞國家大政之權。此上古之盛治，亦稽古者所盡知矣。然一國之民，爲數至眾，使人人皆可以議政；勢必窒礙難行，於是乃立議官以代之。議官登庸之制如何，其人數又幾何，今皆無可考見，然必國人皆曰賢，然後用之。蓋議官者，所以代國人而行其議政之權者也。迄於東周，官失其守，而議官亦喪棄其職權，一國之政往往專斷於一人，而小民莫獲過問焉。於是天下秀傑多能之士奮然以興，思以復其昔日固有之權，而雜家之學遂出。雜家者，以居於小民之地，而行議官議政之權者也。是可知議官之制，爲宣民意而設；雜家之學，爲代議官而興。故雜家不興於古代議官修明之日，而興於周末議官失職之時。班氏所

謂雜家之學『出於議官』者，此也。班氏又謂『知國體之有此』者，蓋亦以
國人議政之權爲國體所當有，惟有議官之時，即所以代雜家之用。今議官失
職，國體所當有者今忽無之，斯雜家不能不急興也。然國政不一，關係至巨，
議之少有不當，殆誤將不可勝言。故爲雜家學者，必集合諸家之所長而後能
之，此又即班氏所謂『兼儒、墨，合名、法，知王道之無不貫』也。而世人
於此遂目之以雜家之名，反謂其學駁雜而不純，而詎知彼固有一貫之宗旨在，
未必爲諸家所能及者耶？周末之世，諸子並興，各明一道，各持一說，然未
有以草野之士放言高論，以議時政之得失，而成一家之學者，有之，則惟雜
家。（按：從橫家亦昌言時政，與雜家略近，故唐人趙蕤爲《長短經》九卷，
以雜家而兼從橫家言。然其實一則遊說於諸侯之庭，一則昌言於草野之下，
相近而究不相同也。）然亦以克承議官之墜緒，而復其國體所當有之權，可
以糾時政之闕，爲學者所樂從。故雜家之學雖非如儒、道、墨諸家有巨子爲
之魁，亦足以盛行於一時。孔子所謂『天下有道則庶人不議』，孟子所謂『處
士橫議』，皆指雜家言之。其學皆出於下，而非出於上，故孔子謂之庶人，孟
子謂之處士。古代之時，天下有道，議官修明，雜家可以不興，故曰『庶人
不議』，周末之世，天下無道，議官失職，雜家不得不興，故曰『處士橫議』。
孔子之言非謂議出於庶人之非也，蓋慨議官之失職耳。孟子之言亦非謂處上
不可議也，亦譏其議或不衷於正而有時流於橫耳。孟子之所謂『橫』，即班氏
之所謂『蕩』矣。是可知雜家之學必在於剖辨是非，臧否人物，操言論辨駁
之權，而不失議官之遺意，而後可以列名於雜家之中。今試以《漢志》所錄
者證之。惟《大禹》三十七篇爲後世僞託，《由余》三篇、《吳子》一篇、《公
孫尼》一篇，今皆無可考見，餘若孔甲《盤盂》三十六篇，孔甲爲黃帝之史，
《盤盂》爲誡，所以爲諷刺警戒之作。《伍子胥》八篇，班氏紀其『忠值遇讒
死』，當爲遇讒時痛論吳政之言。《晚子》三十五篇，爲議兵之作。《尉繚》二
十九篇，知句踐之不終，不肯爲其用，當爲預言越亡之書。《尸子》二十篇，
後世散佚不傳，觀《春秋穀梁傳》所引，語涉於禮樂之大，今有章、任二氏
所輯本。亦多暢論時政之得失。《呂氏春秋》二十六篇，爲雜家之最顯者，而
成於門下食客之手，爲縱談政治、商榷道術之奇作。《淮南》內二十一篇，外
三十三篇，內篇論道，外篇雜說，皆與蘇非、李尚、左吳、田由、雷被、毛
被、伍被、晉昌諸人及大山、小山諸儒共相講論之作。《東方朔》二十篇，朔
善滑稽，多借古諷今，當爲滑稽諷諫之意。《伯象先生》一篇，則爲嫉俗而隱，

著書以痛論世主之治。《荊軻論》五篇，爲論荊軻刺秦王之事。《博士臣賢對》
一篇，爲難韓子、商君之法。《臣說》三篇，今無可考，惟賦類又有《臣說賦》
九篇，則當爲荀子〈佹詩〉、屈子〈離騷〉之流，藉以刺俗而諷時。《解子簿
書》三十五篇，當爲詳論官府簿書之制。《推雜書》八十七篇，當爲推論雜家
之學。《雜家言》一篇，則詳言伯王之道。以上皆《漢志》錄於雜家者，其旨
趣莫不大略相同。他若《鶡冠子》一篇，班氏以其多黃老言，入於道家，而
其實則以道家而兼雜家之學，故其書述三十變通，古今治亂之道，而〈博選〉
篇所謂『四稽』、『五至』之說，猶爲隱刺當時上之不能禮下，深合雜家之旨。
是則凡雜家之學，皆以議論爲宗，各以其所見敷陳時政之得失，使當局之賢
者有所警悟，其不肖者亦有所懾而不敢爲。此其職也，此亦古議官之職也。《周
氏涉筆》乃謂：『鶡冠子之流以處士而論道，可也，奚爲妄議王政？』而不知
議論王政爲雜家專職之所在，不敢以有觸當道之忌，自貶其職以狥之，何得
謂之妄？（按周氏之言，宋濂已斥其非，惟未眞知雜家之學耳。）果如其說，
則班氏所謂雜家『出於議官』，其義又安在耶？不特此也。自漢以後，凡以論
說名書而涉於政治者，如陸賈《新語》、賈誼《新書》、桓寬《鹽鐵論》、劉向
《新序》、《說苑》、《世說》、王充《論衡》、王符《潛夫論》、應劭《風俗通義》、
桓譚《新論》、荀悅《申鑒》、徐幹《中論》、劉劭《人物志》、仲長統《昌言》、
王通《中說》、黃宗羲《明夷待訪錄》之類，均當入諸雜家。自班氏以後之學
者，皆以諸書所陳多涉儒家言，因以多列於儒家（按：劉向三書或亦列入史
類，《人物志》或列入名家），而不知諸家之書均以議時政之得失爲宗，其人
雖儒，其書則雜，雜家之學，兼儒、墨，合名、法，無所不包，雖涉儒家言，
仍不害其爲雜家也，如陸賈《新語》，著『秦之所以失天下，漢之所以得天下，
及古成敗之國』，以爲法戒，太史公目爲辨士。賈誼《新書》切對時事，其末
綴以『痛哭者一』、『流涕者二』、『太息者四』，皆憂世之言。劉向《新序》、《說
苑》、《世說》三書皆掇取戰國、秦、漢間事及傳記百家之所載，以爲法戒，
所以迪教化，辨邪正，以爲漢規鑒。桓寬《鹽鐵論》辨詰論難，痛言朝廷當
毋與天下爭利，欲以究治亂，成一家之法。王充《論衡》包羅古今，辨其是
非得失，始如詭異，終有實理。王符《潛夫論》以耿介不同於俗，隱居著書，
以譏當時失得，不欲彰顯其名，故號曰「潛夫」，范蔚宗取其〈貴忠〉、〈浮僞〉、
〈眞實〉、〈愛日〉、〈述赦〉五篇，以爲足以觀見當時風政。應劭《風俗通義》
則所以辨物名號，釋時嫌疑。仲長子《昌言》則論說古今及時俗行事，著論

多昌言。其餘若《新論》、《申鑒》、《中論》、《中說》、《人物志》及《明夷待
訪錄》諸書，亦皆推論於政治教化之大，而闡發其得失利害之故，考其旨趣，
莫不大略相同。是則諸書之旨正隱承議官之遺意，而得雜家之眞，大氐雜家
之學，包涵諸家，而爲其學者則各有所偏重。如《淮南子》、《抱朴子》之類，
偏重於道家。《子晚子》、《尉繚》之類，偏重於兵家。《尸子》、《呂氏春秋》
之類，偏重於法家。《長短經》之類，偏重於縱橫家。《人物志》之類，偏重
於名家。而今所舉《新語》、《新書》之類，則偏重於儒家。蓋皆本其各家之
學，而發爲雜家之論也。（按：雜家之學本出於道家，故雜家之書亦多涉道家
言，上已詳論之。惟自漢、魏以後，道家漸失其眞，惟儒家獨存，故爲雜家
學者多本儒家以立論也。）後世學者不明其故，儒、雜二家遂相混而不能分。
故《抱朴子》一書，或列於儒家，或列於雜家。（按：《抱朴子》本有內外篇，
或以《內篇》入儒家，《外篇》入雜家，而其言實近黃、老。）《顏氏家訓》
一書，亦或列於儒家，或列於雜家，而不知其人雖儒，其書實雜。以儒家學，
爲雜家言，固無不可也。況賈誼說經獨多異義，陸賈《新〔書〕〔語〕》謂『書
不必起於仲尼之門』，王充《論衡》有〈問孔〉之篇，豈得謂純然儒學哉？惟
鄭樵撰《通志》，馬端臨撰《文獻通考》，其論列諸子，間有以上舉諸書列入
雜家者，頗有卓識，超越古今，亦可以證余說之不孤。然鄭氏只以《風俗通
義》列於雜家，其餘則否。馬氏則以《風俗通義》、《論衡》、《昌言》等列於
雜家，而於《鹽鐵論》、《潛夫論》之類則又入諸儒家中，前後參差，不能歸
於一致。而鄭、馬相較，馬所得略多，仍視鄭爲優。然皆於雜家出於議官之
旨，雖稍知其概，仍未得其眞也。鄭、馬之博綜淹貫，古今曾無幾人，而猶
得失參半，則其他可知。徒以人列家，而不復論其書，或略論其書，而不復
究其宗派，學術派別之相混也久矣！然則自秦、漢以後，爲雜家之學者，雖
不乏其人，然世之論者於『出於議官』之遺意，茫然無所知，只以無可統系
者目曰雜家，其略涉他家言者，則又列附他家之後，是雜家之學雖存而亦亡
矣，又何怪世之譏爲駁雜不純耶？吁！上古三代之世朝有議官，以伸國人之
輿論而天下治。東周以後，議官失守，而野復有雜家以糾當局之得失，而天
下亦不致於大亂。蓋國尚有人，民亦可畏，執政者或聞聲而讋懼，不敢自逞
其私故也。迨乎後世，議官之意全失，而雜家之學亦若存若亡，於是以一國
大政委於一二人之手，天下無議論之餘地，任其生殺予奪，咸緘口結舌，莫
敢誰何。此所以民氣日削，國勢愈隳，而大亂且接踵於世而不已也。君子於

此，不特可以觀學派，且可以覘世變矣。」

江瑔《讀子巵言》第四章〈論諸子之淵源〉曰：「雜家出於議官。古之議官亦史之流。史官之職在於歷記成敗存亡禍福古今之道，議官即本其意，陳王道之大規，議時政之得失，以為人君之勸誡。古人云瞽史諷諫，議官即諫官。古之諫官惟史掌之，後世於司諫及糾劾之臣亦名之曰御史，猶存古意，此可為議官即史官之鐵證。《隋書·經籍志》之論雜家，亦謂雜家『兼儒、墨之道，通眾家之意，以見王者之化無所不貫。古者司史歷記前言往行，禍福存亡之道，然則雜家者，蓋出史官之職也』云云。其推論雜家之淵源出於史官，最為精審，足補《漢志》所未及。是則議官亦史氏之所司矣。」其《讀子巵言》第五章〈論九流之名稱〉曰：「雜家之學兼儒、墨，合名、法，而兼取各家之長。大氐諸子之書不能屬於各專家者，可以隸於雜家。此在學者分析學術之派別，以寓天下之群書，其餘各有專家之名者既各從其類，若夫既無專名，又不能附於各家之下，則不能不以『雜家』之名統括之。此誠為不得已之苦心。然既曰雜，則並蓄兼收，宗旨必不純一。古之名為一家之學者，必有純一之宗旨，以貫徹其初終。既雜矣，何家之可言？雜則非家，家則不雜，未可混而一之。既曰雜，又曰家，則不詞之甚。況雜家之學出於議官，名之曰雜，與議官之意何涉？是則雜家之名於理亦未當矣。」今按：古之「雜家」，今謂之「通家」。雜家通吃，但也有自己的思想核心，以某一方面為主，兼綜其他各家各派。在先秦為荀子，在漢為淮南子、董仲舒、司馬遷、王充，在唐為魏徵（著《群書治要》），在北宋為宋五子、司馬光，在南宋為朱子，在明為王陽明，在清為顧炎武、錢大昕，在現代為現代新儒家，又以錢鍾書為殿軍焉。

蒙文通（1894～1968）《諸子甄微·略論黃老學》曰：「司馬談《論六家要旨》說：『道家使人精神專一，動合無形，贍足萬物。其為術也，因陰陽之大順，採儒、墨之善，撮名、法之要，與時遷移，應物變化。』司馬談說的道家，顯然是雜家，這就是黃老。它和莊周一流的道家是不同的。司馬談說的道家，和劉班九流所謂的道家，內容也是有區別的。」〔註27〕

劉咸炘（1896～1932）《學略·諸子略》曰：「張氏（指張之洞《書目答問》——引者注）但以學術不純一家者入此，是也。但後無兼九流者，但有兼釋、道耳。別釋、道而外之，乃俗儒之謬見，然諸書所兼釋、道，亦非得

---

〔註27〕 蒙文通：《諸子甄微》，《蒙文通全集》第二冊，巴蜀書社，2015 年版，第 50頁。今按：蒙氏的判斷是一大卓見。

真，姑列於此。」〔註28〕

傅斯年《戰國子家敘論・戰國諸子除墨子外皆出於職業》曰：「雜固不成家，然漢世淮南、東方卻成此一格，其源出於諸侯朝廷廣置方術殊別之士，來者不專主一家，遂成雜家矣。」〔註29〕又曰：「無論有組織的儒、墨顯學，或一切自成一家的方術論者，其思想之趨向多由其職業之支配。其成家之號，除墨者之稱外，如縱橫、名、法等等，皆與其職業有不少關聯。今略變《漢志》出於王官之語，或即覺其可通。若九流之分，本西漢中年現象，不可以論戰國子家，是可以不待說而明白的。」〔註30〕

傅斯年（1896～1950）《戰國子家敘論・所謂「雜家」》曰：「《漢志》列雜家一門，其敘論曰：『兼儒、墨，合名、法，知國體之有此，見王治之無不貫。』按：雜而曰家，本不詞，但《呂覽》既創此體，而《淮南》述之，東方朔等著論又全無一家之歸，則兼儒、墨合名、法而成一家書之現象，在戰國晚年已成一段史實。《呂氏春秋》一書，即所謂八覽、六論、十二紀之集合者，在思想上全沒有一點創作，體裁乃是後來人類書故事集之祖。現在戰國子家流傳者，千不得一，而《呂覽》取材之淵源，還有好些可以找到的。這樣著書法在諸子的精神上是一種腐化，因為儒家果然可兼，名法果然可合，諸子果無不可貫的話，則諸子固已『挫其銳，解其紛，和其光，同其塵』了，稷下諸子不名一家，而各白著其書，義極相反，『府主』並存而不混之，故諸子各盡其長。這個陽翟大賈的賓客，竟為呂氏做這麼一部贗書，故異說各存其短。此體至《淮南》而更盛，而《淮南書》之矛盾乃愈多。因呂氏究竟不融化，尚不成一種系統論，孔、墨並被稱者，以其皆能得眾，皆為後世榮之，德容所以並論者，以其兼為世主大人所樂聽，此尚是超乎諸子之局外，立於世主大人之地位，而欣賞諸子者。若《淮南》書，則諸子局外之人，亦強入諸子之內，不復立於欣賞辯說之客者地位，而更求熔化得成一系統論。《呂覽》這部書在著書體裁上是個創作，蓋前於《呂覽》者，只聞著篇不聞著成系統之一書。雖慎子著《十二論》以〈齊物〉為始，彷彿像是一個系統論，但慎子殘文見於《莊子》等書者甚少，我們無以見他的《十二論》究竟原始要終系統到什麼地步。自呂氏而後，漢朝人著文，

〔註28〕　今按：兼九流者為雜家第一期，兼釋、道為雜家第二期。
〔註29〕　傅斯年：《戰國子家敘論・史學方法導論・史記研究》，上海古籍出版社，2012年版，第15頁。今按：傅氏於雜家持偏見。
〔註30〕　傅斯年：《戰國子家敘論・史學方法導論・史記研究》，上海古籍出版社，2012年版，第14頁。

乃造系統，於是篇的觀念進而爲書的觀念。《淮南》之書，子長之史，皆從此一線之體裁。《呂氏》、《淮南》兩書，自身都沒有什麼內含價值，然因其爲『類書』，保存了不少的早年材料，所以現在至可貴。猶之乎《北堂書鈔》、《藝文類聚》、《太平御覽》等書，自身都是無價值的，其價值在其保存材料。《永樂大典》的編製法，尤其不像一部書，然古書爲他保存了不少。」〔註31〕今按：傅斯年對雜家、類書的輕視是一種傳統偏見，不足爲憑。

朱自清（1898～1948）《經典常談·諸子第十》曰：「戰國末期，一般人漸漸感著統一思想的需要，秦相呂不韋便是做這種嘗試的第一個人。他教許多門客合撰了一部《呂氏春秋》。現在所傳的諸子書，大概都是漢人整理編定的，他們大概是將同一學派的各篇編輯起來，題爲某子。所以都不是有系統的著作。《呂氏春秋》卻不然，它是第一部完整的書。呂不韋所以編這部書，就是想化零爲整，集合眾長，統一思想。他的基調卻是道家。秦始皇統一天下，李斯爲相，實行統一思想。他燒書，禁天下藏『《詩》、《書》百家語』。但時機到底還未成熟，而秦不久也就亡了，李斯是失敗了。所以漢初諸子學依然很盛。到了漢武帝的時候，淮南王劉安仿傚呂不韋的故智，教門客編了一部《淮南子》，也以道家爲基調，也想來統一思想，但成功的不是他，是董仲舒。董仲舒向武帝建議：『六經和孔子的學說以外，各家一概禁止。邪說息了，秩序才可統一，標準才可分明，人民才知道他們應走的路。』武帝採納了他的話。從此，帝王用功名利祿提他們所定的儒學，儒學統於一尊，春秋戰國時代言論思想極端自由的空氣便消滅了。這時候政治上既開了從來未有的大局面，社會和經濟各方面的變動也漸漸凝成了新秩序，思想漸歸於統一，也是自然的趨勢。在這新秩序裏，農民還占著大多數，宗法社會還保留著，舊時的禮教與制度一部分還可適用，不過民眾化了罷了。另一方面，要創立政治上社會上各種新制度，也得參考舊的。這裡便非用儒者不可了。儒者通曉以前的典籍，熟悉以前的制度，而又能夠加以理想化，使那些東西秩然有序、粲然可觀。別家雖也有政治社會學說，卻無具體的辦法，就是有，也不完備，趕不上儒家，在這建設時代，自然不能和儒學爭勝。儒學的獨尊，也是當然的。」〔註32〕

---

〔註31〕傅斯年：《戰國子家敘論·史學方法導論·史記研究》，上海古籍出版社，2012年版，第68～69頁。今按：傅氏重視專家之學，是丹非素，不爲通論。
〔註32〕朱自清：《經典常談》，北京大學出版社，2009年版，第120～121頁。

　　葉長青（1902～1948）《漢書藝文志問答》：「問：『《雜家敘》謂「兼儒、墨，合名、法」，然則四家以外，皆不爲雜家所論乎？』答：『《新序》公孫敖問伯象先生曰：「今先生收天下之術，博觀四方之事久矣。」今本志有《伯象先生》一篇，推之伍子胥爲吳將，子晩子好議兵，《淮南內》言道，《雜家》言王伯，則雜家所兼者廣，不止四家也。然以道家爲主，餘家爲用。《呂覽》、劉安，雜家之翹楚也，其書皆先道可證。』」

　　蔡尙思（1905～2008）《中國學術大綱》曰：「其能獨自成立者，實惟儒‧道、墨三家；至於法家則較晚成，多所應響。常乃惪謂韓非乃集中國古代哲學之大成者，其言殊無根據。實僅對於三家皆有應響而已。吾們亦得謂古代之雜家，乃諸子之雜家；韓非爲三家之雜家，宋明理學爲儒、道、釋之雜家。惟韓非與理學爲雜中之尙能自成一派者；非前此之雜家可比。」〔註33〕

　　張舜徽（1911～1992）《漢書藝文志通釋》卷三曰：「《淮南‧氾論》篇云：『百川異源，而皆歸於海；百家殊業，而皆務於治。』大抵百家之說，各有短長；舍短取長，皆足資治。是以古之善爲國者，率能博觀約取，相互爲用。」又曰：「《隋書‧經籍志》》論及雜家有云：『放者爲之，不求其本。材少而多學，言非而博，是以雜錯漫羨而無所指歸。』此論實本《漢志》，可相證發。」

　　鄺士元《中國學術思想史》第一章〈先秦學術思想之比較〉曰：「雜者，雜採各家之說，故曰雜家。……雜家出於纂輯，原非專學，既無中心思想，自不能專門名家，漫羨而無所歸心，是其所短。至其所長，則所謂『有能增損一字者予千金』；時人無增損者，非不能也，畏其勢耳。」今按：鄺氏不知雜家之眞精神，不免信口開河。陳寅恪先生曾經提出「道教之眞精神，新儒家之舊途徑」之說：「其眞能於思想上自成系統，有所創獲者，必須一方面吸收輸入外來之學說，一方面不忘本來民族之地位。這二種相反而適相成之態度，乃道教之眞精神，新儒家之舊途徑，而二千年吾民族與他民族思想接觸史之所昭示者也。」世人多「不解其中味」。陳氏所謂「道教之眞精神」，我們不妨替換爲「道家之眞精神」，此「道家」就是雜家，接著司馬談論六家指

〔註33〕　蔡尙思：《中國學術大綱》，知識產權出版社，2013年版，第180頁。今按：蔡氏此說較有理致，「宋明理學爲儒、道、釋之雜家」可謂卓見。蔡氏又倡「四大學派」說：「道、儒、墨、法四大學派，可以代表先秦的諸子；而先秦的諸子，又可以代表中國的思想界；而其中創始或整合的老、孔、墨、韓——老、墨創始，孔、韓集成——四個人，更可代表道、儒、墨、法四大學派。」

要而說——道家「採儒、墨之善，撮名、法之要」，這與《漢志》對雜家的界定「兼儒、墨，合名、法」幾乎如出一轍。「道家之眞精神」就是雜家之精神，同時要求做到「與時遷移，應物變化」。「新儒家之舊途徑」指宋代理學家所走過的文化歷程，宋代新儒學的特殊貢獻，是融會儒、釋、道三家，而能自成一統。其實他們也是走的雜家化的途徑（蔡尙思釋之以「混成之理」）。通過解析這兩句「口頭禪」，不難看出二者實爲同義複語，歸根結底就是一句話——雜家化，它向後人昭示了中國文化的發展方向與途徑。

韋政通（1927～？）《中國思想史》第十一章《混合與變化：先秦思想的終局》曰：「隨著民族國家統一的要求，以及秦、漢大帝國的相繼出現，由於現實社會、政治結構的改變，遂使『蜂出並作，各引一端，崇其所善，以此馳說，取合諸侯』的諸子學，喪失了客觀發展的環境。因此，從戰國末期以後，到漢武帝、董仲舒以政治的力量從事學術統一運動以前，在思想史上有代表性的著作，不再是以一家名義出現的子學之書，而是代表各家思想混合的叢編，其中最著名的有《呂氏春秋》、《淮南王書》，以及《禮記》和包括所謂十翼的《易傳》。前兩書被公認爲屬於雜家，雜家的雜，有人認爲它代表『某些個混合調和的思想體系』（胡適《淮南王書序》），有人以爲不過是『雜取各家之言，無中心思想』（馮友蘭《中國哲學史》），也有人覺得『這個雜字是融合的雜，不是集合的雜，即是一個雜家，他是身通眾學的』（戴君仁《雜家與淮南子》，《幼獅學誌》七卷三期）。這只是個人的瞭解和用詞問題，不值得多所爭論。認爲是混合調和的思想體系，這看法大抵是不錯的，但同屬混合與調和，有的在混合調和中，依然能顯現出一個主調，一種明顯的色彩，如《淮南王書》，雖雜取各家之言，但它以陰陽家、道家爲主調，有它們的明顯色彩。就此書來說，它既是集合的，又是融合的，而說它無中心思想，恐怕不見得正確。《呂氏春秋》和《淮南王書》相比，內容的組成，其中『集合的雜』實遠大於『融合的雜』，儒家的成分似乎占得多一些，但不足以形成一個主調。」〔註34〕

郭齊勇、吳根友《諸子學通論》曰：「《漢書·藝文志》認爲『雜家者流，蓋出於議官。兼儒、墨，合名、法，知國體之有此，見王治之無不貫，此其所長也。及蕩者爲之，則漫羨而無所歸心。』此說雜家出於議官，並無實據。雜家的特點是綜貫百家異說，取長補短，以爲王者安邦治國之用。雜家並不

<hr>

〔註34〕 韋政通：《中國思想史》，上海書店出版社，2003年版，第265～266頁。

是折衷拼湊，而是熔百家於一爐，亦有自己的思想和自己的系統。只是其末流才沒有學問宗主，遊蕩於諸家之間。雜家著作完整保留下來了的、也是最典型的，只有兩部：《呂氏春秋》和《淮南子》。……在這兩部著作之前，我國學術史上只有《管子》一書與它們相類似。《管子》一書是齊國稷下學者的作品，也有綜合百家的傾向。但《管子》思想重心在道家與法家，因此一般被視爲道家或法家的著作。《淮南子》也有道家的傾向，甚至是以道家思想爲主旨去融合百家，但《淮南子》仍然『兼儒、墨，合名、法』，不固守　家派的門戶之見，因而仍屬雜家著作。先秦諸子百家的著述，大多由後人結集。《呂氏春秋》和《淮南子》則不同，它們是依預定計劃寫成的，綱舉目張，條分理順，結構整齊，文字均衡，各篇中心突出，史論結合，理事相得，是我國最早的有形式系統的著述，在當時實屬創舉。『我國先秦古書，多無大題，大半由後人所纂錄，故篇章次第，多無倫敘。至於形式整齊，體例縝密，篇題書名，均由前定，依預定規劃撰成之書，則實以《呂氏春秋》爲第一部，前此未有也。有此一書，而著述之體，爲之一變。』這種著述方式爲後人集體或個人撰寫理論著作提供了一條新的途徑。這兩部著作保留了大量的先秦道德、陰陽、儒、法、名、墨、兵、農諸家的資料，至爲豐贍，包括了一些原書已經失傳了的資料，因而極有價值。先秦各家及秦、漢之際思想學說，通過這兩種書可考見其大要。不僅如此，除政治、經濟、哲學、歷史、軍事思想外，這兩部書還保留了我國古代天文、曆法、地理、醫學、農學等科學方面的資料，保留了有關音樂、神話、文學藝術等方面的資料，堪稱爲百科全書。這些都是雜家對我國學術文化史的貢獻。」〔註35〕

　　高華平《先秦諸子與楚國諸子學》曰：「『雜家』之名，不僅先秦沒有，連司馬談《論六家之要指》一文中也沒有。『雜家』一名最早應出自劉向校理群書之時，劉歆《七略》、班固《漢書‧藝文志》（以下簡稱《漢志》）承之。……這可以說是中國學術史上最早對雜家學派的源起、思想特點做出分析歸納者。從此以後的學者論先秦諸子學，多沿襲《漢志》之說而引申之。而反觀中國歷代言雜家學術，特別是近代以來中國學術界研究先秦諸子之學的成果，我們不難發現，可能是由於受司馬談的影響，學者們對雜家學術似乎並未給予足夠的重視。這主要表現爲：一是很多研究先秦哲學思想的學者，在他們研究先秦哲學思想的著作中，差不多和司馬談的《論六家之要指》一樣，

〔註35〕郭齊勇、吳根友：《諸子學通論》，商務印書館，2015 年版，第 461～462 頁。

只論及儒、道、墨、陰陽、名、法而不及雜家；二是有相當數量的先秦思想史論著，雖也論及雜家，但卻極其簡單，結論則基本只是復述《漢志》『兼儒、墨，合名、法』，但卻『漫羡而無所歸心』之成說；三是有部分研究中國先秦哲學思想的學者，在對雜家學說進行追根究底時，隨心所欲地予以割裂，論儒家思想者則說雜家主要爲儒家，論道家思想者則曰雜家學說乃以道家爲主。在《漢志》之前，司馬談的《論六家之要指》論道家時實亦有類似的說法，他說：『道家……因陰陽之大順，採儒、墨之善，撮名、法之要，與時遷移，應物變化……』如果將司馬談論道家之言與《漢志》論雜家之說相比較，則不難發現，司馬談在論道家時「兼」「採」諸家學說時，其實只和《漢志》論雜家存在兩點差別：一是它比《漢志》論雜家多了『因陰陽之大順』一句，即司馬談論道家時，比《漢志》論雜家『兼』『採』諸家學說時多了陰陽一家；二是細繹司馬談之言，其中包含了他的一個基本主張，即他認爲道家之所以爲道家，乃在於它是以「大道之要」爲宗旨的，對於其他諸子學派它則僅僅是有所『採』『撮』而已；而《漢志》之論雜家則始於『兼』『合』百家學說，而終於『無所歸心』。《漢志》說雜家『兼儒、墨，合名、法』時，與司馬談論道家一樣，也應該是包含有雜家同時『兼』『採』了陰陽家學說的意思的。因爲在《漢志》『兼儒、墨，合名、法』之後，還有『見王治之無不貫』一句，唐代顏師古注曰：『王者之治，於百家無不貫綜。』《呂氏春秋》是《漢志》雜家類著作中唯一現存的先秦作品，然其中十二紀，後世學者皆以爲即是將《禮記》之〈月令〉割爲十二篇而成，內容實係呂氏本之古農書並雜以陰陽家說增刪而成。可見，〈論六家之要指〉所論之道家與《漢志》所論之雜家，二者的差別其實只有一點，即道家以『大道之要』爲核心，而雜家則只是雜湊而『無所歸心』。《漢志》以來，歷代學者所沿襲的這一觀點是不能成立的。雜家之『雜』應該只是說它比其他諸子學派『兼』『採』了更多學派的思想而已。」〔註36〕

王錦民《古學經子》曰：「議官即是代君主管理天下議者之官，其本身並無學術。按求之上古，則議官當出於商周至春秋時期的『國人會議』，國有事，

---

〔註36〕 高華平：《先秦諸子與楚國諸子學》，北京師範大學出版社，2016 年版，第 288 ～290 頁。今按：近年有學者在研究先秦雜家時，把稷下學派的很多學者都納入雜家之中（參見潘俊傑《先秦雜家研究》，陝西人民出版社，2011 年版）。這種做法雖不合劉《略》班《志》對雜家的定義，但如果從對雜家探源的角度來講，也可以說是有其學術史意義的。

則問於國人，《周禮・秋官・小司寇》云：『一曰詢國危，二曰詢國遷，三曰詢立君。』但雜家之興卻是在戰國時期，此時所謂『國人會議』已經衰落不行，而列國之士憑藉百家之學成爲當時的主要議者。議者各執一家之說以議於君主，議官總其成，故得有雜家之學。這是雜家最典型的例子。《漢志》著錄的雜家著作並非完全與此相合，雜家著作多是由各國權臣的門客所作，而門客者流，權當君主之議者。蓄養門客之風起於戰國中期，齊孟嘗君田文，趙平原君趙勝，魏信陵君魏無忌，楚春申君黃歇，秦文信侯呂不韋等所養門客均在三千人以上。此一風氣一直持續至漢初，淮南王劉安，河間獻王劉德，皆廣集門客。這些門客之中一定不乏通百家之學者，百家彙乎一門，雜家之學由此而興起，其發展也大致自戰國中期，迄漢武帝時代。」〔註37〕

　　今按：關於雜家的歷史發展過程是一個複雜而重大的研究課題。筆者經過梳理之後，在此首倡「雜家三期說」：在經過前軸心時代之原典創制、軸心時代之諸子百家爭鳴之後，周、秦之際，雜家勃興，以《管子》、《荀子》、《呂氏春秋》、《淮南子》爲代表，董仲舒、司馬遷、王充也走雜家路線。此爲雜家第一期。自漢末佛教傳入中國，一直到明清之際，儒、道、釋三教經過漫長的碰撞融合，最後形成「三教合一」的局面，宋明儒家其實也是雜家的路線。此爲雜家第二期。隨著西學東漸，中、西、印在更大的範圍、更高的層面展開新的碰撞融合，雖然這一過程至今還在展開之中，還沒有形成最完整的思想結晶體，其實人家走的無不是雜家路線。此爲雜家第三期。要之，在後軸心時代，中國文化發展的總體方向就是雜家化。

---

〔註37〕　王錦民：《古學經子》，華夏出版社，2008 年版，第 356 頁。

# 九、農　家 〔註1〕

《神農》二十篇。六國時，諸子疾時怠於農業，道耕農事，託之神農。
（師古曰：「劉向《別錄》云：疑李悝及商君所說。」）

## 【存佚著錄】

今亡佚。《隋書・經籍志》、《舊唐書・經籍志》、《新唐書・藝文志》皆不
著錄。輯本有馬國翰所輯《神農書》，見《玉函山房輯佚書》子編農家類，馬
國翰序曰：「《漢志》農家、兵陰陽家、五行家、雜占家、經方家、神仙家並
有神農書，大抵皆依託為之，今其書並佚。考《開元占經》載有《八穀生長》
一篇，差為完具，又數引《神農占》。《管子》、《淮南子》、《漢・食貨志》等
書或引神農之數，或引神農之法，或引神農之教。《藝文類聚》引《神農求雨
書》。得有篇目可稱者凡六，其他佚文散句時見傳注所引，並據輯錄，不可區
別，統入農家。」孫啓治等曰：「師古引《別錄》云：『疑李悝及商君所說。』
按《別錄》亦推測之詞，故班《志》不從其說。李悝、商鞅皆用事者，如有
撰述以促耕農，則具名而頒其書無不可，何事隱名而託之神農邪？此書蓋六
國時習農家者所為，不爾則集古農家之言，而託之神農耳。其書久佚，《開元
占經》引有《八穀生長》篇、《神農占》佚文，《藝文類聚》一百引有《神農
求雨書》，又《管子》、《淮南子》、《漢書》、《路史》等引有神農之教、神農之

〔註1〕 葉長青《漢書藝文志問答》：「自儒家至雜家，皆推政治之往跡，而託之空言。
　　　　農家多致耕桑之實事，與以上諸家截然不同。小說家本不入流，明小道亦有
　　　　可觀，故附末耳。」

法、神農之數，大體皆古農家言，馬氏以不能區分孰爲《漢志》所載之舊，故統輯爲一集。」〔註2〕

## 【學術源流】

宋王應麟（1223～1296）《漢藝文志考證》卷七曰：「《孟子》『有爲神農之言者許行』。〈食貨志〉晁錯引神農之教曰：『有石城十仞、湯池百步、帶甲百萬，而亡粟，弗能守也。』《呂氏春秋》引神農之教曰：『士有當年而不耕者，則天下或受其饑矣；女有當年而不績者，則天下或受其寒矣。』《管子》引神農之教曰：『一穀不登，減一穀。穀之法十倍。』《氾勝之書》亦引『神農之教』，《劉子》引『神農之法』。《淮南子》曰：『世俗之人，多尊古而賤今，故爲道者必託之於神農、黃帝而後入說。』」清章學誠（1738～1801）《校讎通義》卷三曰：「農家託始神農，遺教緒言，或有得其一二，未可知也。《書》之〈無逸〉，《詩》之〈豳風〉，《大戴記》之〈夏小正〉，《小戴記》之〈月令〉，《爾雅》之〈釋草〉，《管子》之〈牧民〉篇，《呂氏春秋‧任地》諸篇，俱當用裁篇別出之法，冠於農家之首者也。（神農、野老之書，既難憑信，故經言不得不詳。）」清沈欽韓（1775～1831）《漢書藝文志疏證》卷二曰：「許行爲神農之言，其遺教尚矣。《管子‧揆度》篇：『神農之數曰：一穀不登，減一穀，穀之法什倍。二穀不登，減二穀，穀之法再什倍。夷疏滿之，無食者予之陳，無種者貸之新。』《文子》、《呂覽》並稱神農之教曰：『士有當年而不耕者，天下或受其饑矣。女有當年而不績者，則天下或受其寒矣。』晁錯引神農之教曰：『石城十仞，湯池百步，帶甲百萬，而無粟，弗能守也。』此間有古訓，不必盡六國時也。《齊民要術》（〈種穀〉第三）氾勝之曰：『溲種法，神農復加之骨汁、糞汁。』」清姚振宗（1842～1906）《漢書藝文志條理》卷二曰：「劉向《別錄》曰：『疑李悝及商君所說。』王氏《考證》：『《孟子》有爲神農之言者許行，〈食貨志〉晁錯引神農之教，《呂氏春秋》、《管子》、《氾勝之書》亦引神農之教，《淮南子》引神農之法。』顧炎武《日知錄》曰：『《孟子》：有爲神農之言。注：史遷所謂農家者流也。仁山金氏曰：太史公六家同異無農家，班固〈藝文志〉分九流，始有農家者流，《集注》偶誤，未及改。』嚴可均《全上古文編》曰：『《漢‧藝文志》農家有《神農》二十篇，案倉頡造字在黃帝時，前此未有

---

〔註2〕 孫啓治、陳建華：《中國古佚書輯本目錄解題》，上海古籍出版社，2009 年版，第 217 頁。

文字，神農之言皆後人追錄。晁錯所引顯是六國時語，即《六韜》及《管子》、《文子》所載，亦不過謂神農之法相傳如是，豈謂神農手撰之文哉？』……按《呂氏春秋》六月紀：『是月也，不可以興土功，不可以起兵動眾。無舉大事，無發令而干時，以妨神農之事。水潦盛昌，命神農，將巡功。舉大事則有天殃。』高誘曰：『無發干時之令畜聚人功，以妨害神農耘耨之事。』又曰：『昔炎帝神農能殖嘉穀，神而化之，號為神農。後世因名其官為神農，巡行堰畝修治之功。於此時，或舉大事妨害農事，禁戒之，云有天殃之罰。』按此則神農亦古官名，故本志敘云出於農稷之官。」陳朝爵（1876～1939）《漢書藝文志約說》卷二曰：「神農《易》曰《連山》，《連山》首〈艮〉，〈艮〉象止。農者，安土重遷。黃帝《易》曰《歸藏》，《歸藏》首〈坤〉，〈坤〉性吝嗇。其理皆通轉交絡。是農亦原於道，其託之神農宜矣。」劉咸炘（1896～1932）《子疏》定本卷上〈農家第六〉：「《墨子・魯問》篇云：魯之南鄙人有吳慮者，冬陶夏耕，自比於舜，墨子聞而見之。吳慮謂子墨子曰：義耳，義耳，焉用言之哉！子墨子曰：子之所謂義者，亦有力以若人，有財以分人乎？吳慮曰：有。墨子又曰：翟以不若誦先王之道而求其說，通聖人之言而察其辭，上說王公大人，次說匹夫徒步之士。王公大人用吾言，國必治；匹夫徒步之士用吾言，行必修。故翟以為雖不耕而食饑，不織而衣寒，功賢於耕而食之，織而衣之者也。張純一謂吳慮蓋農家，以處士橫議，道路曲辨，病農已甚，故其言如此。是也。《管子・地員》、《呂覽》〈上農〉、〈任地〉、〈辯土〉、〈審時〉，皆古農書。農家凡三派：一為許行之徒，近於墨者。一為計然、范蠡，權家之用農者。一為李悝、商鞅，法家之用農者。」葉長青（1902～1948）《漢書藝文志問答》：「農家首列《神農》，其書託始何時？……託始於戰國時矣。」張舜徽（1911～1992）《漢書藝文志通釋》卷三曰：「法家論治，首重耕戰，不特李悝、商鞅然也。而二人言之尤兢兢。劉氏疑此書為二人所說，是已。人情貴遠賤近，尊古卑今。故先秦諸子之言道術者，必高遠其所從來，託荒古不可知之人以傳其書。《淮南子・修務》篇，已揭斯大例矣。徵之載籍，若《孟子》『有為神農之言者許行』，《漢書・食貨志》『晁錯引神農之教』，《呂氏春秋》、《管子》、《氾勝之書》亦引神農之教，《淮南子》引神農之法。即以《漢志》而論，如〈諸子略〉農家，〈兵書略〉陰陽家，〈數術略〉五行家、雜占家，〈方技略〉經方家、神仙家，並有神農書，皆託古也。」

## 《野老》十七篇。六國時，在齊、楚間。（應劭曰：「年老居田野，相民耕種，故號野老。」）

### 【存佚著錄】

今亡佚。《隋書・經籍志》、《舊唐書・經籍志》、《新唐書・藝文志》皆不著錄。輯本有馬國翰所輯《神農書》，見《玉函山房輯佚書》子編農家類，馬國翰序曰：「考《呂氏春秋》載〈上農〉、〈任地〉、〈辨土〉、〈審時〉四篇，家宛斯先生《繹史》云：『蓋古農家野老之言，而呂子述之。』茲據補錄。書中稱后稷語古奧精微，其論得時失時，形色情狀，洵非老農不能道。以此勞民勸相，洵堪矜式，宜呂氏賓客取載多篇也。」孫啓治等曰：「其書久佚，諸書亦不見徵引。馬驌《繹史》謂《呂氏春秋》所載〈上農〉、〈任地〉、〈辯士〉、〈審時〉四篇蓋古農家野老之書，馬國翰即據以輯出此四篇。按馬驌所謂『農家野老』蓋泛稱，馬氏指爲《漢志》之《野老書》，純爲臆測，羌無實據。王時潤亦採錄此四篇，而題爲《古農家言》，似較審愼。又近人夏緯英謂此四篇乃取之古《后稷》農書，見《〈呂氏春秋・上農〉等四篇校釋》。」〔註3〕

### 【學術源流】

清沈欽韓（1775～1831）《漢書藝文志疏證》卷二曰：「《御覽》六百十張顯《逸民傳》敘之〔註4〕，然所謂野老，特敘錄不顯其名耳。按《隋志》梁有《陶朱公養魚法》，《唐志》有《范子計然》十五卷，范蠡問，計然答。《貨殖傳》裴駰按《范子》曰：『計然者，葵丘濮上人，姓辛氏，字文子，其先晉國亡公子也。嘗南遊於越，范蠡師事之。』顏師古《貨殖傳》注云：『其書則有《萬物錄》，著五方所出。』見《皇覽》及晉《中經簿》。高氏《子略》曰：『卷十有二，極陰陽之變，窮曆數之微。其言之妙者有曰：聖人之變，如水隨形。』《御覽》四百一亦引之，《意林》亦云并陰陽曆數之言。則顏師古所云言萬物五方所出，特其一篇，彼勦聞而未見其書也。今其書已亡，《越絕書》〈計倪內經〉、〈外傳枕中〉二篇，與越王言陰陽之數、天地之圖，即從《范子》書中採取耳。〈枕中〉篇，《齊民要術》引作《范子》。計然之書，彰灼於漢，必

---

〔註3〕 孫啓治、陳建華：《中國古佚書輯本目錄解題》，上海古籍出版社，2009年版，第217頁。

〔註4〕 清華大學出版社尹承整理本注：「四庫本《御覽》卷六百十無《逸民傳》，卷五百十袁淑《眞隱傳》敘『野老』。」

非僞造，然《史記》著之而《漢志》遺之，不知野老之即計然也。」清姚振宗（1842～1906）《漢書藝文志條理》卷二曰：「應劭《漢書集解》曰：『年老居田野，相民耕種，故號野老。』袁淑《眞隱傳》：『野老，六國時人，遊齊、楚間，年老隱居，著書言農家事，因以爲號。』《文心雕龍・諸子》篇：『逮及七國力政，俊乂蠭起。孟軻應儒以馨折，莊周述道以翱翔，墨翟執儉犉之教，尹文課名實之符，野老治國於地利，騶子養政於天文，承流而枝附者不可勝算。』」張舜徽（1911～1992）《漢書藝文志通釋》卷三曰：「此乃六國時人述農耕之事，而託名野老以傳其書。野老爲誰？未可實指。猶道家《老成子》、《鄭長者》之類耳。此十七篇書，亦未必出一人之手。馬國翰輯佚書，但據馬驌《繹史》所云『蓋古農家野老之言而呂子（不韋）述之』一語，即逐錄《呂氏春秋・士容論》中〈上農〉、〈任地〉、〈辯土〉、〈審時〉四篇，合爲一卷，題曰《野老書》，非也。《繹史》所云『野老』，乃泛指老農言，非《漢志》之『野老』也。如此輯佚，由於無識。」

　　今按：《漢書・藝文志》農家次列《野老》十七篇，自注「六國時在齊楚間」，應劭曰「年老居田野，相民耕種，故號野老。」王應麟曰：「《眞隱傳》：『六國時人。遊秦、楚間，年老隱居，掌勸爲務。著書言農家事，因以爲號。』」此有齊、楚間與秦、楚間之別。許子自楚至滕，滕國亦爲齊楚間方圓五十里之一小國，《野老》可能爲許子一派後學所著，而其學派可能常活動於齊、楚間。

## 《宰氏》十七篇。不知何世。

### 【存佚著錄】

　　今亡佚。《隋書・經籍志》、《舊唐書・經籍志》、《新唐書・藝文志》皆不著錄。

### 【作者情況】

　　葉長青（1902～1948）《漢書藝文志問答》：「問：『《宰氏》十七篇，班氏自注「不知何世」，家德輝（即葉德輝——引者注）謂即計然，審否？』答：『班氏〈人表〉明列計然四等，豈有自注不知何世之理？班氏之時已不知何世，吾輩後班氏二千年，何必強作解人乎？』」

## 【學術源流】

清姚振宗（1842～1906）《漢書藝文志條理》卷二曰：「鄭樵〈氏族略〉：『宰氏，姬姓，周卿士宰周公之後，又有宰孔者，皆周太宰，以官爲氏。仲尼弟子宰予。』又曰：『宰氏氏，〈范蠡傳〉云：范蠡師計然，姓宰氏，字文子，葵邱濮上人。』（按宰氏氏者，鄭以爲複姓，恐不然。）馬國翰《范子計然》輯本序曰：『計然者，據本書葵邱濮上人，姓辛，字文子。案鄭樵〈氏族略〉宰氏注引〈范蠡傳〉：范蠡師事計然，姓宰氏，字文子。意者辛爲宰字之誤。《漢志》農家《宰氏》十七篇，或即計然歟？賈思勰《齊民要術》嘗引之。』案『計然姓辛，字文子，葵邱濮上人』，見馬總《意林》。北魏李暹注道家《文子》書，誤以計然之姓氏、里籍爲文子，前人辯之已詳。茲馬氏據〈氏族略〉疑『辛』爲『宰』字之誤，以爲即計然之書。案晉《中經簿》有計然《萬物錄》三卷，《唐·藝文志》農家首載《范子計然》十五卷，反覆推尋馬氏之說，亦頗近似。」陳朝爵（1876～1939）《漢書藝文志約說》卷二引葉德輝曰：「《史記·貨殖傳》裴駰《集解》云：『計然者，葵邱濮上人。姓辛氏，字文子，其先晉國亡公子。嘗南遊於越，范蠡師事之。』《元和姓纂》十五海、宰氏姓下引〈范蠡傳〉云：『陶朱公師計然，姓宰氏，字文子，葵邱濮上人。』據此，則唐人所見《集解》本，是作宰氏。宰氏即計然，故農家無計然書。《志》云不知何世。蓋班所見，乃後人述宰氏之學者，非計然本書也。」又曰：「李暹注《文子》云：『姓辛，號曰計然。本受業於老子。』是計然即道家之學。」張舜徽（1911～1992）《漢書藝文志通釋》卷三亦曰：「後人述其學而託之宰氏，蓋非出於一手、成於一時，故班氏不能定其爲何世之作也。」

## 《董安國》十六篇。漢代內史，不知何帝時。

### 【存佚著錄】

今亡佚。《隋書·經籍志》、《舊唐書·經籍志》、《新唐書·藝文志》已不著錄。

### 【作者情況】

清姚振宗（1842～1906）《漢書藝文志條理》卷二曰：「本書〈百官公卿表〉：內史，周官，秦因之，掌治京師。景帝二年分置左內史。右內史，武帝太初元年更名京兆尹，左內史更名左馮翊。又曰：『孝文十四年，內史董赤。』

案〈表〉所載漢內史並在景帝元二年之前，其後即分爲左、右內史。而文帝十四年有內史董赤，疑赤字安國，赤心奉國，義亦相應。安國殆亦如氾勝之教田三輔作此書歟？」張舜徽（1911～1992）《漢書藝文志通釋》卷三曰：「漢文帝時，行重農之策，安國掌治京畿，編述農書以爲民倡，事極可能，惜其書亦早亡。」

## 《尹都尉》十四篇。不知何世。

### 【存佚著錄】

今亡佚。《隋書·經籍志》、《舊唐書·經籍志》等均不著錄，《新唐書·藝文志》子部農家類著錄「《尹都尉書》三卷」。輯本有馬國翰所輯《尹都尉書》一卷，見《玉函山房輯佚書》子編農家類，馬國翰序曰：「考《氾勝之書》曰：驗美田至十九石，中田十三石，薄田一十石。尹澤取減，法神農。尹澤，疑都尉之名，意其爲漢成帝以前人也。其書《隋志》不著錄，《唐志》三卷，今佚。《藝文類聚》、《太平御覽》並引劉向《別錄》云：《尹都尉書》有〈種瓜〉篇，種芥、葵、蓼、薤、蔥諸篇。今所傳《齊民要術》備載其法，據補得六篇云。」清姚振宗（1842～1906）《漢書藝文志條理》卷二曰：「馬氏據《氾勝之書》以爲尹澤，近得其似。」

### 【學術源流】

宋王應麟（1223～1296）《漢藝文志考證》卷七引《北史》蕭大圜云：「獲菽尋氾氏之書，露葵徵尹君之錄。」清沈欽韓（1775～1831）《漢書藝文志疏證》卷二曰：「《唐志》：《尹都尉書》三卷。《齊民要術·種穀》篇氾勝之曰：『區種，驗美田至十九石，中田十三石，薄田一十石。尹澤取減法。』似尹都尉名澤也。《御覽》九百八十劉向《別錄》曰：『《尹都尉書》有〈種芥〉、〈葵〉、〈蓼〉、〈薤〉、〈蔥〉諸篇。』」清姚振宗（1842～1906）《漢書藝文志條理》卷二曰：「劉向《別錄》曰：『《尹都尉書》有〈種瓜〉篇，有〈種蓼〉篇，有〈種芥〉、〈葵〉、〈薤〉、〈蔥〉諸篇。』又曰：『都尉有《種蔥書》。』（諸輯本此下又有云：『曹公既與先生言，細人覘之，見其拔蔥。』按此乃類事者取魏武昭烈事，轉寫誤連爲一條，而訛「先主」爲「先生」耳，今不取。）《唐書·藝文志》：『《尹都尉書》三卷。』」張舜徽（1911～1992）《漢書藝文志通釋》卷三曰：「《藝文類聚》卷八二、《太平御覽》卷九七八、九八〇並引劉向《別

錄》云：『《尹都尉書》有〈種瓜〉篇，有〈種蓼〉篇，有〈種芥〉、〈葵〉、〈薤〉、〈蔥〉諸篇。』可知其書分事類物，各有專篇記載其種植之法。其後北魏賈思勰之《齊民要術》，實沿其例，特致詳於園圃藝蒔之法。顧其書取材廣博，《尹都尉書》特其搜採之一耳。其後輯佚書者，若馬國翰但輯錄《齊民要術》中〈種瓜〉、〈葵〉、〈芥〉、〈蓼〉、〈薤〉、〈蔥〉諸條，成爲一卷，名曰《尹都尉書》，豈有當乎？」

## 《趙氏》五篇。不知何世。

### 【存佚著錄】

今亡佚。《隋書・經籍志》、《舊唐書・經籍志》、《新唐書・藝文志》皆不著錄。

### 【學術源流】

清沈欽韓（1775～1831）《漢書藝文志疏證》卷二曰：「疑即趙過教田三輔者。《齊民要術》（〈耕田〉第一）崔寔《政論》曰：『趙過教民耕殖法，三犁共一牛，一人將之，下種挽樓，皆取備焉。日種一頃，至今三輔猶賴其利。』」清姚振宗（1842～1906）《漢書藝文志條理》卷二曰：「本書〈食貨志〉：『武帝末年，悔征伐之事，乃封丞相爲富民侯。下詔曰：方今之務，在於力農。以趙過爲搜粟都尉。過能爲代田，一畮三甽。歲代處，故曰代田，古法也。（師古曰：「甽或作畎。代，易也。」）后稷始甽田一，以二耜爲耦，廣尺深尺曰甽，長終畮。一畮三甽，一夫三百甽，而播種於三甽中。苗生葉以上，稍耨隴草，因隤其土以附苗根。故其《詩》曰：『或芸或芓，黍稷儗儗。』芸，除草也。芓，附根也。言苗稍壯，每耨輒附根，比盛暑，隴盡而根深，能風與旱，故儗儗而盛也。其耕耘下種田器，皆有便巧。率十二夫爲田一井一屋，故畮五頃，用耦犁，二牛，三人，一歲之收常過縵田畮一斛以上，（師古曰：「縵田，謂不爲甽者也。」）善者倍之。過使教田太常、三輔，（蘇林曰：「太常主諸陵，有民，故亦課田種也。」）太農置工巧奴與從事，爲作田器。二千石遣令長、三老、力田及里父老善田者受田器，學耕種養苗狀。民或苦少牛，亡以趨澤，故平都令先（按下文先當爲光）教過以人挽犁。過奏光以爲丞，教民相與庸挽犁。（師古曰：「庸，功也。」）率多人者田日三十畮，少者十三畮，以故田多墾闢。過試以離宮卒田其宮壖地，課得穀皆多其旁田畮一斛以

上。令命家田三輔公田，又教邊郡及居延城。是後邊城、河東、弘農、三輔、太常民皆便代田，用力少而得穀多。』《齊民要術》卷一：『武帝以趙過爲搜粟都尉，教民耕殖，其法三犁共一牛，一人將之，下種挽耬，皆取備焉。日種一頃，至今三輔猶賴其利。』按〈食貨志〉及《齊民要術》所載，則此趙氏明是趙過。過又善於製器，武、昭時人也，而班氏注云『不知何世』，豈別有其人耶？然其著聞者無過於過，此注及前董安國注『不知何帝時』，尹都尉注『不知何時』，疑皆非班氏本文。題曰『趙氏』者，或其子姓及史士爲之，不盡出於過手歟？」葉長青（1902～1948）《漢書藝文志問答》：「班氏自注有所謂『不知何世』及『不知何帝時』。夫『不知何世』者，當指春秋或戰國之時；『不知何帝時』者，專指漢代，義例本明。趙過，漢人，不得謂爲不知何世也。」張舜徽（1911～1992）《漢書藝文志通釋》卷三曰：「趙過於武帝末爲搜粟都尉，創爲代田之法，一畝三甽，歲代處，故曰代田。教民耕殖，其法三犁共一牛，一人將之，下種挽耬，皆取備焉。製爲耬車，並改進其他耕耘之具，遠近賴其利。事跡詳《漢書·食貨志》及《齊民要術》卷一。趙過實爲漢代最著名之農學家，《漢志》著錄之《趙氏》五篇，實指趙過無疑。特其人身任官職，勞於治事，未必有暇著書。此編殆亦他人所記而益以後出之事，由於紀述多雜，故班氏不能定其爲何世也。」

## 《氾勝之》十八篇。成帝時爲議郎。（師古曰：「劉向《別錄》云：使教田三輔，有好田者師之，徙爲御史。氾音凡，又音敷劍反。」）

### 【存佚著錄】

今亡佚。《隋書·經籍志》著錄：「《氾勝之書》二卷，漢議郎氾勝之撰。」《舊唐書·經籍志》著錄：「《氾勝之書》二卷，氾勝之撰。」《新唐書·藝文志》著錄：「《氾勝之書》二卷。」《崇文總目》、《宋史·藝文志》已不著錄。陳朝爵（1876～1939）《漢書藝文志約說》卷二引周壽昌曰：「《文獻通考》無其書，殆亡於宋末。」《氾勝之》之輯本有六種：其一爲洪頤煊所輯《氾勝之書》二卷，見《經典集林》；其二爲宋葆淳所輯《漢氾勝之遺書》一卷，見道光本《昭代叢書》癸集萃編；其三爲馬國翰所輯《氾勝之書》二卷，見《玉函山房輯佚書》子編農家類，其序曰：「今無傳本，散見賈思勰《齊民要術》中，輯錄猶得十四篇。又從〈黍穄〉篇別出〈種稗〉，從〈種穀〉篇別出〈區田法〉，爲篇十六。又從《文

選注》、《藝文類聚》、《御覽》所引綴爲〈雜篇〉上下，十八篇之書猶完。依《隋志》分爲二卷，書言樹藝之法親切詳明，鄭康成注《禮》亟引之。賈公彥謂漢時農書，氾勝爲上，洵不虛也。」其四爲杜文瀾所輯《氾勝之書》，見《古謠諺》卷三十七；其五爲顧觀光所輯《氾勝之書》，見《武陵山人遺稿・古書逸文》；其六爲王仁俊所輯《氾勝之書》一卷，見《經籍佚文》。張舜徽（1911～1992）《漢書藝文志通釋》卷三曰：「其書早亡，馬國翰、洪頤煊、宋葆淳諸家均有輯本，洪書較勝，在《經典集林》中。」孫啓治等曰：「今佚，唯散見於《齊民要術》，而唐、宋類書及《文選》李善注亦引之。馬國翰據《齊民要術》採摭，以類歸爲十六篇，並據諸書所引校其文字，又雜採諸書得數節，合爲雜篇附後。洪頤煊採自《要術》者與馬輯相當。按『稗既堪水』一節，自『酒甚美』以下《要術》原作注文，洪氏據《爾雅翼》所引訂爲正文。又『驗其美田至十九石』一節，馬輯文多於洪輯。至二家雜採他書者，則洪輯『取雪汁漬原蠶矢』（此節馬氏已於注中引之）、『秔稻，秔稻』、『種土不可厚』、『一年大豆有千萬粒』四節爲馬所無，馬輯『吳王濞開茱萸溝』、『農事惰』二節爲洪所無。顧觀光所採與洪輯大體相當，文字間亦互有詳略。宋葆淳僅錄《要術》所載，唯末附《文選》注所引一節而已。按宋輯漫無編次，大抵僅『蕎麥』一節未見洪、馬二輯，其餘不出二家之外。杜文瀾從宋輯錄出二節，又採《爾雅翼》引一節，皆韻文。王仁俊僅採《爾雅翼》引一節。」〔註5〕

## 【作者情況】

清姚振宗（1842～1906）《漢書藝文志條理》卷二曰：「劉向《別錄》曰：『使教田三輔，有好田者師之，徙爲御史。』《太平御覽・資產部》：《氾勝之書》曰：『衛尉前上蠶法，今上農法，民事人所忽略，衛尉勸之，可謂忠國愛民之至。』（按此似當時詔書褒美之文，又似《別錄》中語。氾勝之與劉中壘同時，當中壘典校諸子時，適會其上農法，故云『今』。因並其前所上蠶法合爲一編。鄭樵〈氏族略〉云『《農書》十二篇』，審是，則《蠶法》六篇，共十八篇。然久遠無徵，莫得而詳矣。）《晉書・食貨志》：太興元年詔曰：『昔漢遣輕車使者氾勝之督三輔種麥，而關中遂穰。』《廣韻》二十九凡『氾』字注：『氾，又姓，出燉煌、濟北二望。』皇甫謐云：『本姓凡氏，遭秦亂，避地於氾水，因改焉。漢有氾勝之撰書，言種植之事。子輯爲燉煌太守，子孫因家焉。』……鄭樵〈氏族略〉：『氾

〔註5〕 孫啓治、陳建華：《中國古佚書輯本目錄解題》，上海古籍出版社，2009年版，第230頁。

氏，周大夫，食采於氾，因以爲氏。漢有氾勝之，爲黃門侍郎，撰《農書》十二篇。』」

## 【學術源流】

宋王應麟《漢藝文志考證》卷七曰：「皇甫謐云：『本姓凡氏，遭秦亂，避地於氾水，因改焉。勝之撰書，言種植之事。子輯，爲燉煌太守。』《隋》、《唐》有《氾勝之書》二卷。《月令》注：『農書曰：土長冒橛（《國語注》引『春土冒橛』），陳根可拔，耕者急發。』（《正義》云：『先師以爲《氾勝之書》。』）《周禮·草人》注：『化之使美，若氾勝之術也。』疏云：『漢時農書有數家，《氾勝》爲上。』」清沈欽韓（1775～1831）《漢書藝文志疏證》卷二曰：「《齊民要術》：『《氾勝之書》曰：凡耕之本在於趣時，和土，務糞澤，早鋤獲。春凍解，地氣始通，土一和解。夏至，天氣始暑，陰氣始盛，土復解。夏至後九十日，晝夜分，天地氣和。以此時耕田，一而當五，名曰膏澤，皆得時功。春地氣通，可耕堅硬強地黑壚土，輒平摩其塊以生草；草生復耕之；天有小雨復耕和之，勿令有塊以待時。所謂強土而弱之也。春候地氣始通：椓橛木長尺二寸，埋尺，見其二寸；立春後，土塊散，土沒橛，陳根可拔。此時二十日以後，和氣在，即土剛。以此時耕，一而當四；和氣去，耕，四不當一。杏始華榮，輒耕輕土弱土。望杏花落，復耕。耕輒藺之。草生，有雨澤，耕重藺之。土甚輕者，以牛羊踐之。如此則土強。此謂弱土而強之也。愼無旱耕。須草生，至可種時，有雨即種土相親，苗獨生，草穢爛，皆成良田。此一耕而當五也。不如此而旱耕，塊硬，苗、穢同孔出，不可鉏治，反爲敗田。秋無雨而耕，絕土氣，土氣堅垎，名曰臘田。及盛冬耕，泄陰氣，土枯燥，名曰脯田。脯田與臘田，皆傷田，二歲不起稼，則一歲休之。冬雨雪止，輒以藺之，掩地雪，勿使從風飛去；後雪復藺之，則立春保澤，凍蟲死，來年宜稼。得時之和，適地之宜，田雖薄惡，收可畝十石。』又有區種九穀法曰：『湯有旱災，伊尹作爲區田。』《後書·劉愷傳》：『永平中，以郡國牛疫，通使區種增耕。』《御覽》八百二十三亦多引《氾勝之書》，然不出《齊民要術》所引也。」張舜徽（1911～1992）《漢書藝文志通釋》卷三曰：「《晉書·食貨志》記載太興元年，詔曰：『昔漢遣輕車使者氾勝之督三輔種麥，而關中遂穰。』可知其人重本興農，爲後世所尊慕。著書言播種樹藝耕耘之法，至爲詳明。鄭玄注《禮》，即引用之。《周禮》草人注：『化之使美，若氾勝之術也。』賈公彥疏云：『漢時農書有數家，氾勝爲上。』是其書在唐以前早有定評。故北魏賈思勰撰《齊民要術》，采其說爲最多。《漢志》但以『氾勝之』三字標題，《隋志》於其下益

一『書』字，陸德明《爾雅釋文》稱之爲《氾勝之種植書》，李善《文選注》又改題爲《氾勝之田農書》，皆異名也。」

## 《王氏》六篇。不知何世。

### 【存佚著錄】

今亡佚。《隋書・經籍志》、《舊唐書・經籍志》、《新唐書・藝文志》皆不著錄，早已亡佚。

### 【學術源流】

清姚振宗（1842～1906）《漢書藝文志條理》卷二曰：「王氏未詳。按氾勝之已在成帝時，此列於其後，大抵亦與氾氏同時。若又在其後，則已將漢末，《七略》亦不及載矣。而班氏注云『不知何世』，亦疑是後人語，非班氏本文。」張舜徽（1911～1992）《漢書藝文志通釋》卷三曰：「今本《漢志》所列諸書次第，恐久經傳鈔，難免前後顛倒錯亂，似未可據以立論。不然，此下尚有《蔡癸》一篇，乃宣帝時人，何以獨列於末耶？如原本次第未亂，則此王氏之時，當不甚晚。無徵不信，闕疑可也。」

## 《蔡癸》一篇。宣帝時，以言便宜，至弘農太守。（師古曰：「劉向《別錄》云：邯鄲人。」）

### 【存佚著錄】

今亡佚。《隋書・經籍志》、《舊唐書・經籍志》、《新唐書・藝文志》皆不著錄。馬國翰所輯《蔡癸書》一卷，見《玉函山房輯佚書》子編農家類，輯本序曰：「考賈思勰《齊民要術》引崔寔《政論》有『趙過教民耕殖，其法三犁共一牛』云云。而《太平御覽》引作『宣帝使蔡癸校民耕事』，文正同。蓋癸書述趙過法而崔寔引之也。又《漢書・食貨志》詳言趙過代田之法，後次以『蔡癸以好農，使勸郡國，至大官』。知當日校民耕殖，不外代田也。茲據採補，附錄《漢志》，俾有徵考。農圃小道，亦具見師承如此。」孫啓治等曰：「《齊民要術》載崔寔《政論》，述趙過教民耕種之法，與《太平御覽》引宣帝使蔡癸教民耕植之文正同。馬氏以爲癸書蓋述趙過之法，而崔氏之《政論》

所載乃從癸書引之，因據《政論》錄出，並採〈食貨志〉所載趙過代田之法為附錄。」〔註6〕

## 【學術源流】

宋王應麟（1223～1296）《漢藝文志考證》卷七曰：「〈食貨志〉：『宣帝時，蔡癸以好農，使勸郡國，至大官。』《太平御覽》崔元始《正論》曰：『宣帝使蔡癸校民耕相，三犁共一牛，一人持之，下種、挼耬皆取備焉。一日種頃田。』」清沈欽韓（1775～1831）《漢書藝文志疏證》卷二曰：「《御覽》八百二十二崔元始《正論》曰：『宣帝使蔡癸教民耕田，三犁共一牛，一人持之，下種挼耬，皆取備焉。一日種一頃。』」清姚振宗（1842～1906）《漢書藝文志條理》卷二曰：「劉向《別錄》曰：『邯鄲人。』本書〈食貨志〉曰：『宣帝即位，用吏多選賢良，百姓安土，歲數豐穰。五鳳中，蔡癸以好農使勸郡國，至大官。』師古曰：『為使而勸郡國也。』《太平御覽・資產部》：崔元始《正論》曰：『宣帝使蔡癸校民耕植，三犁共一牛，一人持之，下種挼耬，皆取備焉，日種一頃也。』……按此列成帝時氾勝之之後者，或其人後氾勝之卒，而其書亦後出，或所言皆趙過諸人之成法，故置之末簡歟？」張舜徽（1911～1992）《漢書藝文志通釋》卷三曰：「《漢書・食貨志》云：『宣帝即位，用吏多選賢良，百姓安土，歲數豐穰。五鳳中，蔡癸以好農，使勸郡國，至大官。』此一篇之書，蓋即其巡行郡國，教民耕種，勸課農桑之文也。」

# 右農九家，百一十四篇。

## 【家篇數目】

清姚振宗（1842～1906）《漢書藝文志條理》卷二曰：「此篇家數、篇數並不誤。」張舜徽（1911～1992）《漢書藝文志通釋》卷三曰：「今計家數、篇數，悉與此合。」

農家者流，蓋出於農稷之官。播百穀，勸耕桑，以足衣食，故八政一曰食，二曰貨。孔子曰：「所重民食。」（師古曰：「《論語》載孔子稱殷湯伐桀告天辭也。言為君之道，所重者在人之食。」）此其所長也。及鄙者為之，以

〔註6〕孫啓治、陳建華：《中國古佚書輯本目錄解題》，上海古籍出版社，2009年版，第230頁。

為無所事聖王，（師古曰：「言不須聖王，天下自治。」）欲使君臣並耕，悖上下之序。（師古曰：「悖，亂也，音布內反。」）

## 【學術源流】

《新論‧九流》曰：「農者，神農、野老、宰氏、氾勝之類也。其術在於務農，廣為墾闢，播植百穀，國有盈儲，家有蓄積，倉廩充實，則禮義生焉。然而薄者，若使王侯與庶人並耕於野，無尊卑之別，失君臣之序也。」

《隋書‧經籍志》曰：「農者，所以播五穀，藝桑麻，以供衣食者也。《書》敘八政，其一曰食，二曰貨。孔子曰：『所以重民食。』《周官》冢宰以九職任萬民，其一曰三農生九穀；地官司稼掌巡邦野之稼，而辨穜稑之種，周知其名與其所宜地，以為法而懸於邑閭是也。鄙者為之，則棄君臣之義，徇耕稼之利，而亂上下之序。」張舜徽（1911～1992）《漢書藝文志通釋》卷三謂《隋志》「此論實本《漢志》而補申之，可以互證」。

《崇文總目‧農家類敘》曰：「農家者流，衣食之本原也，四民之業，其次曰農。稷播百穀，勤勞天下，功炳後世，著見書史；孟子聘列國，陳王道，未始不究耕桑之勤。漢興，劭農勉人，為之著令。今集其樹藝之說，庶取法焉。」

明焦竑（1540～1620）《國史經籍志‧農家敘》曰：「聖王播百穀，勸耕稼，以足衣食，非以務地利而已。人農則樸，樸則易用，易用則邊境安而主勢尊。人農則少私義，少私義則公法立。人農則其產複，其產複則重流徙，而無貳心。天下無貳心，即軒轅幾蘧之理不過也。今大江以南，土沃力勤，甲於寓內；而潟鹵瘠空，西北為甚，雨澤不時，輒倚耜而待槁，霪潦一至，龍蛇魚鱉且據卑隰而宮之，豈獨天運人事有相剌戾哉！斯民皆竄偷惰，而教率之者疏耳。古有農官，顓董其役，而田野不闢則有讓，播殖之宜，蠶繰之節，如《管子》、《李悝》之書多具之，惜不盡傳，姑列其見存者於篇。」

《四庫全書總目‧子部農家類敘》曰：「農家條目，至為蕪雜。諸家著錄，大抵輾轉旁牽，因耕而及《相牛經》，因《相牛經》及《相馬經》、《相鶴經》、《鷹經》、《蟹錄》至於《相貝經》，而《香譜》、《錢譜》相隨入矣。因五穀而及《圃史》，因《圃史》而及《竹譜》、《荔支譜》、《橘譜》至於《梅譜》、《菊譜》，而唐昌《玉蕊辯證》、《揚州瓊花譜》相隨入矣。因蠶桑而及《茶經》，因《茶經》及《酒史》、《糖霜譜》至於《蔬食譜》，而《易牙遺意》、《飲膳正要》相隨入矣。觸類蔓延，將因《四民月令》而及算術、天文，因田家五行

而及風角、鳥占，因《救荒本草》而及《素問》、《靈樞》乎？今逐類汰除，惟存本業，用以見重農貴粟，其道至大，其義至深，庶幾不失〈豳風〉、〈無逸〉之初旨。茶事一類，與農家稍近，然龍團鳳餅之制，銀匙玉碗之華，終非耕織者所事，今亦別入譜錄類，明不以末先本也。」

清文廷式（1856～1904）《純常子枝語》卷四曰：「（實齋）又云：農家託始神農，《書》之〈無逸〉、《詩》之〈豳風〉、《大戴記》之〈夏小正〉、《小戴記》之〈月令〉、《爾雅》之〈釋草〉、《管子》之〈牧民篇〉、《呂氏春秋・任地》諸篇，俱當用裁篇別出之法，冠於農家之首者也。余按：今時實齋所見者僅此，若漢時古籍具存其言農事者當數倍於此，必皆裁篇別出，務求詳盡，則近於類書，非目錄家之學也。」

蔡元培（1868～1940）《中國倫理學史・農家》曰：「周季農家之言，傳者甚鮮。其有關於倫理學說者，唯許行之道。唯既為新進之徒陳相所傳述，而又見於反對派孟子之書，其不相，所不待言，然即此見於孟子之數語而尋繹之，亦有可以窺其學說之梗略者，故推論焉。……許行對於政治界之觀念，與莊子同。其稱神農，則亦猶道家之稱黃帝，不屑齒及於堯舜以後之名教也。其為南方思想之一支甚明。孟子之攻陳相也，曰：『陳良，楚產也。悅周公、仲尼之道，北學於中國，北方之學者，未能或之先也。』又曰：『今也南蠻鴃舌之人，非先王之道，子倍子之師而學之。』是即南北思想不相容之現象也。然其時，南方思潮業已侵入北方，如齊之陳仲子，其主義甚類許行。仲子，齊之世家也。兄戴，蓋祿萬鍾。仲子以兄之祿為不義之祿而不食之，以兄之室為不義之室而不居之，避兄離母，居於於陵，身織屨，妻辟纑，以易粟。孟子曰：『仲子不義，與之齊國而弗受。』又曰：『亡親戚君臣上下。』其為粹然南方之思想無疑矣。」

章太炎（1869～1936）《諸子學略說》曰：「農家諸書，世無傳者。《汜勝之書》時見他書徵引，與賈思勰之《齊民要術》、王禎之《農書》義趣不異。若農家止於如此，則不妨歸之方技，與醫經、經方同列。然觀《漢志》所述云：『鄙者為之，以為無所事聖王，欲使君臣並耕，悖上下之序。』則許行所謂神農之言，猶有存者。《韓非・顯學》篇云：『今世之學士語治者，多曰與貧窮地，以實無資。』是即近世均地主義，斯所以自成一家歟？」

陳朝爵（1876～1939）《漢書藝文志約說》卷二曰：「姚明煇曰：『鄙者，如孟子所載許行是。』案，許行並耕之說，為事理所必不能行。孟子辟之，

已無可復立。今世社會學者『共產』之說，乃極與之相似，而其手段則暴虐殘忍，宜乎世界咸嚴厲以防遏之。顧其說標揭平民化，最使人心醉，是其與許行本論甚合也。然一考其行政，實則專制集權，刑法苛厲，有十百於君主時代者。然則班氏論鄙者並耕之說，無事王治，悖上下之序者，但即其所標揭之名論之。其實彼之爲政，仍尊無二上，而使億萬人屈伏乎其下，何嘗欲悖上下之序哉！」

呂思勉（1884～1957）《先秦學術概論》曰：「土地任人私占；一切事業，皆任人私營；交易贏絀，亦聽其自然，官不過問。此在後世，習以爲常。在古代則視爲反常之事。故言社會生計者，欲將鹽鐵等業，收歸官營，人民之借貸，由官主之，物價之輕重，亦由官制之也。此爲農家言之本義。」

江瑔（1888～1917）《讀子卮言》第四章〈論諸子之淵源〉曰：「推之於農家出於農稷之官，亦與諸家同。此可見九流之學，皆淵源於史官，在後世雖支分派別，在古代實同出一源。至若九流之外，若小說家，若兵家，亦莫不皆然。」《讀子卮言》第十六章〈論農家非言農事〉：「班氏述《志》，以農家列於小說家之前，而次於八家之後者，其亦以其學卑卑無足道，與小說家相去無幾耶？竊以爲不然。彼農家者，蓋假『農』之名以發闡其學之理，而於耕稼農桑之事絕無與焉者也。……考班氏即敘錄諸子，復總而論之，謂『諸子十家，其可觀者九家而已』，其下文複數稱『九家』而不及於『小說』，是可知農家之學與彼八家同稱『九流』。雖九家相較，不無得失盛衰之可言，而其各引一端，崇其所善，爲當世之所重則一，非彼『道聽途說』之小說家所可比擬。此其證一也。古者諸子爭鳴，成學派，後世按類教授，因有學科。學科與學派異。學科有形，而學派無形，有形者有定，無形者無定。諸子百家之學皆無形而非有形者也，如儒家之仁義，道家之虛無，陰陽家之談天，法家之嚴刻，名家之堅白異同，墨家之兼愛，從衡家之辯才，雜家之橫議，皆超然立論於物外，無形象之可言。惟無形，故其道高而莫能名，可以互相詰難而不可屈，宗之者爲同派，非之者爲異派，亦惟無形，因而無定。故儒可變爲八，墨可變爲三，老、莊之後可變爲申、韓。若今日之學科，則均無此焉。是則凡學派必無形，亦必無形而後可以成學派，諸子皆同，農家詎能獨異？若農家專詳農事，則爲有形之具，以此教人，只可如今日之學科，又奚足以成派乎？此其證二也。農所以裕民食，雖爲立國之大本，然此特農夫之事，其業甚微。且古代淳樸，機器理化之學未明，一切耕稼之術，獲刈之

具，均歷世相延，安於鈍拙，無學之可言，與彼遠西之農學列爲專科，相去
奚啻天壤！故樊遲學稼，貽老農之誚；百畝不易，惟農夫是優。蓋以此爲小
人之事，非大人所宜爲也。《周禮》記考工，史公傳貨殖，而農則無聞，是士、
工、賈皆有學，而農則無學，其來已久矣。若農家專詳農事，則農夫所優爲，
學士不屑道，又奚足以成一家之學，而行之於當代耶？此其證三也。古者諸
子之學，必以其所倡之事，先行之於其躬，以爲天下法，斯其學可得而行。
若農家專詳農事，則以耕爲業者也。以耕爲業則必居有常處，以從事於田畝，
而不能棄田畝而他徙。然許行爲農家之魁，乃自楚之滕，不常厥居，一似欲
周流天下，棲棲而不敢息者。滕文公只與之一廛而爲氓，並未聞與之百畝而
使之耕。彼以耕爲業，今則失其所耕，彼豈能負郭外之田與身俱行哉？是則
許行以農家倡，而彼並未汲汲於農事也。況孟子言『其徒數十人，皆捆屨織
席以爲食』，捆屨織席，何與於耕？是農家之徒亦未嘗以耕爲業也。許行爲農
家之魁，其徒宗農家之學，均未以耕爲重，則意不在於農事可知矣。此其證
四也。農家之學不傳於後代，班《志》所錄其數廑九家，惟《氾勝之》十八
篇、《蔡癸》一篇爲漢時人，去之未遠，因以尚知其姓氏年代。《董安國》十
六篇袛知爲漢代內史，已云不知何帝時。其《神農》二十篇，《野老》十七篇，
只知爲六國時，又不知爲何人所作。其餘若《宰氏》十七篇，《尹都尉》十四
篇，《趙氏》五篇，《王氏》六篇，則俱云『不知何世』，其失據莫考諸家，未
有若是之甚者，蓋其學之斷絕亦已久矣。然自神農以來，數千載之間未嘗一
日無農，何以農家之學反斷絕耶？是則農家與農事截然爲二，故農家之學不
能與農事俱傳，其理猶顯然易見。此其證五也。況班《志》於所錄農家九種
外，別有農事之書。如《神農教田相土耕種》十四卷，則言耕稼種植之事也。
又《種樹臧果相蠶》十三卷，則言樹藏蠶桑之事也。此均爲農事最要之書，
乃不列於〈諸子略〉之農家，而列於〈數術略〉之雜占。又如《請雨止雨》
二十六卷，《泰壹雜子候歲》二十二卷，《子贛雜子候歲》二十六卷，此言水
旱歲時，亦與農事相關者也，亦列於雜占中。班《志》分類錄書，本於劉《略》，
劉氏亦必有所承。倘俱言農事，則不宜分而爲二；今別錄農事之書列於農家
之外，則農家所言斷非農事，漢人已知之，猶可爲顛撲不移之確據。此其證
六也。凡此六證，歷歷可指，學者當曉然於農家之學其宗旨別有所在，於稼
穡農桑之事絕無與焉矣。然則農家之宗旨果安在耶？竊考漢、魏以後，農家
失傳，隻字不存於後世，後世之所謂農家，非古之所謂農家也。惟《孟子》

略載許行之言，粗存其梗概，尚不失農家之真，今欲知其宗旨，當以此爲據。蓋農家者以君臣並耕爲宗，而欲均貧富，齊勞逸，以平上下之序，而齊天下之物者也。孟子闢諸家之學，雖詞或失於當，然均能深知諸家之宗旨之所在，握要而道之。如於墨則曰兼愛，於楊則曰爲我，皆足櫽括其學。今於許行，亦云『與民並耕而食，饔飧而治』，此即農家宗旨之所在也。然農家之學雖揭櫫『並耕』以爲宗，而其意實不在此，非必有君臣並耕之事也。彼之意實欲借『並耕』之說，使君臣上下平其序，而萬物得其大齊。……孟子於辯論之間亦或有一二附益之詞，然知農家最眞者亦究莫孟子若也。孟子而後，漢人去古未遠，亦頗知之，故班氏誤《志》，列農書於農家之外。彼蓋知農家之學所言者道農事之書所言者術，術即古之所謂器，不能與道並論，故歸農書於數術，不敢以雜農家而同科也。後世不明農家之旨，泥其名而不究其學，乃咸以《齊民要術》諸書列於農家，不特失農家之真，不亦亂班氏之舊耶？……竊按其言某家出於某官，亦本古人之言，而下所云云，則大失農家之真。班氏之意，以爲農家之旨在於播百穀、勸農桑，而其末流乃變而諱君臣上下之序，其言適與農家相反。彼豈知農家之旨不專在於播百穀、勸農桑，而君臣並耕、上下諱序亦即農家之本旨之所在，而非由於末流之所變乎？許行爲農家之鉅魁，君臣並耕之論即起於許行，《孟子》所載昭然可據，何得云鄙者爲之？是可見農家初出，即以君臣並耕爲宗，不過借播百穀、勸農桑以發闡其所學耳。若以播百穀、勸農桑爲農家之所長，則與《教田相土耕種》、《種樹臧果相蠶》諸書有何區別？班氏奚爲分而錄之？不亦自諱其例耶？此蓋戰國以後，君權日張，民氣愈蹙，惟儒家上天下澤、法家尊君抑民之說得傳於世，其次則道家清淨無爲亦無害於時君，得以稍延其緒。農家欲齊齊萬物，夷天子之尊下與農民等，最爲時君所忌，在戰國之世已不能大行，厥後呂政、劉徹復幾經遏抑，迄於東漢，已蕩滅無餘，故班氏所錄九家，僅存空名，而不知其何世，遂強以私意辟測之，而不知其非也。班氏如此，無怪乎後世學者益溷雜而不能分矣。」

　　葉長青（1902～1948）《漢書藝文志問答》：「問：『本志〈農家敘〉謂「農家者流，蓋出於農稷之官」，后稷之爲官名，固知之矣，神農之爲官名，可得聞乎？』答：『《呂氏春秋·六月紀》高誘注：「昔炎帝爲神農，能殖嘉，神而化之，號爲神農，後世因名其官爲神農。」是也。』」

　　高華平《先秦諸子與楚國諸子學》曰：「儘管農家學派的思想與先秦諸子

中的道、墨、法、陰陽等家有某些相同或相近之處，但這並不足以否定『農家』作爲一個獨立學派的存在，更不能因此而懷疑『農家』與上古『農稷之官』的淵源關係。農家不僅與墨、道、法諸家在思想主張上有相近之處，而且與儒家、陰陽家等其他諸子學派也可以找到某些共同點。如儒家的經典《尙書・洪範》中敘『八政』：『一曰食，二曰貨。』《周禮》中又有『三農生九穀』，司稼『掌巡邦野之稼』等說，這都說明儒家也有重農的主張。陰陽家『敬順昊天』，『敬授民時』；而農家也認爲『凡農之道，厚（候）爲之寶』。『舉事愼陰陽之和，種樹節四時之適，無早晚之失、寒溫之災，則人多』。但這同樣並不表示農家與儒家或陰陽家有淵源關係，而只是如班固在《漢志》的自注中所云，反映了六國時，諸子疾時怠於農耕，故而道耕農事的史實而已。至於作爲先秦諸子之一的農家，則如《漢書・藝文志》所言，是一個源遠流長、有著自己的思想體系的獨立的學術派別。」〔註7〕

　　今按：《漢書・藝文志》在介紹先秦秦漢學術流派時，把農家作爲當時諸子百家中的一家。農家的著作共 9 種，其中《神農》20 篇和《野老》17 篇係「六國時」作品。他們和其他學派一樣，有自己的關於政治和社會的主張，同時又以系統地闡述農業科學技術原理而見長。農家的著作，應該包括這兩方面的內容，可稱之爲早期的農書。實際上，把農業科學技術或有關問題作爲主要內容或主要內容之一的著作不限於《漢書・藝文志》中所提到的幾種。這些農書或農學文獻的出現，使傳統的農業科學技術第一次有了文字的系統總結，從而成爲中國傳統農學形成的重要標誌之一。從《漢書・藝文志》的敘述看，先秦農家可以分爲兩派：一派其學說的內容帶有「官方農學」的色彩；另一派學說則帶有「平民農學」的色彩。無論是帶有「官方農學」色彩的農家，還是帶有「平民農學」色彩的農家，其學說均應包括兩個方面，一方面是關於社會政治的主張，另一方面是關於農業科學技術的知識。《呂氏春秋・士容》中有〈上農〉、〈任地〉、〈辯土〉、〈審時〉四篇，〈上農〉談農業政策思想，其他三篇談農業科學技術，從其內容分析，當係取材於以《后稷》命名的農書，其中官方農學的色彩甚濃，應屬前一派的農家。《孟子・滕文公上》談到當時「有爲神農之言者許行」，主張「賢者與民並耕而食，饔飧而治」，則屬後一派的農家。從孟子和許行學說的信奉者陳相的辯論中，可以窺見許

〔註7〕　高華平：《先秦諸子與楚國諸子學》，北京師範大學出版社，2016 年版，第 273～275 頁。

行學說的有關內容，一是主張人人參加生產勞動，反對剝削，反對有脫離生產勞動的管理者；二是主張統一市場價格，反對商業剝削與欺詐。這些主張鮮明地反映了當時備受封建國家和商人高利貸者層層剝削的小生產者（主要是個體小農）的處境和願望，和《漢書‧藝文志》所說的「及鄙者爲之，以爲無所事聖王，欲使君臣並耕，詩上下之序」，若合符節。這一派學者親自參加農業勞動，對農業科學技術應有所總結，《漢書‧藝文志》所載六國時農書《神農》和《野老》，大概就是這一派的著作，裏面應有農學方面的內容，可惜原書已經失佚。（見《農家的出現與先秦時期的農學文獻》）

# 十、小說家

**《伊尹說》二十七篇**。其語淺薄，似依託也。

**【存佚著錄】**

今亡佚。《隋書・經籍志》、《舊唐書・經籍志》、《新唐書・藝文志》等已不著錄，早已亡佚。

**【真偽考辨】**

《呂氏春秋・本味》曰：「湯得伊尹，祓之於廟，爝以爟火，釁以犧猳。明日設朝而見之，說湯以至味。湯曰：『可對而為乎？』對曰：『君之國小，不足以具之，為天子然後可具。夫三群之蟲，水居者腥，肉玃者臊，草食者膻。惡臭猶美，皆有所以。凡味之本，水最為始。五味三材，九沸九變，火為之紀。時疾時徐，滅腥去臊除膻，必以其勝，無失其理。調合之事，必以甘、酸、苦、辛、鹹。先後多少，其齊甚微，皆有自起。鼎中之變，精妙微纖，口弗能言，志不能喻。若射御之微，陰陽之化，四時之數。故久而不弊，熟而不爛，甘而不噥，酸而不酷，鹹而不減，辛而不烈，淡而不薄，肥而不膩。』」《史記・殷本紀》伊尹「從湯言素王及九主之事」，裴駰《集解》引劉向《別錄》曰：「九主者，有法君、專君、授君、勞君、寄君、等君、破君、國君、三歲任君，凡九品，圖畫其形。」清何焯（1661～1722）《義門讀書記》卷三曰：「小說家《伊尹說》二十七篇，依託之書，皆入小說，弗為弗滅，斯舉衷矣。」清嚴可均（1762～1843）《全上古三代秦漢三國六朝文》全上古三代文

卷一《說湯》注曰：「《呂氏春秋・本味》篇，疑即小說家之一篇。《孟子》『伊尹以割烹要湯』，謂此篇也。」清沈欽韓（1775～1831）《漢書藝文志疏證》卷二曰：「《說苑》〈君道〉、〈臣術〉並有湯問伊尹答，其語誠淺薄。」張舜徽（1911～1992）《漢書藝文志通釋》卷三曰：「伊尹有書五十一篇，見前道家。與此不同者，一則發攄道論，一則薈萃叢談也。所記皆割烹要湯一類傳說故事，及其他雜說異聞。書乃偽託，早亡。」

## 【學術大旨】

顧實（1878～1956）《漢書藝文志講疏》三〈諸子略〉曰：「道家名《伊尹》，名《鬻子》，此名《伊尹說》、《鬻子說》，必非一書。然亦可明道家、小說一本矣。」陳朝爵（1876～1939）《漢書藝文志約說》卷二曰：「顧說甚確，但『一本』二字尚未安。大抵古之小說家多託於道家神仙之事，傅會詭異，以動人觀聽。所謂某某說者，即如近世所謂『演義』。其事既託於古，仍號為伊尹、鬻子、天乙、黃帝。班氏云『淺薄似依託』、云『後世所加』、云『迂誕』，於小說深察其本矣。」〔註1〕

## 《鬻子說》十九篇。後世所加。

## 【存佚著錄】

今亡佚。《隋書・經籍志》已不著錄，《舊唐書・經籍志》子部小說家類著錄《鬻子》一卷。清嚴可均（1762～1843）《鐵橋漫稿》卷五〈鬻子敘〉曰：「《隋志》道家：《鬻子》一卷。《舊唐志》改入小說家。案：隋、唐人所見，皆道家殘本；其小說家本梁時已佚失，劉昫移道家本當之，非也。」

## 【真偽考辨】

《四庫全書總目》卷一一七〈鬻子提要〉曰：「《漢書・藝文志》道家《鬻子》二十二篇，又小說家《鬻子說》十九篇，是當時本有二書。《列子》引《鬻子》凡三條，皆黃、老清靜之說，與今本不類，疑即道家二十二篇之文。今本所載與賈誼《新書》所引六條，文格略同，疑即小說家之《鬻子說》也。」顧實（1878～1956）《漢書藝文志講疏》三〈諸子略〉曰：「道家名《鬻子》，

---

〔註1〕 今按：小說允許虛構，可以「演義」，甚至「戲說」；而歷史不能虛構，更不能偽造。令人奇怪的是，有的人書寫的歷史竟然比小說還虛假。

此名《鬻子說》，必非一書。」姚明煇（1881～1961）《漢書藝文志注解》卷三曰：「禮家之《明堂陰陽》與《明堂陰陽說》為二書，可比證。」張舜徽（1911～1992）《漢書藝文志通釋》卷三曰：「鬻子有書二十二篇，見前道家。此與《伊尹說》一書同例，皆後世所綴集，託之古人也。書亦不傳。」

## 《周考》七十六篇。考周事也。

### 【存佚著錄】

今亡佚。《隋書‧經籍志》、《舊唐書‧經籍志》、《新唐書‧藝文志》皆不著錄。

### 【學術源流】

清章學誠（1738～1801）《校讎通義》卷三曰：「小說家之《周考》七十六篇，《青史子》五十七篇，其書雖不可知，然班固注《周考》，云『考周事也』。注《青史子》，云『古史官紀事也』。則其書非《尚書》所部，即《春秋》所次矣。觀《大戴禮‧保傅》篇，引青史氏之記，則其書亦不儕於小說也。」清姚振宗（1842～1906）《漢書藝文志條理》卷二駁斥章氏之說曰：「以為當部於《尚書》家，不可為訓。」張舜徽（1911～1992）《漢書藝文志通釋》卷三曰：「此云《周考》，猶言叢考也。周乃周遍、周普無所不包之意。《漢志》禮家之《周官》，儒家之《周政》、《周法》，道家之《周訓》，皆當以此解之，已具論於前矣，小說家之《周考》，蓋雜記叢殘小語、短淺瑣事以成一編，故為書至七十六篇之多。其中或及周代軼聞者，見者遽目為專考周事，非也。下文猶有《周紀》、《周說》，悉同此例。」

## 《青史子》五十七篇。古史官記事也。

### 【存佚著錄】

今亡佚。《隋志》子部小說家著錄：「梁有《青史子》一卷，亡。」《舊唐書‧經籍志》、《新唐書‧藝文志》等已不著錄。《青史子》之輯本有四種：其一為清馬國翰所輯《青史子》一卷，見《玉函山房輯佚書》子編小說家類；其二為丁晏所輯《青史子》，見《佚禮扶微》卷二；其三為王仁俊所輯《青史

子》一卷，見《玉函山房輯佚書續編》子編小說家類；其四爲魯迅所輯《青史子》，見《古小說鈎沉》。孫啓治等曰：「青史子不詳爲何人，《通志》引《姓氏英賢錄》云：『晉太史董狐之子，受封青史之田，因氏焉。』《大戴禮》、《賈誼新書》並引《青史氏之記》，馬國翰據以輯出。王仁俊從《風俗通義》採得《青史子書》一節，以補馬氏之缺。魯迅所輯即馬、王所有之三節。丁晏採得二節，缺《大戴禮》所引一節。」〔註2〕

## 【學術源流】

《大戴禮記‧保傅》曰：「青史氏之《記》曰古者胎教。」《新書‧胎教》曰：「青史氏記胎教。」劉勰《文心雕龍‧諸子》曰：「青史曲綴以街談。」明楊愼（1488～1559）《升菴集》卷四十六《青史子》曰：「《青史子》載：古禮，男子生而射天地四方，其文云：東方之弧以梧。梧者，東方之草，春木也。南方之弧以柳。柳者，南方之草，夏木也。中央之弧以桑。桑者，中央之木也。西方之弧以棘。棘者，西方之草，秋木也。北方之弧以棗。棗者，北方之草，冬木也。是木亦可稱草也。《青史子》，《漢志》五十三篇，今存者〈胎教〉一篇而已。其首曰：古者胎教之道，王后有身，瑞七月而就蔞室。太師持銅而御戶左，太宰持升而御戶右，此三月者，王后所求聲音，非禮樂，則太師撫樂縕瑟，而稱不習，所求滋味，非正味，則太宰荷斗倚升，而不敢煎調云云。其文義古雅。嗚呼，古書之不傳者何限惜哉！」清何琇《樵香小記》卷上「青史子」條曰：「賈誼《新書》引《青史氏之記》，言太子生事，其文與禮經相表裏。《漢志》《青史子》五十七篇，乃列小說家，疑其他文駁雜也。」清章學誠（1738～1801）《校讎通義》卷三曰：「小說家之《青史子》五十七篇，其書雖不可知，然觀《大戴‧保傅》篇所引，則其書亦不當儕於小說也。」〔註3〕清姚振宗（1842～1906）《漢書藝文志條理》卷二駁章學誠

---

〔註2〕 孫啓治、陳建華：《中國古佚書輯本目錄解題》，上海古籍出版社，2009年版，第218～219頁。

〔註3〕 見葉瑛《文史通義校注》下冊，中華書局，1985年版，第1049頁。魯迅也說：「遺文今有三則，皆言禮，亦不知當時何以入小說。」章學誠和魯迅似乎都認爲該書當入禮類或隸屬史部，因爲青史子是古代的史官，儘管其地位較低。其實不然，三條佚文一言胎教之制，一言居行之禮，一言用蔞之義，皆爲古代禮法之小事，較之「三禮」之宏儀重典，自然顯得淺薄而非大義，正該列入小說家類。《周考》雖爲史書，但記錄的大概是古代流傳於民間的有關周代的歷史傳說，劉歆、班固也許以爲它荒誕而不可信，所以便也收入此列了。詳見顧青《中國小說史》一書中的有關論述。

「其書亦不儕於小說」之說曰：「此其所以爲小說家言，安得以殘文斷其全書乎！」張舜徽（1911～1992）《漢書藝文志通釋》卷三曰：「或謂世以史書總謂之青史，其說蓋起於此。斯言非也。古人以竹簡寫書，新竹滑，必先去其青，謂之殺青；又用火炙之，令汗出以防蠹，謂之汗青。故總稱史冊爲青史耳。與此《青史子》不相涉也。」

## 《師曠》六篇。見《春秋》，其言淺薄，本與此同，似因託之。

### 【存佚著錄】

今亡佚。《後漢書・方術傳》：「師曠之書。」注曰：「占災異之書也。今書《七志》有《師曠》六篇。」《隋書・經籍志》子部五行類著錄「《師曠書》三卷」，又曰：「梁有《師曠占》五卷，亡。」《舊唐書・經籍志》、《新唐書・藝文志》子部五行類均著錄「《師曠占書》一卷」，《宋史・藝文志》子部小說家類著錄「師曠《禽經》一卷」，五行類著錄「師曠《擇日法》一卷」。清姚振宗（1842～1906）《隋書經籍志考證》卷三十六曰：「據范書傳注所引《七志》，似宋、齊時小說家之六篇猶傳，而兵陰陽家之八篇亡矣。本《志》後文雜占類中引《七錄》又有《師曠占》五卷，此三卷殆即五卷之佚存。蓋自漢至齊六卷，梁五卷，隋三卷，唐一卷，宋僅存《擇日法》，今惟有洪氏輯本焉。又《金樓子・志怪》篇言師曠有《地鏡經》。」今按：姚振宗所謂「洪氏輯本」，即洪頤煊所輯《師曠占》一卷，見《經典集林》，孫啟治等曰：「洪頤煊從《開元占經》、《齊民要術》及唐、宋類書等採得十六節。」〔註4〕

### 【真偽考辨】

陳朝爵（1876～1939）《漢書藝文志約說》卷二曰：「今世《師曠禽經》雖疑唐代人作，或亦有所本。」顧實（1878～1956）《漢書藝文志講疏》三〈諸子略〉曰：「兵陰陽家《師曠》八篇，蓋非同書。」張舜徽（1911～1992）《漢書藝文志通釋》卷三曰：「師曠有書八篇，在〈兵書略〉陰陽家。標題雖同，所言各異也。……其他行事，散見於《左傳》、《周書》、《國語》、《韓非》、《呂覽》者尚多。是固周末聞人也，故造偽書者依託之。書亦早亡。」

---

〔註4〕 孫啟治、陳建華：《中國古佚書輯本目錄解題》，上海古籍出版社，2009年版，第238頁。

## 【作者情況】

《左傳‧襄公十四年》曰：「師曠侍於晉侯。」杜預曰：「師曠，晉樂大師子野。」《孟子‧離婁》曰：「師曠之聰。」趙岐注曰：「師曠，晉平公之樂太師也，其聽至聰。」《漢書‧古今人表》列師曠於第五等中中，清梁玉繩（1744～1819）《人表考》曰：「師曠始見《逸書‧太子晉解》、《左襄十四》、《晉語八》。晉主樂太師，字子野，冀州南和人。生而無目，故自稱瞑臣，又稱盲臣，亦曰晉野，葬右扶風漆縣。」宋朱長文（1039～1098）《琴史》卷二〈師曠〉曰：「師曠，字子野，晉人也。生而失明，然博通前古，以道自將，諫諍無隱。或云嘗為晉太宰，晉國以治。蓋非止工師之流也。其於樂無所不通，休咎勝敗，可以逆知。晉人聞有楚師，師曠曰：『不害，吾驟歌北風，又歌南風，南風不競，多死聲，楚必無功。』已而果然。至於鼓琴感通神明，萬世之下，言樂者必稱師曠。始衛靈公將之晉，舍於濮水之上，夜半聞鼓琴聲，問左右，皆不聞，乃召師涓，問其故，且曰：其狀似鬼神，為我聽而寫之。師涓曰：諾。明日曰：臣得之矣，然未習也。請宿習之。因復宿，明日報曰：習矣。即去之晉，見平公。平公置酒於施惠之臺，酒酣，靈公曰：今者來，聞新聲，請奏之。即令師涓援琴鼓之，未終，師曠撫而止之曰：此亡國之聲，不可聽。平公曰：曷知之？師曠曰：師延所作也。商紂為靡靡之樂，武王伐紂，師延東走，自投濮水而死，故聞此聲，必於濮水之上。平公曰：願遂聞之，師涓鼓而終之。平公曰：此何聲也？師曠曰：此謂清商者，不如清徵公，使為清徵一奏之，有玄鶴二八集於廊門，再奏之，延頸而鳴，舒翼而舞。平公大喜，問曰：音無此最悲乎？師曠曰：不如清角。昔者黃帝以大合鬼神，今君德義薄，不足以聽，聽之將敗。平公曰：願遂聞之。師曠不得已，援琴而鼓之，一奏之有白雲從西北起，再奏之風至而雨隨飛墮廊瓦，左右皆奔走，平公恐懼，晉國大旱，赤地三年。然則琴者，樂之一器耳，夫何致物而感祥也，曰：治平之世，民心熙悅，作樂足以格和氣；暴亂之世，民心愁蹙，作樂可以速禍災，可不誡哉！世衰樂廢，在位者舉不知樂，然去三代未遠，工師之間時有其人。若師曠者，可不謂賢哉！及夫亂久而極，雖工師亦稍奔竄，是以摯干、繚缺之儔，相繼亡散，而孔子惜之也。」

## 【學術源流】

《說苑‧君道》首載平公問師曠人君之道。《唐文粹》卷三十三有袁皓〈書師曠廟文〉一篇。

## 《務成子》十一篇。稱堯問，非古語。

### 【存佚著錄】

今亡佚。《隋書‧經籍志》、《舊唐書‧經籍志》、《新唐書‧藝文志》皆不著錄。《漢志》數術略五行類著錄「《務成子災異應》十四卷」，方技略房中類著錄「《務成子陰道》三十六卷」。

### 【學術源流】

《荀子‧大略》云：「舜學於務成昭。」楊倞注曰：「《漢藝文志》小說家有《務成子》十一篇，昭其名也。《尸子》曰：『務成昭之教舜曰：避天下之逆，從天下之順，天下不足取也；避天下之順，從天下之逆，天下不足失也。』」元趙道一《歷世眞仙體道通鑒》卷二《務成子》曰：「務成子在唐堯時，降於姑射山，說《玄德經》，教以謙遜之道。一云，作《政事宣化經》四十卷。」陳朝爵（1876～1939）《漢書藝文志約說》卷二曰：「五行家有《務成子災異應》，房中家有《務成子陰道》。案：此皆依託道家之名也。」張舜徽（1911～1992）《漢書藝文志通釋》卷三曰：「務成子乃遠古傳說中之人物。《荀子‧大略》篇以爲舜師，而《韓詩外傳》五又云：『堯學於務成子。』是堯、舜之師集於一人，蓋上世之有道術者。故言五行、房中者皆得爲書以依託之。此書十一篇，列在小說，蓋叢談雜論之類。」

## 《宋子》十八篇。孫卿道宋子，其言黃、老意。

### 【存佚著錄】

今亡佚。《隋書‧經籍志》、《舊唐書‧經籍志》、《新唐書‧藝文志》皆不著錄。輯本有馬國翰所輯《宋子》一卷，見《玉函山房輯佚書》子編小說家類，馬國翰序曰：「《宋子》一卷，周宋鈃撰。鈃，宋人。《莊子》、《荀子》並言其人。《孟子》作宋牼，《韓非》作宋榮子，要是一人也。……《莊子‧天下》篇載其『禁攻寢兵』之事，並述其言。案：《莊子》雖與《尹文》並稱，今《尹文子》書尚存，無《莊子》所述之言，且以孟、荀書證，知皆述鈃語。據補佚篇，附考爲帙。夫牼以利爲言，孟子以爲『不可異懸君臣』，荀子以爲非然。其持之有故而言之成理者，亦自以其術鳴也。」孫啓治等曰：「《孟子》作宋牼，《韓非子》

作宋榮，《荀子》作宋銒。牼、榮、銒並喉音字，一聲之轉，古字相通。此書久佚，馬國翰從《莊子・天下》篇採得其說六節。」〔註5〕

## 【學術大旨】

《荀子・正論》曰：「宋子有見於少無見於多。」楊倞注曰：「宋銒，宋人也，與孟子同時。」又曰：「宋子蔽於欲而不知得。」又曰：「子宋子曰：『明見侮之不辱，使人不鬥』。」又曰：「子宋子曰：『人之情慾寡，而皆以己之情慾爲多，是過也。』」張舜徽（1911～1992）《漢書藝文志通釋》卷三曰：「《孟子・告子》篇：『宋牼將之楚，孟子遇於古丘。』趙《注》云：『宋牼，宋人，名銒。』殆後人所撰集而託名於宋子者，其言淺薄雜亂，不主一家，故歸諸小說家耳。使果如班注所云『言黃老意』而甚專深，則必入道家矣。」梁啓超（1873～1929）《漢書藝文志諸子略考釋》曰：「《宋子》十八篇，原注云：『孫卿道宋子。』然則即《荀子・正論》篇之『子宋子』宋銒也。其人爲戰國一大思想家，其書乃入小說，頗可詫異。案《正論篇》云：『子宋子率其群徒，辨其談說，明其譬稱，將使人知情慾之寡也。』然則宋銒最好談而善用譬，殆爲通俗講演體，專『取譬論以作短書』。劉、班不辨其書之實質，而徒觀其形勢，則人之小說宜耳。此書之佚，殆爲我思想界最大損失之一矣。」顧實（1878～1956）《漢書藝文志講疏》三〈諸子略〉曰：「〈天下篇〉與尹文並稱，其上說下教，強聒不捨，正小說家之模範也。《逍遙遊》篇又作『宋榮子』。『銒』、『牼』、『榮』音近，古字通用。」

## 《天乙》三篇。天乙謂湯，其言非殷時，皆依託也。

## 【存佚著錄】

今亡佚。《隋書・經籍志》、《舊唐書・經籍志》、《新唐書・藝文志》皆不著錄。

## 【辨僞源流】

張舜徽（1911～1992）《漢書藝文志通釋》卷三曰：「小說家著錄之書，十九皆依託。班氏自注中，有指出者，有未指出者。若此書以『天乙』標題，

---

〔註5〕 孫啓治、陳建華：《中國古佚書輯本目錄解題》，上海古籍出版社，2009年版，第219頁。

託名商湯。而其所言，非殷時事，班氏直斥之爲依託，不啻爲辨僞之業揭櫫一大例矣。」

## 【學術大旨】

宋王應麟（1223～1296）《漢藝文志考證》卷七曰：「賈誼書《修政語》引湯曰云云。《史記·殷本紀》湯曰：『予有言，人視水見形，視民知治不。』」清姚振宗（1842～1906）《漢書藝文志條理》卷二曰：「王氏以此兩引謂即在此三篇中，亦約略言之耳。」清沈欽韓（1775～1831）《漢書藝文志疏證》卷二曰：「《新書·修政語》篇湯曰：『學聖王之道者，譬其如日；靜思而獨居，譬其若火。』又曰：『藥食嘗於卑，然後至於貴；藥言獻於貴，然後聞於卑。』《說苑·君道》引湯同。」顧實（1878～1956）《漢書藝文志講疏》三〈諸子略〉謂：「此賈誼、司馬遷所述也。使亦在此《天乙》書中者，班氏此注爲不辭。」陳朝爵（1876～1939）《漢書藝文志約說》卷二駁之曰：「古籍聚矣，賈、馬所引，未知所本，豈必在此小說篇中？」


## 《黃帝說》四十篇。迂誕依託。

### 【存佚著錄】

今亡佚。《隋書·經籍志》、《舊唐書·經籍志》、《新唐書·藝文志》皆不著錄。

### 【學術源流】

清沈欽韓（1775～1831）《漢書藝文志疏證》卷二曰：「此方士所本，史遷所云『其文不雅馴』。《通考》：『《黃帝內傳》一卷。』」清姚振宗（1842～1906）《漢書藝文志條理》卷二曰：「《史·五帝本紀》贊：『百家言黃帝，其文不雅馴，薦紳先生難言之。』《正義》曰：『馴，訓也，謂百家之言皆非典雅之訓。』《抱朴子·極言》篇：『昔黃帝生而能言，役使百靈，可謂天授自然之體者也，猶復不能端坐而得道。故陟王屋而授丹經，到鼎湖而飛流珠，登崆峒而問廣成，之具茨而事大隗，適東岱而奉中黃，入金谷而諮涓子，論道養則資玄、素二女，精推步則訪山稽、力牧，講占候則詢風后，著體診則受雷岐，審攻戰則納五音之策，窮神奸則記白澤之辭，相地理則書青鳥之說，救傷殘則綴金冶之術。故能畢該祕要，窮道盡眞，遂升龍以高躋，與天地乎罔極也。』又曰：『黃帝及老子奉事太乙元

君以受要訣。』又曰：『《荊山經》及《龍首記》，皆云黃帝服神丹之後，龍來迎之。』又曰：『言黃帝仙者，見於道書及百家之說者甚多。』按〈封禪書〉言：武帝時，齊人公孫卿有黃帝《鼎書》，言黃帝上登於天云云。又《文心雕龍・祝盟》篇云：『黃帝有祝邪之文。』《鼎書》、《祝邪文》及葛稚川言《荊山經》、《龍首記》疑皆在此書中。」張舜徽（1911～1992）《漢書藝文志通釋》卷三曰：「司馬遷撰述〈五帝本紀〉，雖以黃帝居首，而是篇贊中即云：『百家言黃帝，其文不雅馴，薦紳先生難言之。』可知其於諸子中所稱頌之黃帝，視爲神聖化人物，大半不以爲可信。而傳說之辭，誇飾過甚。至將遠古事物發明，如養蠶、造字、音律、舟車、醫學、算數等，皆謂創始於黃帝之時，又稱其人上登於天以神其事，荒遠無稽，大抵皆神話也。《漢志》著錄之《黃帝說》四十篇，蓋出戰國時人之手，實集神話之大成。其時道家又以黃老連稱，故言道術者，必溯源於黃帝。《漢志》道家，著錄《黃帝四經》四篇，《黃帝銘》六篇；又《黃帝君臣》十篇，則注云『起六國時，與老子相似』；《雜黃帝》五十八篇，注云『六國時賢者所作』。可知後世依託其名以闡發道術者，其書甚多。此四十篇《黃帝說》中，又必有道論存焉。顧雜陳廣採，語多迂誕，故班氏直斥之爲依託也。」

## 《封禪方說》十八篇。武帝時。

### 【存佚著錄】

今亡佚。《隋書・經籍志》、《舊唐書・經籍志》、《新唐書・藝文志》皆不著錄。

### 【學術源流】

清沈欽韓（1775～1831）《漢書藝文志疏證》卷二曰：「此方士所本，史遷所云『其文不雅馴』。」陳朝爵（1876～1939）《漢書藝文志約說》卷二釋之曰：「《封禪書》備載諸方士祠神儀物，多爲儒士所不道，而此志列《封禪書》備載諸方士祠神儀物，多爲儒士所不道，而此志列《封禪方說》於小說，其流別益明矣。」清姚振宗（1842～1906）《漢書藝文志條理》卷二曰：「《史・封禪書》：『今天子初即位，尤敬鬼神之祀。元年，漢興已六十餘載矣，天下乂安，搢紳之屬皆望天子封禪。草巡狩封禪事未就。後李少君以祠竈、谷道、卻老方見上，言祠竈則致物，致物而丹砂可化爲黃金，黃金成以爲飲食器則益壽，益壽而海

中蓬萊仙者乃可見，見之以封襌則不死，黃帝是也。天子使黃錘史寬舒受其方。亳人謬忌奏祠太一方，天子令太祝立其祠，常奉祠如忌方。其後人有上書，言古者天子三年壹用太牢祠神三一：天一、地一、太一。天子許之，令太祝領祠之，如其方。後人復有上書言古者天子常以春解祠，（《索隱》：謂祠祭以解殃咎，求福祥也。）令祠官領之如其方。齊人少翁以鬼神方見上。膠東宮人欒大求見言方。大見數月，佩六印，貴震天下，而海上燕齊之間，莫不搤捥而自言有禁方，能神仙矣。上東巡海上，齊人之上疏言神怪奇方者以萬數。」張舜徽（1911～1992）《漢書藝文志通釋》卷三曰：「楊樹達曰：『方說者，《史記・封襌書》記李少君以祠竈、谷道、卻老方見上；亳人謬忌奏祠太乙方；齊人少翁以鬼神方見上；膠東宮人欒大求見言方之類是也。』按：此乃漢武帝時用事鬼神之迷信記錄與論說也。方士所重，儒家所擯，故其書不傳。」

## 《待詔臣饒心術》二十五篇。武帝時。（師古曰：「劉向《別錄》云．饒，齊人也，不知其姓，武帝時待詔，作書名曰《心術》。」）

### 【存佚著錄】

今亡佚。《隋書・經籍志》、《舊唐書・經籍志》、《新唐書・藝文志》皆不著錄。

### 【學術源流】

清姚振宗（1842～1906）《漢書藝文志條理》卷二曰：「書名『心術』，其即如後世見聞果報勸誡諸錄之類也歟？又《管子・七法》篇云：『實也，誠也，厚也，施也，度也，恕也，謂之心術。』房玄齡曰：『凡此六者，皆自心術生也。』豈即以此六事推演為書歟？」陳朝爵（1876～1939）《漢書藝文志約說》卷二曰：「蓋言養心之術。」張舜徽（1911～1992）《漢書藝文志通釋》卷三曰：「『心術』二字，猶言主術、君道，謂人君南面之術也。《管子》有〈心術〉上下篇，即為闡發君道而作，余已有《疏證》專釋之矣。《管子・心術上》篇開端即曰：『心之在體，君之位也。』可知以心比君，由來已久。此二十五篇之書題為〈心術〉，意固在此。蓋其書重在闡明君道，而亦雜以他說，為書不純，故不列之道家，而竟歸於小說，與伊尹、鬻子、黃帝諸說並敘，非無故矣。自來疏釋《漢志》者，不解『心術』為何物，故特為發明之。」

# 《待詔臣安成未央術》一篇。（應劭曰：「道家也，好養生事，爲未央之術。」）

## 【存佚著錄】

今亡佚。《隋書・經籍志》、《舊唐書・經籍志》、《新唐書・藝文志》皆不著錄。

## 【學術源流】

清姚振宗（1842～1906）《漢書藝文志條理》卷二曰：「此疑與房中術相類，《開元占經・分野略例》中引《未央分野》十二條，馬氏《玉函山房》以爲《未央術》，輯入天文家。案作《未央分野》者，後漢安帝時人，詳見李淳風《乙巳占分野》篇，非即此《未央術》也。」陳朝爵（1876～1939）《漢書藝文志約說》卷二曰：「蓋長生未央之意。」張舜徽（1911～1992）《漢書藝文志通釋》卷三曰：「『未央』二字，乃長樂無極之意。漢初蕭何營未央宮，即取義於此。《漢志》著錄之《未央術》一篇，蓋專言養生之道以致健康長壽者。姚振宗疑與房中術相類，非也。《急就篇》末句云：『長樂無極老復丁。』即祝願人皆永壽，未央意也。」

# 《臣壽周紀》七篇。項國〔註6〕圉人，宣帝時。

## 【存佚著錄】

今亡佚。《隋書・經籍志》、《舊唐書・經籍志》、《新唐書・藝文志》皆不著錄。

## 【學術源流】

清姚振宗（1842～1906）《漢書藝文志條理》卷二曰：「此次待詔臣饒、臣安成之後，或蒙上省文，亦官待詔者，當時皆奏進於朝，故稱臣饒、臣安成、臣壽。《周考》考周事，此《周紀》大抵亦紀周代璅事，同爲街談巷議之流歟？又案：漢無項國，圉爲淮陽國屬縣。考〈地理志〉汝南郡，項，故國，〈郡國志〉亦云故國，《左傳・僖十七年》魯所滅。此注『項國，圉人』，蓋從其所稱古地名，圉故屬項國，漢屬淮陽國，後漢屬陳留郡，項則兩漢並屬

〔註6〕 陳朝爵《漢書藝文志約說》卷二引錢大昭曰：「項國，疑『淮陽國』之訛。」

汝南郡，臣壽實爲淮陽國圉人也。」張舜徽（1911～1992）《漢書藝文志通釋》
卷三曰：「此與上文《周考》、下文《周說》同例。當以周遍、周普解之，謂
雜事叢談之紀錄也。不應目爲紀周時事。」

## 《虞初周說》九百四十三篇。河南人，武帝時，以方士侍郎號黃車

使者。（應劭曰：「其說以《周書》爲本。」師古曰：「《史記》云：虞初，洛
陽人，即張衡《西京賦》『小說九百，本自虞初』者也。」）

### 【存佚著錄】

今亡佚。《隋書・經籍志》、《舊唐書・經籍志》、《新唐書・藝文志》皆不
著錄。

### 【學術源流】

清沈欽韓（1775～1831）《漢書藝文志疏證》卷二曰：「〈封禪書〉：『雒陽
虞初等以方祠詛匈奴、大宛。』」清姚振宗（1842～1906）《漢書藝文志條理》
卷二曰：「《史・封禪書》：『太初元年，是歲西伐大宛。丁夫人、雒陽虞初等
以方祠詛匈奴、大宛焉。』（本書〈郊祀志〉同。）後漢張衡〈西京賦〉曰：
『千乘雷動，萬騎龍驅。屬車之箟，載獫獟猲。匪唯玩好，乃有祕書。小說
九百，本自虞初。從容之求，實俟實儲。』吳薛綜注曰：『小說，醫巫厭祝之
術，凡有九百四十三篇。言九百，舉大數也。持此祕術，儲以自隨，待上所
求問，皆常具也。』李善曰：『《漢書》曰：《虞初周說》九百四十三篇。初，
河南人也。武帝時以方士侍郎，乘馬，衣黃衣，號黃車使者。』（按此知今本
《漢志》班氏注，後人刪落『乘馬，衣黃衣』五字。又據賦所云，則天子從
官嘗載此書以待顧問，未必非當時事實也。）陳朝爵（1876～1939）《漢書
藝文志約說》卷二曰：「虞初以方士侍天子，爲祠詛，其人之詭黠誕諼可知。
小說家奉以爲祖本，遂無不詫爲神怪幽靈者。故於此察之，一足覘當時社會
心理，大多趨重於黃老、神仙、小說家，專以投時尚、迎合心理爲務；一足
考後代小說，必託之神仙、鬼怪之所自來。沿及近世，小說一家遂專以迎合
社會心理，轉移一世矣。其力詎不大哉！」張舜徽（1911～1992）《漢書藝文
志通釋》卷三曰：「此乃漢代虞初所輯小說叢談之彙編也。篇數近千，非彙編
而何？卷帙繁重，尤易散失，故其書亡佚亦早。據《文選・西京賦》李注所

引《漢書》，知今本《漢志》自注『號黃車使者』上，尚有『乘馬，衣黃衣』五字，宜據補。」

# 《百家》百三十九卷。

## 【存佚著錄】

今亡佚。《隋書・經籍志》、《舊唐書・經籍志》、《新唐書・藝文志》皆不著錄。

## 【學術源流】

清沈欽韓（1775～1831）《漢書藝文志疏證》卷二曰：「《御覽》八百六十九《風俗通》：『按《百家書》：宋城門失火，汲取池中水以沃之，魚悉露見，但就取之。』《後書》仲長統詩：『百家雜碎，請用從火。』」清姚振宗（1842～1906）《漢書藝文志條理》卷二曰：「應劭《風俗通義》曰：『門戶鋪首，按《百家書》，公輸般見水上蠡，謂之曰：開汝頭，見汝形。蠡適出頭，般以足畫圖之。蠡引閉其戶，終不可開。設之門戶，欲使閉藏，當如此固密也。』又曰：『城門失火，禍及池魚。謹案《百家書》，宋城門失火，因汲取池中水，以沃灌之，池中空竭，魚悉露死。喻惡之滋並中傷善類也。』（按應氏引《百家書》兩條，知其當見此書矣。）案劉中壘《說苑敘錄》曰：『除去與《新序》複重者，其餘者淺薄不中義理，別集以爲《百家》。』似即此《百家》，蓋《說苑》之餘，猶宋李防等既撰集爲《太平御覽》，復裒錄爲《太平廣記》也。」梁啓超（1873～1929）《漢書藝文志諸子略考釋》曰：「右諸書與別部有連者，道家有《伊尹》五十一篇、《鬻子》二十二篇，此復有《伊尹說》、《鬻子說》；兵陰陽有《師曠》八篇，此復有六篇；五行家有《務成子災異應》十四卷，房中家有《務成子陰道》三十六卷，此復有《務成子》十一篇。考其區別所由，蓋以書之內容、體例爲分類也。《文選注》三十一引桓譚《新論》云：『小說家者，合叢殘小語，近取譬論，以作短篇。』蓋小說家之特色如此。據此，則道家之《伊尹》、《鬻子》蓋以莊言發攄理論，小說家之《伊尹說》、《鬻子說》則『叢殘小語』及『譬喻短篇』也。餘可類推。」陳朝爵（1876～1939）《漢書藝文志約說》卷二曰：「《史記》云『百家言黃帝，其文不雅馴』，蓋所謂《百家書》，亦必雜合諸子怪異之談，而其旨亦託之黃老道術也。」張舜徽

（1911～1992）《漢書藝文志通釋》卷三曰：「《百家》下當有『言』字，或傳抄者奪之。此與道家之《道家言》，法家之《法家言》，雜家之《雜家言》同例，俱殿各家之末，乃學者撮抄精言警句之編。小說家百家之說尤廣，故所錄爲多，致有百數十卷，書亦早亡。」

## 右小說十五家，千三百八十篇。

### 【部類章段】

清姚振宗（1842～1906）《漢書藝文志條理》卷二曰：「是篇凡分四章段：《伊尹》、《鬻子》、《周考》、《青史子》、《師曠》五家，敘次聯貫，條理井井，是爲第一段；《務成子》、《宋子》、《天乙》、《黃帝說》四家，顛倒先後，雜出不倫，大抵皆從成書之遲早爲次，不以所託之時代論也。《務成子》成書在宋鈃之前，《天乙》、《黃帝說》成書在宋鈃之後歟？是爲第二段。《封禪方說》至《周紀》四家，皆武、宣時所奏御者，是爲第三段；《虞初周說》罔羅宏富，自爲體裁，別成一家，而劉中壘所集《百家》，體制略同，故次於其後，是爲第四段。他如法家、名、墨、從橫、農五篇，著錄無多，故不見別分章段云。」

### 【家篇數目】

清姚振宗（1842～1906）《漢書藝文志條理》卷二曰：「劉奉世曰：『又少十篇。』按是篇家數不誤，其篇數則如劉奉世所言。今校定當爲一千三百九十篇。」張舜徽（1911～1992）《漢書藝文志通釋》卷三曰：「今計家數、篇數，實爲十五家，千三百九十篇。」

小說家者流，蓋出於稗官。（如淳曰：「稗音鍛家排。《九章》：『細米爲稗。』街談巷說，其細碎之言也。王者欲知閭巷風俗，故立稗官使稱說之。今世亦謂偶語爲稗。」師古曰：「稗音稊稗之稗，不與鍛排同也。稗官，小官。《漢名臣奏》唐林請省置吏，公卿大夫至都官稗官各減什三，是也。」）街談巷語，道聽途說者之所造也。孔子曰：「雖小道，必有可觀者焉，致遠恐泥，是以君子弗爲也。」（師古曰：「《論語》載孔子之言。泥，滯也，音乃細反。」）然亦弗滅也。閭里小知者之所及，亦使綴而不忘。如或一言可採，此亦芻蕘、狂夫之議也。

## 【學術源流】

《隋書‧經籍志》曰：「小說者，街談巷語之說也。《傳》載輿人之誦，《詩》美詢於芻蕘。古者聖人在上，史為書，瞽為詩，工誦箴諫，大夫規誨，士傳言，而庶人謗。孟春，徇木鐸以求歌謠，巡省觀人詩，以知風俗。過則正之，失則改之，道聽途說，靡不畢紀。《周官》誦訓掌道方志以詔觀事，道方慝以詔辟忌，以知地俗；而職方氏掌道四方之政事，與其上下之志，誦四方之傳道而觀衣物是也。孔子曰：『雖小道，必有可觀者焉，致遠恐泥。』」張舜徽（1911～1992）《漢書藝文志通釋》卷三謂《隋志》「此論實本《漢志》而更發揮之，可以互證」。

《崇文總目‧小說類敘》曰：「《書》曰：『狂夫之言，聖人擇焉。』又曰：『詢於芻蕘。』是小說之不可廢也。古者懼下情之壅於上聞，故每歲孟春，以木鐸徇於路，采其風謠而觀之。至於俚言巷語，亦足取也。」

明焦竑（1540～1620）《國史經籍志‧子類小說家敘》曰：「張衡之賦二京也，曰：『小說九百，本自《虞初》。』知古祕書所掌，其流實繁。班固列之諸家，見王治之悉貫，與小道之可觀，其言讋已。何者？陰陽相摩，古今相嬗，萬變撟起，嵬瑣弔詭，不可勝原，欲一格以咫尺之義，如不廣何？故古街談巷議，必有稗官主之。譬之管蒯絲麻，悉無捐棄，道固然也。余故仍列於篇，蓋立百體而馬繫乎前，嘗聞之蒙莊矣。」

《四庫全書總目‧子部小說家總敘》曰：「張衡《西京賦》曰：小說九百，本自虞初。《漢書‧藝文志》載虞初《周說》，九百四十三篇，注稱武帝時方士，則小說興於武帝時矣。故伊尹說以下九家，班固多注依託也。（《漢書‧藝文志注》，凡不著姓名者，皆班固自注。）然屈原〈天問〉，雜陳神怪，多莫知所出，意即小說家言。而《漢志》所載《青史子》五十七篇，賈誼《新書‧保傳》篇中先引之，則其來已久，特盛於虞初耳。跡其流別，凡有三派，其一敘述雜事，其一記錄異聞，其一綴輯瑣語也。唐、宋而後，作者彌繁。中間誣謾失真，妖妄熒聽者固為不少，然寓勸誡，廣見聞，資考證者亦錯出其中。班固稱小說家流蓋出於稗官，如淳注謂王者欲知閭巷風俗，故立稗官，使稱說之。然則博採旁蒐，是亦古制，固不必以冗雜廢矣。今甄錄其近雅馴者，以廣見聞，惟猥鄙荒誕，徒亂耳目者則黜不載焉。」

清沈欽韓（1775～1831）《漢書藝文志疏證》卷二釋「小說家者流」曰：「《滑稽傳》『東方朔博觀外家之語』，即傳記小說也。《文選注》三十一《桓

子新論》曰：『小說家合叢殘小語，近取譬論，以作短書，治身理家，有可觀之詞。』《隋志》首以《燕丹子》冠小說家。《漢》錄無一存者。」

章太炎（1869～1936）《諸子學略說》曰：「周、秦、西漢之小說，似與近世不同。如《周考》七十六篇、《青史子》五十七篇、《臣壽周紀》七篇、《虞初周說》九百四十三篇，與近世雜史相類，比於《西京雜記》、《四朝聞見錄》等，蓋差勝矣。賈誼嘗引《青史》，必非謬悠之說可知。如《伊尹說》二十七篇、《鬻子說》十九篇、《宋子》十八篇、《待詔臣安成未央術》一篇，則其言又兼黃、老。《莊子‧天下》篇舉宋鈃、尹文之術列為一家，荀卿亦與宋子相難。今《尹文》入名家，而《宋子》只入小說，此又不可解者。以意揣之，『宋子上說下教，強聒不捨』（見《莊子‧天下》篇），蓋有意於社會道德者。所列黃、老諸家，宜亦同此。街談巷議，所以有益於民俗也。《笑林》以後，此指漸衰，非芻蕘之議矣。」

陳朝爵（1876～1939）《漢書藝文志約說》卷二曰：「姚明煇曰：『古者聖人在上，史『為書，瞽為詩，工誦箴諫，大夫規誨，士傳言而庶人謗。孟春，徇木鐸以求歌謠，道聽途說，靡不畢紀。』案古制，瞽蒙、賤工、野人、女子皆可為詩歌謠諺，獻之采詩之官。此等細微末職，以及采詩之官，皆可謂之稗官。其職雖微末，而為國家觀風俗、維教化、勸導齊民、諷諭君上，其用甚大。而其用一託之於小說，故曰『街談巷語，道聽途說者之所造也』，一『造』字說出作小說之真相。然則小說之本義，實為國家教化之輔助。若其荒誕神怪之類，亦後來末流之弊耳。」

呂思勉（1884～1957）《先秦學術概論》曰：「曰『街談巷語』，曰『道聽途說』，曰『君子勿為』，曰『閭里小知所及』，曰『芻蕘狂夫之議』，則此一家之說，雖出自稗官，實為人民所造；稗官特搜集之，如采詩者之採取民間歌謠而已。古代學術，為貴族所專，人民鮮事研究。即有聰明才智之士，閱歷有得，發為見道之言，而既乏儔侶之切磋，復無徒黨之傳播，其不能與九流媲美，固無足怪。然十室之邑，必有忠信；三人同行，必有我師；集千百閭里小知者之所為，亦必有君子之慮所勿及者，且必深可考見古代平民之思想，而惜乎其盡亡也。」

江瑔（1888～1917）《讀子巵言》第二章〈論諸子與經史集之相通〉曰：「小說家者流，出於稗官。稗官者，野史也，則小說家亦史同出一源，今按《漢志》所錄，如《周考》、《青史》、《臣壽周紀》、《虞初周說》諸書，必皆

紀述古代之事，補史官所未及，與史無異。他若劉嚮之《列女傳》、《新序》、《說苑》諸書，今人書目或列子部，或列史部，此子與史相通之證也。」《讀子卮言》第四章〈論諸子之淵源〉：「小說家出於稗官。稗官爲史之別派，最爲易見。如淳曰：『王者欲知閭巷風俗，故立稗官，使稱說之。』《隋志》曰：『古者聖人在上，史爲書，瞽爲詩，工誦箴諫，大夫規誨，士傳言，而庶人謗。孟春徇木鐸以求歌謠，巡省觀人詩以知風俗。』《崇文總目》曰：『古者懼下情之壅於上聞，故每歲孟春，以木鐸徇於路，采其風謠以觀之。』按：凡此皆史氏之所職，《漢志》所錄《周考》、《青史子》、《臣壽周紀》、《虞初周說》諸書，亦純然史體，則小說家亦出於史官矣。」

劉咸炘（1896～1932）《學略‧諸子略》曰：「古小說家有宗旨，今小說則隨筆札記之流耳。《四庫》分三類，雜事、異聞、瑣記，皆非學者所必讀也。若其有資詞章，則莫不可取，然安得遍閱之以爲塗飾乎？無已，姑論其源流，舉其可讀及有理要者焉。漢以前小說無存。」

葉長青（1902～1948）《漢書藝文志問答》曰：「《莊子‧外物》篇曰：『飾小說以干縣令。』乃謂飾瑣屑之，非道術所在也。如《青史子》五十七篇，班氏自注『古史官記事也』，《文心雕龍‧諸子》篇曰：『《青史》曲綴以街談。』豈非以古史官所記瑣屑之言飾以街談之明證？餘如《周考》、《師曠》、《周紀》、《周說》諸條，皆當作如是觀也。」

今按：稗官，小官。小說家出於稗官，後因稱野史小說爲稗官。《漢書‧藝文志》曰：「小說家者流，蓋出於稗官。街談巷語，道聽途說者之所造也。」顏師古注：「稗官，小官。如淳曰：『細米爲稗，街談巷說，其細碎之言也。王者欲知閭巷風俗，故立稗官使稱說之。』」南朝梁劉勰《文心雕龍‧諧隱》曰：「文辭之有諧隱，譬九流之有小說。蓋稗官所採，以廣視聽。」

# 凡諸子百八十九家，四千三百二十四篇。出蹴鞠一家，二十五篇。

## 【家篇數目】

清姚振宗（1842～1906）《漢書藝文志條理》卷二曰：「所載家數、篇數，就上十種都凡之數計之，則爲一百九十家，四千五百四十一篇，然皆非其實。今詳加校定，當爲一百八十七家，四千三百五十九篇，注云『出蹴鞠一家』

者，不知從何類析出。疑小說家都凡之下有此注，後人以一版之中再見是注，妄以為煩複而刪落之。」張舜徽（1911～1992）《漢書藝文志通釋》卷三曰：「按：今計家數、篇數，實為百八十九家，四千三百五十九篇。《蹴鞠》二十五篇，從《諸子》雜家出，入兵技巧。」

諸子十家，其可觀者九家而已。皆起於王道既微，諸侯力政，時君世主，好惡殊方，（師古曰：「好音呼到反。惡音一故反。」）是以九家之術蜂出並作，（師古曰：「蜂與鋒同。」）各引一端，崇其所善，以此馳說，取合諸侯。其言雖殊，辟猶水火，相滅亦相生也。（師古曰：「關讀曰譬。」）仁之與義，敬之與和，相反而皆相成也。《易》曰：「天下同歸而殊塗，一致而百慮。」（師古曰：「《下繫》之辭。」）今異家者各推所長，窮知究慮，以明其指，雖有蔽短，合其要歸，亦六經之支與流裔。（師古曰：「裔，衣末也。其於六經，如水之流下，衣之末裔。」）使其人遭明王聖主，得其所折中，皆股肱之材已。（師古曰：「已，語終辭。」）仲尼有言：「禮失而求諸野。」（師古曰：「言都邑失禮，則於外野求之，亦將有獲。」）方今去聖久遠，道術缺廢，無所更索，（師古曰：「索，求也。」）彼九家者，不猶瘉於野乎？（師古曰：「瘉與愈同。愈，勝也。」）若能修六藝之術，而觀此九家之言，舍短取長，則可以通萬方之略矣。（師古曰：「舍，廢也。」）

## 【學術源流】

《文心雕龍·諸子》曰：「諸子者，入道見志之書。太上立德，其次立言。百姓之群居，苦紛雜而莫顯；君子之處世，疾名德之不章。唯英才特達，則炳曜垂文，騰其姓氏，懸諸日月焉。昔風后、力牧、伊尹，咸其流也。篇述者，蓋上古遺語，而戰伐所記者也。至鬻熊知道，而文王諮詢，餘文遺事，錄為《鬻子》。子目肇始，莫先於茲。及伯陽識禮，而仲尼訪問，爰序道德，以冠百氏。然則鬻惟文友，李實孔師，聖賢並世，而經子異流矣。逮及七國力政，俊乂蜂起。孟軻膺儒以磬折，莊周述道以翱翔。墨翟執儉确之教，尹文課名實之符，野老治國於地利，騶子養政於天文，申商刀鋸以制理，鬼谷唇吻以策勳，尸佼兼總於雜術，青史曲綴於街談。承流而枝附者，不可勝算，並飛辯以馳術，饜祿而餘榮矣。暨於暴秦烈火，勢炎崑岡，而煙燎之毒，不及諸子。逮漢成留思，子政讎校，於是《七略》芬菲，九流鱗萃。殺青所編，百有八十餘家矣。迄至魏晉，作者間出，讕言兼存，璅語必錄，類聚而求，亦充箱照軫矣。然繁辭雖積，而本體易總，述道言治，枝條五經。其純粹者

入矩，蹢駮者出規。《禮記·月令》，取乎《呂氏》之紀；《三年問》喪，寫乎《荀子》之書：此純粹之類也。若乃湯之問棘，云蚊睫有雷霆之聲；惠施對梁王，云蝸角有伏尸之戰；《列子》有移山跨海之談，《淮南》有傾天折地之說，此蹢駮之類也。是以世疾諸子，混洞虛誕。按《歸藏》之經，大明迂怪，乃稱羿斃十日，嫦娥奔月。殷《易》如茲，況諸子乎！至如《商》《韓》，六蝨《五蠹》，棄孝廢仁，輮藥之禍，非虛至也。《公孫》之白馬、孤犢，辭巧理拙，魏牟比之鴞鳥，非妄貶也。昔東平求諸子、《史記》，而漢朝不與。蓋以《史記》多兵謀，而諸子雜詭術也。然洽聞之士，宜撮綱要，覽華而食實，棄邪而採正，極睇參差，亦學家之壯觀也。研夫《孟》《荀》所述，理懿而辭雅；《管》、《晏》屬篇，事覈而言練；《列禦寇》之書，氣偉而采奇；《鄒子》之說，心奢而辭壯；《墨翟》、《隨巢》，意顯而語質；《尸佼》《尉繚》，術通而文鈍；《鶡冠》綿綿，亟發深言；《鬼谷》眇眇，每環奧義；情辨以澤，《文子》擅其能；辭約而精，《尹文》得其要；《慎到》析密理之巧，《韓非》著博喻之富；《呂氏》鑒遠而體周，《淮南》汎採而文麗：斯則得百氏之華采，而辭氣之大略也。若夫陸賈《新語》，賈誼《新書》，揚雄《法言》，劉向《說苑》，王符《潛夫》，崔實《政論》，仲長《昌言》，杜夷《幽求》，或敘經典，或明政術，雖標論名，歸乎諸子。何者？博明萬事為子，適辨一理為論，彼皆蔓延雜說，故入諸子之流。夫自六國以前，去聖未遠，故能越世高談，自開戶牖。兩漢以後，體勢漫弱，雖明乎坦途，而類多依採，此遠近之漸變也。嗟夫！身與時舛，志共道申，標心於萬古之上，而送懷於千載之下，金石靡矣，聲其銷乎！贊曰：丈夫處世，懷寶挺秀。辨雕萬物，智周宇宙。立德何隱，含道必授。條流殊述，若有區囿。」

《新論·九流》曰：「觀此九家之學，雖有淺深，辭有詳略，偕佀形反，流分乖隔，然皆同其妙理，俱會治道，跡雖有殊，歸趣無異。猶五行相滅，亦還相生；四氣相反，而共相成歲；淄澠殊源，同歸於海；宮商異聲，俱會於樂。夷惠同操，齊蹤為賢；二子殊行，等跡為仁。」

《隋書·經籍志》曰：「《易》曰：『天下同歸而殊途，一致而百慮。』儒、道、小說，聖人之教也，而有所偏。兵及醫方，聖人之政也，所施各異。世之治也，列在眾職，下至衰亂，官失其守。或以其業遊說諸侯，各崇所習，分鑣並駕。若使總而不遺，折之中道，亦可以興化致治者矣。」

宋契嵩（1007～1072）《鐔津文集》卷七《九流》曰：「儒家者流其道尚

備，老氏者流其道尙簡，陰陽家者流其道尙時，墨家者流其道尙節，法家者流其道尙嚴，名家者流其道尙察，縱橫家者流其道尙變，雜家者流其道尙通，農家者流其道尙足。然皆有所短長也，苟拂短而會長，亦足以資治道也。」

宋晁公武（1105～1180）《郡齋讀書志》卷三曰：「先王之世，道德修明，以仁爲本，以義爲輔。誥命謨訓，則著之《書》；諷誦簡規，則寓之《詩》。《禮》、《樂》以彰善，《春秋》以懲惡。其始雖若不同，而其歸則合。猶天地之位殊，而育物之化均；寒暑之氣異，而成歲之功一。豈非出於道德而然邪？自文、武既沒，王者不作，道德晦昧於天下，而仁義幾於熄。百家之說蜂起，各求自附於聖人，而不見夫道之大全。以其私知臆說，譁世而惑眾。故九流皆出於晚周，其書各有所長，而不能無所失。其長蓋或有見於聖人，而所失蓋各奮其私知，故明者審取捨之而已。」

宋洪邁（1123～1202）《容齋隨筆》容齋三筆卷十五「大禹之書」條曰：「《夏書·五子之歌》述大禹之戒，其前三章是也。禹之謨訓，捨虞、夏二書外，他無所載。《漢·藝文志》雜家者流有《大禹》三十七篇，云傳言禹所作，其文似後世語，古禹字也，意必依仿而作之者，然亦周、漢間人所爲，今寂而無傳，亦可惜也。」

明唐順之（1507～1560）《荊川先生文集》卷七《答茅鹿門知縣》曰：「秦、漢以前，儒家者有儒家本色。至如老莊家有老莊本色，縱橫家有縱橫本色，名家、墨家、陰陽家皆有本色。雖其爲術也駁，而莫不皆有一段千古不可磨滅之見。是以老家必不肯勦儒家之說，縱橫必不肯借墨家之談。各自其本色而鳴之爲書。其所書者，其本色也，是以精光注焉，而其言遂不泯於世。唐、宋而下，文人莫不語性命，談治道，滿紙炫然，一切自託於儒家，然非其涵養畜聚之素，非眞有一段千古不可磨滅之見，而影響勦說，蓋頭竊尾，如貧人借富人之衣，莊農作大賈之飾，極力裝做，醜態盡露，是以精光枵焉，而其言遂不久湮廢。然則秦、漢而上，雖其老、墨、名、法、雜家之說而猶傳，今諸子之書是也。」

明胡應麟（1551～1602）《少室山房筆叢·九流緒論》曰：「劉向《七略》敘諸子凡十家，班氏取其有補世道者九，而詘其一小說家。九流之名所自昉也。統曰諸子，所以別於六經，亦以六經所述古先哲皇大道，歷世咸備，學業源流，揆諸一孔，非一偏之見、一曲之書。周室既衰，橫議塞路，春秋、

戰國諸子各負雋才，過絕於人，而弗獲自試，於是紛紛著書，人以其言顯暴
於世，而九流之術興焉。其言雖歧趣殊尚，推原本始，各有所承，意皆將舉
其術措之家國天下，故班氏謂使遇明王折衷輔弼，悉股肱之材。非如後世文
人藝士，苟依託空談，亡裨實用者也。今讀諸家之書，若儒、若墨、名、法、
縱橫之論，至道家習尚玄虛，蔑棄禮教，陰陽、農圃淺機僻數，人所易窺，
而道則以濡弱謙下附於堯之克讓，清靜恬漠合於舜之無爲，陰陽則泰素以五
行稱黃帝，田圃則許行以並耕稱神農，當時九家者流其旨概如此。第自儒術
而外以概六經，皆一偏一曲，大道弗由鈞也。秦、漢前諸子，向、歆類次，
其繁簡固適中，以今較之，殊有不合者。夫兵書、術數、方技皆子也，當時
三家至眾，殆四百餘部，而九流若儒、若雜多者不過數十編，故兵書、術技，
向、歆俱別爲一錄，視《七略》幾半之，後世三家雖代有其書，而《七略》
中存者十亡一二，九流則名、墨、縱橫業皆漸泯，陰陽、農圃事率淺猥，而
儒及雜家漸增，小說、神仙、釋梵卷以千計，敘子書者猶以昔九流概之，其
類次既多遺失（如兵、刑一也，而兵不列九流；道、釋一也，而釋未入中國，
皆當補），其繁簡又絕懸殊（如名、墨、縱橫書傳僅三數種，今又無習之者，
不當獨爲家），余竊病焉。暇日紬閱諸家，輒據所見聞參酌今古，稍以臆見更
定其間。所損五，曰墨、曰名、曰法、曰陰陽、曰縱橫，其說浸微，術浸滅，
故總而類之於前，示弗能儒抗也；所益五，曰兵、曰術、曰技、曰道書（神
仙併入）、曰釋典，其徒日廣，教日蕃，故別而類之於後，示弗敢儒抗也。首
吾道以彰顯大源，繼諸氏以溯洄末學，終方外以窮極異端，其家逾百，其篇
溢萬，其流仍九，附諸孟堅。於戲！後世考文之士有若阮孝緒輩，核繁簡之
衷，以悉類次之當，必以余言爲隗始夫。後世子書庶幾秦、漢者，文也，若
其理終不可到。孟、荀於儒，莊、列於道，孫武於兵，韓非於法，彼皆以身
爲其術，終其身竭其力以殉其書，故邪正不同，同歸於弗可磨滅。唐而後厥
尚殊焉，故諸子之言鮮矣。」

　　明莊元臣（1560～1609）《叔苴子・內篇》曰：「《易》道於九流家言，無
所不有。〈履〉之卦，儒家流也；〈艮〉之卦，釋家流也；〈頤〉之卦，墨家流
也；〈井〉之卦，道家流也；〈噬嗑〉之卦，法家流也；〈同人〉、〈節〉卦，墨
家流也；〈暌〉之卦，楊朱家流也；〈師〉之卦，兵家流也；〈大畜〉之卦，術
家流也；〈巽〉之卦，權奇家流也：治方術者各得一察焉。以自好自以爲得儒
家者所未得，而儒者亦拒之於道外，不知其未始不出吾宗也。譬如始祖既遠，

本支繁昌，子孫千億，不相辨識，遂以途人視之，而獨守一大宗，以爲本族，不亦隘乎！此不明於《易》故耳。故曰：『《易》冒天下之道。』又曰：『天下之能事畢矣，惟深於《易》者知之。』」

《四庫全書總目・子部總敍》曰：「自六經以外，立說者皆子書也。其初亦相淆，自《七略》區而列之，名品乃定。其初亦相軋，自董仲舒別而白之，醇駁乃分。其中或佚不傳，或傳而後莫爲繼，或古無其目而今增，古各爲類而今合，大都篇帙繁富。可以自爲部分者，儒家以外有兵家，有法家，有農家，有醫家，有天文算法，有術數，有藝術，有譜錄，有雜家，有類書，有小說家，其別教則有釋家，有道家，敍而次之，凡十四類。……夫學者研理於經，可以正天下之是非；徵事於史，可以明古今之成敗；餘皆雜學也。然儒家本六藝之支流，雖其間依草附木，不能免門戶之私。而數大儒明道立言，炳然具在，要可與經史旁參。其餘雖眞僞相雜，醇疵互見，然凡能自名一家者，必有一節之足以自立，即其不合於聖人者，存之亦可爲鑒戒。雖有絲麻，無棄菅蒯；狂夫之言，聖人擇焉。在博收而愼取之爾。」

清章學誠（1738～1801）《校讎通義》卷三曰：「讀〈六藝略〉者，必參觀於〈儒林列傳〉；猶之讀〈諸子略〉，必參觀於〈孟荀〉、〈管晏〉、〈老莊申韓列傳〉也。（〈詩賦略〉之鄒陽、枚乘、相如、揚雄等傳，〈兵書略〉之孫吳、穰苴等傳，〈術數略〉之龜筴、日者等傳，〈方技略〉之扁鵲倉公等傳，無不皆然。）孟子曰：『誦其詩，讀其書，不知其人可乎？』〈藝文〉雖始於班固，而司馬遷之列傳，實討論之。觀其敍述，戰國、秦、漢之間，著書諸人之列傳，未嘗不於學術淵源，文詞流別，反覆而論次焉。劉向、劉歆，蓋知其意矣。故其校書諸敍論，既審定其篇次，又推論其生平；以書而言，謂之敍錄可也；以人而言，謂之列傳可也。史家存其部目於〈藝文〉，載其行事於列傳，所以爲詳略互見之例也。是以〈諸子〉、〈詩賦〉、〈兵書〉諸略，凡遇史有列傳者，必注『有列傳』字於其下，所以使人參互而觀也。〈藝文〉據籍而紀，其於現書部目之外，不能越界而書，固其勢也。古人師授淵源，口耳傳習，不著竹帛者，實爲後代群籍所由起。蓋參觀於列傳，而後知其深微也。且如田何受《易》於王同、周王孫、丁寬三人，〈藝文〉既載三家《易傳》矣。其云『商瞿受《易》於孔子，五傳而至田何，漢之《易》家，蓋自田何始。何而上未嘗有書』。然則所謂五傳之際，豈無口耳受授之學乎？是〈藝文〉、《易》家之宗祖也。不觀〈儒林〉之傳，何由知三家《易傳》，其先固有所受乎？費、

高二家之《易》，《漢志》不著於錄，後人以爲不立學官故也。然孔氏《古文尚書》，毛氏《詩傳》，左氏《春秋》，皆不列於學官，《漢志》未嘗不並著也。不觀《儒林》之傳，何由知二家並無章句，直以口授弟子，猶夫田何以上之傳授也。按《列傳》云：『費直以〈彖〉、〈象〉、〈繫辭〉、〈文言〉十篇，解說上下經。』此不爲章句之明徵也。晁氏考定古《易》，則以〈彖〉、〈象〉、〈文言〉雜入卦中，自費直始，因罪費直之變古。不觀〈藝文〉後序，以謂劉向校施、孟、梁丘諸家經文，惟費氏《易》與古文同。是費直本無變亂古經之事也。由是推之，則古學淵源，師儒傳授，承學流別，皆可考矣。〈藝文〉一志，實爲學術之宗，明道之要，而列傳之與爲表裏發明，此則用史翼經之明驗也。而後人著錄，乃用之爲甲乙計數而已矣，則校讎失職之故也。」今按：此說極爲通達。

清姚振宗（1842～1906）《漢書藝文志條理》卷二曰：「《隋書·經籍志》曰：『《易》曰：天下同歸而殊塗，一致而百慮。世之治也，列在眾職，下至衰亂，官失其守。或以其業遊說諸侯，各崇所習，分鑣並騖。若使總而不遺，折之中道，亦可以興化致治者矣。』按：此一篇文格大類劉歆〈移太常博士書〉，是亦班氏全用〈輯略〉之文之一證。」

章太炎（1869～1936）《諸子學略說》曰：「惟周秦諸子，推跡古初，承受師法，各爲獨立，無援引攀附之事。雖同在一家者，猶且矜己自貴，不相通融。故荀子非十二子，子思、孟軻亦在其列。……彼所學者，主觀之學，要在尋求義理，不在考跡異同，既立一宗，則必自堅其說，一切載籍，可以供我之用，非束書不觀也。雖異己者，亦必覰其文籍，知其義趣，惟往復辯論，不稍假借而已。是故言諸子，必以周、秦爲主。古之學者，多出王官。世卿用事之時，百姓當家，則務農商畜牧，無所謂學問也。其欲學寄存蚓得不給事官府爲之胥徒，或乃供灑掃爲僕役焉。故《曲禮》云：『宦學事師。』學字本或作御。所謂宦者，謂爲其宦寺也；所謂御者，謂馬其僕御也。故事師者，以灑掃進退爲職，而後車從者，才比於執鞭拊馬之徒。觀春秋時，世卿皆稱夫子。夫子者，猶今言老爺耳。孔子爲魯大夫，故其徒尊曰夫子，猶是主僕相對之稱也。《說文》云：『仕，學也。』仕何以得訓爲學？所謂宦於大夫，猶今之學習行走爾。是故非仕無學，非學無仕，二者是一，而非二也（學優則仕之言出於子夏，子夏爲魏文侯師，當戰國時，仕學分途久矣，非古義也）。秦丞相李斯議曰：『若欲有學法令，以吏爲師。』亦猶行古之道也。

唯其學在王官，官宿其業，傳之子孫，故謂之疇人子弟（見《史記・曆書》）。
疇者，類也。……其後有儒家、墨家諸稱。《荀子・大略》篇云：『此家言邪
學所以惡儒者。』當時學術相傳，在其弟子，而猶稱爲家者，亦仍古者疇官
世業之名耳。《史記》稱老聃爲『柱下史』，莊子稱老聃爲『徵藏史』，道家固
出於史官矣。孔子問禮老聃，卒以刪定六藝，而儒家亦自此萌芽。墨家先有
史佚，爲成王師，其後墨翟亦受學於史角。陰陽家者，其所掌爲文史星曆之
事，則左氏所載瞽史之徒能知天道者是也。其他雖無徵驗，而大氐出於王官。
是故《漢・藝文志》論之曰：『儒家者流，蓋出於司徒之官；道家者流，蓋出
於史官；陰陽家者流，蓋出於羲和之官；法家者流，蓋出於理官；名家者流，
蓋出於禮官；墨家者流，蓋出於清廟之守；縱橫家者流，蓋出於行人之官；
雜家者流，蓋出於議官；農家者流，蓋出於農稷之官；小說家者流，蓋出於
稗官。』此諸子出於王官之證。惟其各爲一官，守法奉職，故彼此不必相通。
《莊了・天下》篇云『譬如耳目鼻口，皆有所明，不能相通』是也。亦有兼
學二術者，如儒家多兼縱橫，法家多兼名，此表裏一體、互爲經緯者也。若
告子之兼學儒、墨，則見譏於孟氏；而墨子亦謂告子爲仁，譬猶跂以爲長，
隱以爲廣，其弟子請墨子棄之（見《墨子・公孟》篇）。進退失據，兩無所容，
此可爲調和者之戒矣。」又曰：「上來所述諸子凡得十家，而《漢志》稱九流
者，彼云九家可觀，蓋小說特爲附錄而已。就此十家論之，儒、道本同源而
異流，與雜家、縱橫家合爲一類；墨家、陰陽家爲一類；農家、小說家爲一
類；法家、名家各自獨立，特有其相通者。」〔註7〕

　　章太炎《章太炎的白話文・論諸子的大概》曰：「《漢書藝文志》從劉歆
《七略》出來，把一切書分做六部，其中諸子、兵書、數術、方技四部，現
在統統叫做子書。六部中間，子書倒佔了四部，可見當時學問的發達了。當
時爲什麼要分做四部呢？因爲諸子大概是講原理，其餘不過一支一節，所以
要分（但縱橫家也沒有理）。流傳到現在，兵書只存了《孫子》，數術只存了
《山海經》，方技只有《黃帝素問》，扁鵲《難經》還在，也難免有後人改竄。

〔註7〕　太炎諸子學遭遇胡適之反駁，蔡尚思在其《中國學術大綱》中更是大加揶揄：
　　　　「於《諸子略》，曉得是『某家者流蓋託於某官』，尚覺說得過去。至於誤認
　　　　爲實出自某某，那就萬不可通了！他如章太炎的《諸子學略說》裏關於老、
　　　　孔的一段議論，簡直同兒戲一樣，鬼也不敢相信他。」今按：蔡尚思這一代
　　　　五四青年被胡適誤導，只知「造反有理」，不知虛心求知，不能實事求是，迷
　　　　途不返，貞凶。

惟有諸子存留的還多。到底是原理愜心，永遠不變；一支一節的，過了時就不中用，所以存滅的數不同。諸子也叫做九流。漢朝太史公司馬談只敘六家，就是道家、儒家、法家、名家、墨家、陰陽家。劉歆做《七略》，又添敘了四家，就是農家、縱橫家、雜家、小說家，合起來是十家。因為小說家是附錄，所以叫做九流。為甚麼稱『家』為『流』呢？古來學問都在官，民間除了六藝，就沒有別的學問。到周朝衰了，在官的學問漸漸散入民間，或者把學問傳子孫，或者聚徒講授，所以叫做家。九流就是九派的意思。流字古書上不見，家字在《孟子》裏頭已經說『法家拂士』，《荀子》裏頭也說『小家紛說』，《莊子》裏頭也說『大家之家』。大概六國時候喚作家，漢朝才喚作流。古來學問都是在官，所以《七略》說：『儒家者流出於司徒之官，道家者流出於史官，陰陽家者流出於羲和之官，法家者流出於理官，名家者流出於禮官，墨家者流出於清廟之官，縱橫家者流出於行人之官，雜家者流出於議官，農家者流出於農稷之官，小說家者流出於稗官。』固然有些想像，也有幾個有確實憑據。道家成氣候的，到底要算老子。老子本來做徵藏史，所以說道家本於史官。墨子的學派，據《呂氏春秋》說，是得史角的傳授，因為魯國想要郊天（在南郊祭天，叫做郊天），求周朝允許他，周朝就差史角去，自然史角是管祭祀的官，所以說墨家出於清廟之官。這兩項都有真憑實據。但是《七略》裏頭，道家頭一個是伊尹，伊尹在商朝初年；墨家頭一個是尹佚，尹佚在周朝初年，並不是周末的人，倒不能不使人起疑問。原來伊尹、尹佚的書，並非他自己做成，只是後來人記錄一點兒。所以說九流成立的時候，總在周。九流裏頭，老子不過是一流，但是開九流著書的風氣，畢竟要算老子。況且各家雖則不同，總不能離開歷史，沒有老子，歷史不能傳到民間；沒有歷史的根據，到底不能成家，所以老子是頭一個開學派。有人說諸子所說的故事，有許多和經典不同，怎麼說九流都有歷史根據？這個也容易解說。經典原是正史，只為正史說的事跡，不很周詳，自然還有別的記錄。記錄固然在官，在官的書也有流傳錯誤，況且時代隔了長久，字形訓詁也不免有些走失，所以諸子說的故事，許多和經典不同，並不是隨意編造。九流分做十家。儒家、道家、法家、名家，都有精深的道理；墨家固然近宗教，也有他的見地，〈經上〉、〈經下〉兩篇，又是名家的開山，這五家自然可貴了。縱橫家只說外交，並沒甚麼理解；農家只講耕田；陰陽家只講神話；小說家錄許多街談巷語；雜家抄集別人的學說，看來這五家不能和前五家並列。為什麼合在一起？因

為五家都有特別的高見，也有特別的用處，所以和前五家並列。就像農家有
君臣並耕的話；小說家宋鈃有不鬥的話，有弭兵的話，都是特創的高見。雜家
是看定政治一邊，不能專用一種方法，要索取各家的長，斟酌盡善，本來議
官應該這樣。陰陽家別的沒有好處，不過鄒衍說的大九州，很可以開拓心胸。
後來漢武帝取三十六國，滅大宛，通印度庵蔡（庵蔡大概是露西亞地界），只
為看了鄒衍的書，才得發出這個大主意來（《鹽鐵論》裏頭說的）。縱橫家的
話，本來幾分像賦，到天下一統的時候，縱橫家用不著，就變做詞賦家。本
來古人說『誦詩三百，可以專對』，可見縱橫家的長技，也是從詩賦來。所以
屈原是賦家第一人，也就嫻於辭令。漢朝初年，鄒陽、枚乘幾個人，都是縱
橫家變成賦家的魁首，漢朝一代文章，大半是由縱橫家變來。從子書的局面
變成文集的局面，全是縱橫家做個樞紐。造就是特別用處。所以十家並列，
並沒有甚麼不稱。現在的分部，兼有諸子、兵書、數術、方技四部。古來分，
近來合，原沒有甚麼不可。不過做目錄的，　代不如一代，且看子部裏頭，
本來沒有釋、道，從梁朝阮孝緒做《子錄》，添了〈佛錄〉、〈道錄〉兩種，後
來《隋書·經籍志》佛、道兩家還錄在經、史、子、集四部以外。以後的目
錄，佛、道也收入子部，卻是《佛藏》、《道藏》的書，並不全採，不過偶然
雜採幾種，已經不如《隋書》遠了。究竟後來的《道經》，和老子、莊子、道
家並不混亂，像歐陽修、宋祁修《唐書》，都還明白這個道理。……又像小說
家雖然卑近，但是《七略》所錄《鬻子》、《宋子》、《青史子》、《周紀》、《周
考》都在小說家，《隋書·經籍志》所錄《辯林》、《古今藝術》、《魯史欹器圖》、
《器準圖》都在小說家。大概平等的教訓，簡要的方志，常行的儀注，蒼萃
的札記，奇巧的工藝，都該在小說家著錄。現在把這幾種除了，小說家裏面
只剩了許多閒談奇事。試想這種小說，配得上九流的資格麼？這是第二種荒
唐了。古來的九流，近來雖不完全，但看《隋書·經籍志》，名家只有四部書，
墨家只有三部書，縱橫家只有兩部書，也還各自分開，並不為書少了，就勉
強湊做一堆。近來人不管合得合不得，一把叔送在雜家圈子裏，章學誠說的『驅
蛇龍而放之菹』，這是第三種的荒唐了。要把子部目錄細細整理，就不劉向父
子出來，總要有王儉、阮孝緒的學問，才夠得上，斷不是紀昀、陸錫熊這班
人所能勝任的。」〔註8〕

〔註8〕傅傑編校：《章太炎學術史論集》，中國社會科學出版社，1997年版，第188
　　～190頁。

　　孫德謙（1869～1935）《諸子通考》卷二曰：「或曰：『儒家遊文六經，固深於經術者，若道、墨諸家，其爲支與流裔，有足徵乎？』曰：試即以《志》徵之。道家合於堯之克讓，《易》之喋嗃，是道家之通於經也。法家信賞必罰，以輔禮制，《易》曰：『先王以明罰飭法。』此其所長，是法家之通於經也。縱橫家權事制宜，受命不受辭，孔子曰：『頌《詩》三百，使於四方，不能專對，雖多，亦奚以爲？』是縱橫家之通於經也。若是諸子之學，雖不必確守經教，而未嘗有背乎經也，謂爲支與流裔，奚不可哉？……向之辯章諸子也，執六經以爲衡，而亦由諸子要歸，無不可歸之於經也。……曰：六經論其常，諸子論其變。六經爲治世學術，諸子爲亂世學術，使時至衰亂，不取諸子救時之略，先爲之扶濟傾危，鏗鏗焉以經說行之，非但不見信從，甚將爲人訕笑矣。故當戰國時，儒術獨絀，孟、荀不得志於世，而縱橫家反能顯榮於天下，此非六經之無用，可束高閣焉，亦以生逢亂世，別有匡濟之學術耳。試譬之，六經爲日用飲食，人不能一日離，諸子則如有疾病，必當用藥，非復平時，則宜對症而發耳，此學術之分治亂，其道若是。……諸子之中，雖不無蔽短，苟取其長者而精思之，必爲有用之學矣。夫不取諸子所長，而一切屏棄之，於是爲儒家者，或失之瑣碎，或失之玄虛，而訓詁一家，性理一家，斤斤於文字之末，六藝之所以經世者且視爲空言無補焉，有識者能無爲之長太息哉？又案：荀、莊二子皆舉墨翟諸人，論其學術得失；《尸子》、《呂氏春秋》則闡發其人之宗旨耳；若《淮南子》者，言其人爲學之所由興起，及著書之所從出，均未有家之說也；至司馬談之〈要指〉，始有六家之名。六家者，儒、道、墨、名、法、陰陽耳，則學者可知凡儒、墨之學，俱足成家矣。然家自爲家，何者是儒，何者是道，何者是墨、名、法與陰陽，而其人則未聞也。語云『盡美而未盡善』，蓋猶有憾焉者也。至此《志》則兼備矣！〈諸子略〉中，儒家則入孟、荀諸人，道家則入老、莊諸人，以下無不詳述。自此讀孟、荀書，則其人是儒家也，讀老、莊書，其人是道家也，名、墨諸家皆然，讀此書而家數即可考。故有若治諸子學者，就此《志》而觀其列在何家，其人立言之宗旨，既得家數，亦易窺見矣。況每一家後各有敘論，所以詳其源流，又有『此其所長』、『蔽者爲之』等語，則是掎摭其利病也。……此爲其全略之總論。識者謂『不讀〈藝文志〉，不能讀天下書』，誠哉是言！其最要者，當知若人爲儒家，若人爲道家，則可得門而人矣。苟家數之不辨，欲通諸子學，不能也！嗚呼！此《志》分別爲十家，又以九家爲可觀，後人於

諸子書，不信其所定家數，宜諸子之術不能顯白於天下也。」

梁啓超（1873～1929）《中國學術思想變遷之大勢》曰：「〈藝文志〉亦非能知學派之眞相者也！既列儒家於九流，則不應別著〈六藝略〉；既崇儒於六藝，何復夷其子孫以儕十家？其疵一也。縱橫家毫無哲理，小說家不過文辭，雜家既謂之雜矣，豈復有家法之可言？而以之與儒、道、名、法、墨等比類齊觀，不合論埋，其疵二也。農家固一家言也，但其位置與兵、商、醫諸家相等。農而可列於九流也，則如孫、吳之兵，計然、白圭之商，扁鵲之醫，亦不可不爲一流。今有〈兵家略〉、〈方技略〉在〈諸子略〉之外，於義不完，其疵三也。〈諸子略〉之陰陽家，與〈術數略〉界限不甚分明，其疵四也。故吾於班、劉之言，亦所不取。」今按：梁啓超此說尙爲膚淺之論，多似是而非，非定論也。

張爾田（1874～1945）《史微》卷一〈百家〉曰：「六藝者，先王經世之跡也；百家者，先王經世之術也。大生民而立之君，君不能獨治，必設官焉，官各有史，以其政教而上輔人主之治，此政學所由合一也。王道官失其守，流而爲百家，而後諸子之言始紛然淆亂矣。……蓋先王之設官也，有政焉、有教焉，儒、道、小說，聖人之教；兵及醫方，聖人之政。政爲有司所職，教則史官掌之，故百家學術可一言以蔽之，曰原於百官之史而已。雖然，百家莫不祖史，而史之正宗則有三家，曰道、曰墨、曰雜。道家，犬子之術，本出史官；墨家清廟之守，傳自史角；雜家亦司史所紀（陰陽、數術、小說亦出於史，皆三家之旁支，非正宗，故不數之）。是三者蜂起並作，取合諸侯，皆欲與我孔子爭此史統者也。及漢武帝從董仲舒之言，表章六藝，廢黜百家，自是以降，史統始定於尼山，而百家騰躍，終入環內矣。諸子之衰，豈非天哉，豈非天哉？」

柳翼謀（1880～1956）《論近人講諸子之學者之失》曰：「胡氏論學，亦知尋求因果，《中國哲學史大綱》：『大凡一種學說，決不是劈空從天上掉下來的；我們如果能仔細研究，定可尋出那種學說，有許多前因，許多後果。』而其講諸子之學，則只知春秋時代之時勢，爲產生先秦諸子學派之原因，不知有其他之原因。若合《莊子‧天下》篇、《淮南子‧要略》、劉歆《七略》觀之，則諸子之學出於古代聖哲者爲正因；而激發當日之時勢者爲副因。舉副因而棄正因，豈可謂仔細研究乎？」

錢玄同（1887～1939）《中國學術思想論文集要序》曰：「陰陽即東周中

葉以前之舊學，縱橫乃一時致用之術，小說爲歷史之支流。雜家之書，傳於今者有《呂氏春秋》及《淮南子》，二書皆成於眾人之手，蓋集合百氏之說，初無宗旨可言。其他，則農家之許行，嫉當世君民以名義之殊異，而生『治人』、『治於人』之階級，因創爲『並耕』之說，欲舉尊卑、貧富、勞逸之不齊者而歸於平等，與《莊子》〈馬蹄〉、〈胠篋〉諸篇同一義旨，是農家實道家之一派也。李耳、莊周掊擊聖人，絕仁棄義。法家乘其流，不務歸於『至德』，而一任刑法，其極慘礉少恩，司馬遷謂申、韓皆原於道德之意，是法家出於道家也。晉魯勝《墨辯注序》曰：『墨子著書，作〈辨經〉以立名本，惠施、公孫龍祖述其學，以正別名顯於世。』是名家出於墨家也。準此所言，十家之中，能卓然自立者，厥惟道、儒、墨三家而已。」〔註9〕

江瑔（1888～1917）《讀子卮言》第三章〈論諸子百家之相通〉曰：「吾讀諸子之書，而參以班氏之言，而知百家九流之繁雜，而其學術本無不相通也。周道陵夷，官失其守，而百家之學遂鋒起於一時，各持一說，互相辯難，集古今學術之大成。然派別雖異，而亦各有其淵源。班氏謂『道家者流，出於史官』，其實九流盡出於史官，不只道家也。是諸子百家在後代雖源遠流歧，而在古代實同歸於一家。況諸子之學皆託於古人，莫不援引三王五帝之言以爲己說之左證。夫同是五帝三王，何以後人引之則成爲相敵之派別？似不可解。蓋五帝三王之言可通於此家，亦可通於彼家也。然則百家之學曷嘗不相通哉！核班氏所述諸子，凡百八十九家，四千三百二十四篇。言家者指其人，言篇者指其書。而當時區爲十流、各標專名者，究以書分，非以人分。古多有一人而著教書者。一人而有數書，數書即可入數家，是即一人而兼數家之學。此雖爲余之創論，古人之所未言，然實衷於理，班氏復起，當不易吾言，學者可細玩之也。……可見古人之學派及劉、班之所錄，究以書分，非以人分。一人可著數書，數書可入數家，即一人可以兼數家之學，且同爲一書，或於數家之義俱近，亦可以既列於此家，又列於彼家。近儒章學誠撰《校讎通義》，力言敘錄藝文當有互見之例，爲校讎家不刊之名言。蓋亦以古者一人可以兼數家之學，一書可以入數家之目，故須彼此互見也，然則可見諸子之學雖大綱有別，仍莫不息息相通，故一人可以兼數家而無害。若甲乙冰炭，彼此水火，家家俱相敵而不相容，則一人誰能兼數家？即欲周旋其間，朝秦暮楚，出爾反爾，遊移不定，又安能持之有故，言之成理，以流傳於千載耶？

---

〔註9〕 見蔣伯潛、蔣祖怡：《諸子與理學》，九州出版社，2011 年版，第 31～32 頁。

不特此也，更推而言之，如史公以鄒衍附於孟、荀而同傳，鄒氏言大九州，卒歸宿仁義，仍合儒家之旨。章學誠亦曰：『陰陽家乃鄒衍談天、鄒奭雕龍之類，空論其理，不徵其數，其源蓋出於《易》。』厥言甚精。又陰陽家有《五曹官制》五篇，班氏曰：『漢制，似賈誼所條。』按〈賈誼傳〉，誼以為帝『當改正朔，易服色制度，定官名，興禮樂，乃草具其儀法，色上黃，數用五，為官名，悉更奏之』云云，則《五曹官制》為誼所條無疑。誼本儒家，而此書乃列於陰陽家，則儒與陰陽相通也。荀卿為蘭陵老儒，而其弟子則有李斯、韓非、魏文侯，本列儒家，亦嘗師法家之李悝；又儒家有《賈誼》五十八篇，誼昌言王道，推論三代，為儒家之最著，而太史公又稱『賈誼、晁錯明申、商』，且又出河南守吳公門下，吳公嘗學事李斯，或謂其書宗旨雖出於儒，而作用實本於法。漢代之治天下，每儒法兼用，則儒與法相通也。名（儒）〔家〕之學，以循名責實為宗。然孔子亦言『正名』，荀子亦有《正名篇》。《漢志》名家有《尹文子》一篇，今考其書，所謂『名定則物不竟，分明則私不行』，純乎儒家之言。晁公武亦謂《尹文》書雖專言刑名，然亦宗六藝，數稱仲尼，則儒與名相通也。墨子之學，本於大禹。孔子亦稱『禹無間言』，孔子宋後，故《春秋》有『故宋』之義。而墨子小宋學。韓愈亦言孔、墨同道，『墨必用孔，孔必用墨』。《墨子‧耕柱》篇亦載與子夏弟子相問答之辭。故《漢志》有《晏子》八篇列於儒家之首，後世如《郡齋讀書志》、《文獻通考》皆列於墨家。則儒與墨相通也。從橫家以修辭為宗，孔子亦貴『專對』，後世亦謂從橫家之捭闔近於儒家之翕闢，則儒與從橫相通也。〈月令〉本《戴記》之文也，而《呂氏春秋》亦載其篇。《尸子》為雜家之學者也，而《穀梁傳》亦引其語，《後漢書》注亦謂尸佼『作書二十篇，內十九篇陳道德仁義之紀』，是大旨不背於聖人。後世於儒、雜二家每多相混，則儒與雜相通也。農家重農事，儒家亦貴民重眾，毋失民時。農家平貴賤，孔子亦譏世卿，則儒與農相通也。小說家有《宋子》十八篇，而荀卿書屢稱宋子。小說家有《青史子》五十七篇，《大戴禮‧保傳》篇引《青史氏之記》曰『古者胎教』，《風俗通義》亦引《青史子》。此即孔子所謂「雖小道，必有可觀」也，則儒與小說相通也。曾子為聖門高弟，《漢志》儒家亦有《曾子》十八篇，而其弟子則有吳起，列於兵家。又儒家錄《周史六弢》，師古曰：『蓋言取天下及軍旅之事。』孔子亦曰『我戰必克』，則儒與兵相通也。張蒼善律，陰陽家有《張蒼》十六篇，而本傳謂蒼『尤邃律曆』，『著書十八篇，言陰陽律曆事』。呂祖謙謂『鄒衍推五

德之運』，『秦始皇始採用之』，定爲水德，以爲水德宜剛毅，事皆決於刻削之法，然後合五德之數。則陰陽與法相通也。鄒衍之術，由小以知大，推見以致隱，驗小物而至於無垠，隱合名家之旨。則陰陽與名相通也。陰陽家之學，觀陰陽消息之理，推災異五行之敷。墨氏之學亦尊天而明鬼。則陰陽與墨相通也。古者每以法術、刑名並言。法家有《申子》六篇，劉向《別錄》云：『申子學號刑名，以名貴實，尊君卑臣，崇上抑下。』《韓非子》亦云：『申不害徒術而無法。』是申子之學固兼名法而一之者。又名家之首錄《鄧析》二篇，然鄧析創竹刑之法，駟歂殺析而用其竹刑，是析之學亦兼名、法也。則法與名相通也。韓非子爲法家之鉅子，而其書有〈說難〉之篇，不外揣摩之旨。則法與從橫相通也。雜家有《尉繚》二十九篇，劉向《別錄》云『繚爲商君學』。又有《尸子》二十篇，班氏自注云『秦相商君師之』。由劉氏之說，是雜家可爲法家之學；由班氏之說，是法家可爲雜家之學。則法與雜相通也。法家之學，刻薄少恩。《鬼谷子》之書，柳宗元亦謂其『嶮螫峭薄』。則法與從橫相通也。農家有《神農》二十篇，劉向《別錄》云：『疑李悝及商君所說。』蓋李悝、商君皆以闢土地、任草萊爲宗，與農家之旨相近也。晁錯爲法家，亦引《神農之教》曰：『有石城十仞，湯池百步，帶甲百萬，而亡粟，弗能守。』則法與農相通也。洪邁曰：『《尹文子》五千言，亦非純本黃老，頗流而入于謙愛。』而《墨子・經上下篇》頗與名家之旨近，所謂馬目牛毛之論，亦與堅白異同相類。晉魯勝注《墨辯》，其《序》曰：『墨子著書，作《辯經》以立名本，惠施、公孫龍祖述其學，以正刑名顯於世。』則名與墨相通也。《荀子》曰：『惠施蔽於辭而不知實。』《淮南子》曰：『公孫龍粲於辭而貿名。』揚子曰：『公孫龍詭辭數萬。』而從橫家亦以詭辯爲宗，則名與從橫相通也。《莊子・天下篇》云：宋鈃、尹文其爲人太多，其自爲太少，以宋鈃與尹文並稱，宋鈃即《孟子》之宋牼，亦即《荀子》所稱之宋子，楊倞注云：『宋子蓋尹文弟子。』而《漢志》有《宋子》十八篇，列於小說家。則名與小說通也。墨子之學出於大禹，而雜家有《大禹》三十七篇，則墨與雜家相通也。墨子重節用，『以自苦爲極』（見《莊子》），農家亦勤勞節儉，自食其力。《墨子》有〈上同〉篇，而農家之學亦欲齊天下之不齊，則墨與農相通也。墨家有尹佚，兵家有萇弘。《史記・天官書》謂『昔之傳天數者，周室史佚、萇弘』，以二人並舉，則其學必相同。墨子書亦有〈備城門〉諸篇，皆言攻守戰嗣之事，《史記》亦言墨翟『善守禦』，而墨子亦曾與公輸般鬥攻守之機變。公輸

九攻，墨子九拒，公輸之機械盡，墨子之守固有餘。是墨書雖有〈非攻〉篇，而墨子實知兵，蓋必能戰而後能不戰也。則墨與兵相通也。鬼谷之學，出於《陰符》，故其書有《陰符七術》之篇。《戰國策》亦言蘇秦『發書，陳篋數十，得《太公陰符》之謀，伏而誦之，簡練以爲揣摩』。則從橫與兵相通也。雜家有《子晚子》三十五篇，班氏自注曰：『齊人，好議兵，與《司馬法》相似。』又有《尉繚子》二十九篇，王應麟《藝文志考證》云：『今二十四篇，《天官》至《兵令》言刑政兵戰之士。』班《志》於雜家下亦注云：『入兵法。』則雜與兵相通也。計然爲范蠡之師，《漢志》兵權謀有《范蠡》二篇，《唐志》農家復有《范子計然》十五卷，注云：『范蠡問，計然答。』則農與兵相通也。以上所舉，皆就其最顯者言之，可以見諸子之學莫不相通。班氏於雜家者流而論其學，曰『雜家兼儒、墨，合名、法』，又曰『見王道之無不貫』。曰『合』曰『貫』，尤足爲諸家相通之確證。至道家之學爲百家之所從出，則其學與諸子相通尤不待言矣。蓋諸子百家之學雖枝分而派別，實殊途而同歸。或異派之學出於師弟，或循環相生，周而復始。是故言其顯者，如道家絕去禮法，與名家異，兼棄仁義，與儒家異；獨任清（靈）〔虛〕，與法家異。儒家務民義而敬鬼神，與陰陽家舍人事而任鬼神異；墨家之兼愛，與法家之傷恩薄厚異；雜家漫羨而無所歸心，與道家秉要執本異；農家君臣並耕，悖上下之序，與法家尊主卑臣分職不相越異。各持一說，似枘鑿之不相入，冰炭之不相容，而究其微，則實道本一貫，息息相通。故儒、墨異道，名、法殊學，而雜家可以兼而合之。譬若《易》有施、孟、梁丘三家之別，而同出於田何；《春秋》有公、穀、左、騶、夾五傳之異，而皆無背於孔子也。大抵天下之學，有分必有合，有合亦必有分，不分則無以見其精微，不合則無以知其博大。自其分者言之，豈特百家之學不同，即每家之中亦一人一義，十人十義，而不能強之以相侔；若自其合者言之，則固不論東海、南海、西海、北海，人同此心，心同此理，而合天地之萬有同冶於一爐，此學者所宜知者也。至若諸子之中，往往出於攻詰駁難而不相下，如孟子之拒楊、墨，荀子之非十二子，董無心之難墨子，虞丘說之難孫卿，秦零陵令信之難秦相李斯，公孫敖之難伯象先生，博士臣賢對之難韓子商君，《莊子・天下》篇之皆毀諸家，此則同道之事，而非異道之事。譬若鄭、王之相難，朱、陸之相非，固學者之常情，不獨諸子爲然也，豈能執此而疑諸家之不相通哉？」

　　江瑔《讀子巵言》第四章〈論諸子之淵源〉曰：「是則諸子百家莫不淵源

於史。故《漢志》所錄道家老子爲周柱下史外，他如儒家有《六弢》，繫曰『周史』；小說家有《青史子》，爲『古史官』；雜家有《孔甲》，爲『黃帝之史』；墨家有《尹佚》，兵家陰陽有《萇弘》，皆周之史官；陰陽首列《司星子韋》，爲宋之史官；農家有《董安國》，爲漢代內史；又法家有《燕十事》十篇，亦當爲燕史官之所掌。是百家之學莫不有史官在其中，則可知百家流派之不同，皆因於古之史官所職各異之故也。班氏所言某家出某官，在後世雖各有專職，而在古代則皆史氏之所司。蓋上古設官最簡，惟有巫、史二官，各掌其學，爲天下萬世學術之所從出。惟始則巫、史並重，繼則史盛而巫衰，終則史官且奪巫之席，故傳巫之學者不足與史敵。降及後代，史職益重，巫道益微，百官庶職皆史掌之，巫之所司不逮萬一。惟政事日繁，而設官亦因以日多，雖名目紛歧，實皆由史氏遞變而來。然則謂『諸子百家之學盡出於史官』，非誣語也。班《志》所以獨舉道家出於史官者，意者班氏之意以道家之興爲最早，而遠在諸家之前，故特舉道家以賅其餘耶？雖然，諸子百家誠同出於史官而究有辨，試更析而言之。大氐史重人事，巫事鬼神；史貴於實，巫涉於虛。後世之學術有純出於史者，有純出於巫者，有兼出於巫、史者，所出不同，故其學亦各異。若儒家，若道家，若法家，若名家，若從橫家，若雜家，若農家，若小說家，皆純出於史者也。若陰陽家，若墨家，若兵家，皆兼出於巫、史者也。（按：所謂兼出於巫、史者，非謂其學半出於史、半出於巫也，蓋謂以史而兼巫職，即如上文所云史奪巫席之時，如祝史、卜史之類是也。）若數術、方技二略所錄，則純出於巫者也。純出於巫，則其言虛；純出於史，則其言實；兼出於巫、史，則其言亦虛實相參。其學之能傳與否，及傳之能久遠否，悉視茲判焉。彼數術、方技諸家，其言皆涉於虛無誕妄，猥瑣不經，後世神仙、方士之流，符籙、丹鼎、煉養、服食之術皆宗之，爲純乎出於巫者，可無論矣。至同爲諸子之學，而亦有虛實之不同，則因古之史官多派，有純掌史職者，有兼司巫職者，斯其所傳之學亦不能盡同也。如儒家之躬行踐實以明教化，法家之信賞必罰以輔禮制，名家之循名責實以正名位，從橫家之修辭立言以睦鄰國，雜家之辯論得失以議事政，農家之自食其力以重農事，以及小說家之閭巷博採以觀風謠，莫不以實踐爲宗，而不致遁於虛。惟道家則高談玄妙，言近虛無，然其學本『歷記古今成敗存亡之道，然後知秉要執本，清虛以自守，卑弱以自持』，此亦治平之術，可以推之天下國家焉。故漢尚黃、老，治績昭然，是則雖虛而亦實也，此皆純出於史者也。若陰陽、

墨、兵諸家則略異。陰陽家之學主於推天變以合人事，然談陰陽消息，五德終始，『而作怪迂之變』，『其語閎大不經』，『文具難施』，故數術亦多言陰陽，與陰陽家之言殆相混雜。（按：《漢志》言陰陽者凡三：一為諸子略之陰陽家，一為兵家之陰陽，一為數術類之五行。五行所言，亦陰陽居多，如所錄〈泰一陰陽〉、〈黃帝陰陽〉，〈黃帝諸子陰陽〉、〈諸王子陰陽〉、〈太玄陰陽〉、〈三典陰暘論〉、〈陰陽五行時令〉諸書皆是也。）研《志》謂『陰陽家者流，出於羲和之官』，又謂『數術者，皆明堂羲和史卜之職』，似陰陽家與數術皆同出於羲和。蓋羲和之官初為巫之所司，傳其學者為數術；繼乃史官兼掌之，傳其學者為陰陽家耳。然史官能兼其職，而不能易其事，此陰陽家之學所以亦半涉於虛也。墨家之學重力行，任勞苦，獨任天下之難，枯槁其身而不惜，其言踐實，為諸家之最。然亦有〈尊天〉、〈明鬼〉之篇，假鬼神以立教，頗近於巫言。蓋其學出於清廟之守，清廟為祭祀所有事，亦初為巫司，終歸史掌也。兵家之學，其類有四：曰權謀，曰形勢，曰陰陽，曰技巧。惟權謀、形勢、技巧三者切於實用，而陰陽之說則『推刑德，隨鬥擊，因五勝，假鬼神以為助』，類涉於虛。如周史《萇弘》亦列兵家，《淮南子》曰：『萇弘，周室之執數者也。天地之氣，日月之行，風雨之變，律曆之數，無所不通。』《史記·天官書》謂『昔之傳天數者，周室史佚、萇弘』，又〈封禪書〉謂『萇弘以方事周靈王，諸侯莫朝周，周力少。萇弘乃明鬼神事，設社狸首。狸首者，諸侯之不來者。依物怪，欲以致諸侯，諸侯不從，而晉人執殺萇弘。周人之言方怪者自萇弘』，是則萇弘者，亦史而兼巫者也。蓋古人凡言『國之大事，曰祀與戎』，必並戎於祀而言之，則古人必假鬼神事以行兵無疑。故古史所載黃帝與蚩尤戰，迷霧驅獸之事，多怪誕不經，未可深信。而《漢志》兵陰陽所錄，亦大氐皆遁甲、推步，占候、災祥之類，近於巫者之言，此兵家之學亦實中而半涉於虛者也。以上諸家皆虛實參半，此皆由兼出於巫、史之故，故不特與數術、方技之純於於巫者異，即與儒、法諸家之純出於史者亦異。由此可見諸子之學雖同出於史官，而有出於純掌史職之史，有出於兼司巫職之史，然皆非彼純出於巫者之可比礙。學者觀於此，可以知諸子之淵源及派別之所在矣。」今按：「諸子百家莫不淵源於史」雖然較前人更加深入，但還不盡然，更加全面的說法為：「諸子百家莫不淵源於巫史」。上古存在巫史傳統（詳參李澤厚的相關論述）。起初巫高於史，巫居於主導地位。後來發生變化，史高於巫，史占居主導地位，成為大傳統，而巫淪落民間，成為小傳統。

要之，「諸子百家莫不淵源於巫史」。巫史即三代之貞人，與《易》有直接的淵源。換言之，諸子百家莫不淵源於《易》。

林科棠（1893～1960）《諸子不出於王官續論》曰：「諸子之淵源，尤當上溯成周以前，考周以前，朝廷分官守職，見諸載籍，明白可稽者，以唐虞為最，如是則吾人應云儒家出於契，法家出於皋陶，農家出於稷，陰陽家出於羲和，雜家出於龍矣。不云諸子出於上古之王官，而云出於成周之王官，真所謂數典忘祖者。」〔註10〕

蒙文通（1894～1968）《古學甄微》曰：「《漢書・藝文志》析法家、兵家、農家、縱橫家為四，然後三家殆皆法家之工具也。法家者，非徒務法而已，又多挾兵、農、縱橫三者以俱，而達其富強之旨意焉。言法家者，固當統此三者以為說也。」〔註11〕

劉咸炘（1896～1932）《子疏》定本卷下〈雜家第十一〉曰：「雜家者，雜而成家者也。兩端之弊見，必調和之說興；門戶之爭倦，則兼容之道起。此固學術之常也。史稱甘茂事下蔡史舉先生，學百家之說，可知七國之末，雜家已多矣。」

傅斯年（1896～1950）《戰國子家敘論・論春秋戰國之際為什麼道家並興》曰：「九流出於王官，晚周文明只等於周公制作之散失之一說，雖絕對不可通，然若西周、春秋時代文化不高，孔、老戰國諸子更無從憑藉以生其思想。……但西周晚年以及春秋全世，若不是有很高的人文、很細的社會組織、很奢侈的朝廷、很繁豐的訓典，則直接春秋時代而生之諸子學說，如《論語》中之『人情』，《老子》中之『世故』，墨子之向衰敗的文化奮抗，莊子之把人間世看做無可奈何，皆若無所附麗。在春秋、戰國間書中，無論是述說朝士典言的《國語》（《左傳》在內），或是記載個人思想的《論語》，或是把深刻的觀察合著沉鬱的感情的《老子》五千言，都只能生在一個長久發達的文化之後，周密繁豐的人文之中。……東周時中國之四鄰無可嚮之借文化者，則其先必有長期的背景，以醞釀這個東周的人文，更不能否認。只是我們現在所見的材料，不夠供給我們知道這個背景的詳細的就是了。然而以不知為不

---

〔註10〕 見蔡尚思：《中國學術大綱》，知識產權出版社，2013年版，第172頁。蔡尚思稱：「我認老子出於黃帝，許行出於神農，墨翟出於大禹，孔孟出於堯舜……亦屬託古改制，而非實出於古。……與其說由於王官的散失遂有諸子的爭鳴；不如說百家的暴興，由於當時社會的大亂。」

〔註11〕 蒙文通：《古學甄微》，巴蜀書社，1987年版，第285～288頁。

有，是談史學者極大的罪惡。……綜括上四項：第一，著書之物質的憑藉增高了，古來文書仕官，學不下庶人，到戰國不然了。第二，傳統的宗主喪失了。第三，因擴充及混合，使得社會文化的方面多了。第四，因社會組織的改變，新思想的要求乃不可止了。歷傳的文獻只足爲資，不能復爲師，社會的文華既可以爲用，復可以爲戒。紛紜擾亂，而生磨擦之力；方面複繁，而促深澈之觀。方土之初交通，民族之初混合，人民經濟之初向另一面拓張，國家社會根本組織之初變動，皆形成一種新的壓力，這壓力便是逼出戰國諸子來的。」〔註12〕

葉長青（1902～1948）《漢書藝文志問答》：「問：『或謂漢武以董仲舒、衛綰之言，罷絀諸子，尊崇儒學，爲束縛思想之因。然古先聖哲思想之流傳，實武帝之功。以功爲罪，正與事實相反，能斥其說之非否？』答：『本志《首序》曰：「漢興，改秦之敗，大收篇籍，廣開獻書之路。迄孝武世，書缺簡脫，禮壞樂崩，聖上喟然而稱曰：『朕甚閔焉。』於是建藏書之策，置寫書之官，下及諸子傳說，皆充秘府。」是未嘗罷絀之證。果如或者所云，則《七略》芬菲，九流鱗萃，殺青所編，豈有百八十餘家之數乎？』」

張舜徽（1911～1992）《漢書藝文志通釋》卷三曰：「《淮南・氾論》篇云：『百川異源，而皆歸於海；百家殊業，而皆務於治。』此語足以發明《易・繫辭》『同歸殊塗、一致百慮』之旨。大抵諸子之興，皆起於救世之急，咸思以其術易天下。雖各有短長，可相互爲用。自古英才傑士，固於經藝之外，兼取諸子之長，以爲匡濟之具。先秦如管仲、商鞅，後世如王安石、張居正，悉有取於道家、法家之要，得所折中，故能成股肱之材，立不朽之業。如徒拘泥於六經，羈絆於儒學，則膠柱鼓瑟，鮮有能收經世濟民之效者，此讀書之所以貴有通識也。」又引曹耀湘之說曰：「班志《藝文》，本取劉歆之《七略》。其於諸子，區分九流。墨家、名家之書爲最少。周之末，墨言雖盈天下，傳其術者，類優於行而絀於文。雖有著述，殆無足觀，故不能及儒家、道家之十一。《志》中推墨家所出與其短長之處，所見不逮《淮南》遠甚，寧論史公與莊子乎？劉歆之敘諸子，必推本於古之官守，則迂疏而鮮通。其曰道家出於史官，不過因老子爲柱下史，及太史公自敘之文，而傅會爲此說耳。若云歷記成敗興亡，然後知秉要執本，未免以蠡測海之見。至其謂墨家出於清

---

〔註12〕 傅斯年：《戰國子家敘論・史學方法導論・史記研究》，上海古籍出版社，2012年版，第21～22頁。

廟之守，則尤爲無稽之肊說，無可採取。唯是焚書以後，遺文間出，是賴此時校輯之勤，以得存世而傳於後耳。」並加按語曰：「自劉、班論列諸子，謂皆出於王官。後之辨章學術者，率奉此以爲定論。獨清末學者長沙曹氏以爲不然，載其說於《墨子箋》中。要言不煩，其說是也。余平生論及斯事，守《淮南・要略》篇之論，以爲諸子之興，皆因時勢之需要，應運而起，不必有其淵源所自也。使徒牽於某家出於某官之說，則不足以明學術自身發展之因，而莫由推原其興替，故其說必不可通。觀《淮南》論諸子之學，皆起於救世之弊，應時而興。故有殷周之爭，而太公之陰謀生；有周公之遺風，而儒者之學興；有儒學之敝，而墨者之教起；有齊國之興盛，而管仲之書作；有戰國之兵禍，而縱橫修短之術出；有韓國法令之新故相反，而申子刑名之書生；有秦孝公之勵精圖治，而商鞅之法興焉。其所論列，確當不移。凡言諸子之所由起，必以此爲定論，足以摧破九流出於王官之論也。近人胡適嘗爲《諸子不出於王官論》，附錄於《中國哲學史大綱》卷上後，揭櫫四端，言之成理，學者可參考。」

　　王叔岷（1914～2008）《先秦道法思想講稿・先秦諸子之興起》曰：「諸子學說未必全淵源於王官，但多少總有些關係。胡適之先生反對『諸子出於王官』之說，所著《中國哲學史大綱》，附錄中有一篇『諸子不出於王官論』，其要旨云：『劉歆以前，無諸子出於王官之說。《莊子・天下》篇、《荀子・非十二子》篇、司馬談《論六家要指》、《淮南子・要略》皆無之。《要略》以爲諸子之學皆起於救世之弊，應時而興。』《莊子・天下》篇雖無『諸子出於王官』之說，卻有『出於古之道術』之說，如云：『不侈於後世，不靡於萬物，不暉於數度，以繩墨自矯，而備世之急。古之道術有在於是者，墨翟、禽滑釐聞其風而說之。』立說雖寬泛，但已提出學術之淵源問題。同時如前所舉之說，亦提到時代之影響問題。胡先生根據《淮南子》，以爲諸子之學皆起於救世之弊，應時而興。只談到學術與時代之關係一層。任何學術之產生，淵源、時代兩方面都應注意，不能單獨相信一方面。莊子在二千二百多年前，關於諸子學術之產生，即能從淵源、時代兩方面去看。而劉歆、班固卻只知道從淵源方面看。《淮南子》只知道從時代方面去看，胡先生從之。莊子之言論、觀點，總是相當圓融，獨超眾類。尚當留意者，《漢書・藝文志》雖說『諸子出於王官』，『出』上都加一『蓋』字。蓋者，大概之詞。可見劉歆、班固並非完全執著於『出於王官』。傅斯年先生對於《漢志》之說，有較通達之解

答……而所言『其意似無謂而有謂』。頗符劉、班用『蓋』字之微旨,即『諸子大概出於王官』之意。似較胡適之先生完全否定『諸子出於王官』之說為合理。」〔註13〕

鄺士元《中國學術思想史》第一章《先秦學術思想之比較》曰:「茲綜合近儒之見就上述各項理由,逐一辯析如下:一、胡適以為劉歆以前,並無此說,因斷《漢志》所說之非。然而劉氏以前,亦未嘗確言諸子不出於王官,豈可獨斷諸子不出王官之證?且《莊子‧天下》篇論各家學說,均冠以『古之道術有在於是者』,此非言諸子之說有所本乎?特未明言其出於王官耳。《左傳》中記孔子言:『天子失官,學在四夷。』又曰:『禮失而求諸野。』豈非言學官失守,終乃流諸草野乎?至司馬談〈論六家要指〉,意在評騭諸家,故不述其源流,亦無足據。淮南子〈要略〉亦頗指示諸子之出處,如言儒學為『修成康之道,述周公之訓』,墨家為『學儒者之業,受孔子之術,背周道而用夏政』,故謂劉歆以前,絕無言諸子出於王官者,似不盡然也。二、胡適稱:『不知儒家之六籍,多非司徒之官所能夢見。』『墨家之學,儀態萬方,豈清廟小官所能產生?』其意蓋在不滿班固之以諸子瑰偉宏大之學,推其源於簡陋之王官。其實『出』之一字,乃『導源』之意,言諸子受王官之影響,而加以發揚光大,非謂王官可齊美於諸子,或諸子之學說全部自王官承襲而來。三、若謂《漢志》九流之分為不合理,實為胡氏囿於成見之所致。觀胡著《中國古代哲學史》,純以『名學』觀點論述諸子,遂認各家學術,均有其名學,而先秦無名家矣。殊不知先秦諸子各有特色,亦各有所重,未可以一種標準衡量之。若據胡適之說,則道家論道,儒家、法家、雜家亦皆言道,而謂先秦無道家可乎?至謂晏子列儒,管子列道,並錄伊尹、太公、孔甲、盤盂等偽書,與諸子分派又有何干?且晏子未必無儒家思想,管子未必無道家思想。分列儒、道,乃係個人見解,未可厚非;收錄偽書,更與諸子之派別無涉。即使九流分派為非,然諸子分派合否是一事,諸子之學是否出於王官又另一事,故殊不足證諸子之不出於王官。四、章太炎先生以老聃為柱下吏、徵藏史,為道家出於史官之一證,其意蓋在說明劉氏《七略》、班氏《漢志》之說不為無據,非依此一理由,而斷言道家思想之源流也。因劉歆、班固,皆為博極群書宏中肆外之大儒,其所言談,必有所本,老子之世為史官,不過其旁徵之一而已,自然尚有其他依據,為吾人今剛聽不及見者。故老子為史官

---

〔註13〕 王叔岷:《先秦道法思想講稿》,中華書局,2007年版,第3~5頁。

之一言，與孔子爲乘田、委吏之意義絕不相同，若欲據此而以孔子之學出於乘田、委吏，有何不可？且胡適一則稱其爲漢儒陋說，全無根據；一則棄有用之史料而不顧，豈非自相矛盾？至於近儒力主諸子出於王官，蓋以思想必須以學術爲基礎，尤其欲成系統嚴密之思想，更非不學無術者所能收其功。春秋戰國以前，學術不在民間，皆由王官世守。其後王官失守，學術四處流散，始有諸子百家之興起；故諸子思想，必難逃其與王官之關係。是以諸子之學，倘若憑空落下，前無所承則已，否則除王官而外，實在無法找出其他淵源。」〔註14〕

余敦康《中國哲學的起源與目標》曰：「關於先秦諸子，司馬談〈論六家要旨〉分爲陰陽、儒、墨、名、法、道德六家。《漢書·藝文志》在此六家的基礎上增加了縱橫家、雜家、農家、小說家四家，共爲十家，並且指出，『諸子十家，其可觀者，九家而已』，小說家沒有其他九家重要。其實在這九家之中，卓然自樹壁壘者只有儒、墨、道、法四家。……這四個大的學派，宗旨明確，體系完整，彼此攻駁，互不相讓，在當時百家爭鳴的局面中扮演了主要的角色他們的爭論涉及一系列的問題，諸如天人問題、人性問題、義利問題、王霸問題、禮法問題、名實問題、古今問題等等，而所有這些問題，按照《莊子·天下》篇的表述，可以歸結爲一個以天人整體之學爲對象的「道術」問題，也就是「內聖外王之道」的問題。正是由於儒、墨、道、法四家的思想上升到整體性的高度，圍繞著這個核心問題提出了不同的理解，形成了不同的宗旨，各執己見，爭論不休，所以派生出了一系列分支性的問題。……《莊子·天下》篇認爲，在古代的文化傳統中，原來就存在著一種『古之道術』。這種道術『以天爲宗，以德爲本』，實際上就是發展爲成熟形態的以德配天的宗教神學。古代的聖王對這種道術的理解和運用是很完備的，『配神明，醇天地，育萬物，和天下，澤及百姓，明於本數，繫於末度』，由內聖發而爲外王，把理想落實於現實，使得萬物生育，天下和睦，百姓受惠。就其『明於本數』而言，是說對根本原理的理解，就其『繫於末度』而言，是說聯繫實際的具體運用，前者可以稱之爲『明體』，後者可以稱之爲『達用』。因此，這種道術作爲古代宗教傳統的核心部分是一種明體達用之學，舉本統末之學，理論與實踐、內聖與外王有機統一的天人整體之學，並不是立足於認知的抽象的靜態的邏輯結構，也不是立足於解脫的關於彼岸極樂世界的美

〔註14〕 鄺士元：《中國學術思想史》，上海三聯書店，2014 年版，第 2～3 頁。

妙的遐想，而是『六通四辟，小大精粗，其運無乎不在』，立足於現實人生參與自然與社會的運化使之調適暢達的動態的過程。……戰國時期以儒、墨、道、法爲代表的諸子哲學從宗教的母體中孕育脫胎而出，形成哲學的突破，大體上是按照《莊子·天下》篇所描述的這種過程進行的。……雖然『諸子出於王官』的說法帶有某種猜想的成分，有待進一步具體研究，但是從總體上看，劉歆卻是斷然指出，『今異家者，各推所長，窮知究慮，以明其指，雖有蔽短，合其要歸，亦六經之支與流裔』。這就是認爲，九流十家發生學的共同的源頭就是以六經爲載體的文化傳統。這種說法與《莊子·天下》篇也是完全一致的。揆之於史實，關於諸子起源問題的這兩種說法，大體上是可信的。據史家研究，劉歆所提到的這些王官，由五帝三王逐漸設置，發展到周代，形成了一套完備的官制體系，是確有其事的。比如據《國語·楚語》記載，早在顓頊時代，就已經設置了『天、地、神、民、類物之官，謂之五官，各司其序』。《世本》宋衷注，『黃帝之世，始立史官』《尚書·堯典》記載，堯設立了羲和之官，歷象日月星辰，敬授民時。舜命令伯禹作司空之官，平定水土；命令棄作農稷之官，播時百穀；命令契作司徒之官，敬敷五教；命令皋陶作士官，掌管五刑；命令伯夷作禮官，主持三禮；命令夔作樂官，主持樂律。《尚書·洪範》對『八政』的安排就是設置了八種王官處理國家的事務。……古時學在官府，這些王官世代相襲，雖然通過長期連續性的知識積累，分別掌握了各個專門領域的帶有學科性質的王官之學，但卻共同服務於統一的王權，作爲『皇極』的有機組成部分而緊密聯繫爲一個整體。……這種政教合一的皇極大中之道實際上就是古代所奉行的國家宗教，《莊子·天下》篇把它表述爲『古之道術』，同時對它的結構與功能做了精闢的概括。就其內在的結構而言，包括『明於本數』和『繫於末度』兩個方面。如果說『明於本數』指的是以德配天的宗教神學的總的原則，那麼『繫於末度』就是指的各種設官分職的王官之學，此二者組成一個本末兼備的完整的結構，一個也不能缺少。就其外在的功能而言，主要在於規範指導王權的合理運作，使之在神聖天意的支配下得以保持政治和文化的統一。但是，春秋戰國時期，歷史條件發生了很大的變化，天子式微，諸侯爭霸，統一的王權不復存在，王官之學失去了制度上的支撐，散落於民間，形成了「天子失官，學在四夷」的局面，原本存在的古之道術的完整結構分裂成爲各自獨立的斷片，於是諸子百家依據這些思想資源，各引一端，繼承轉化，使之由附庸蔚爲大國，推

演成宗旨各異的一家之言。由此看來，《莊子·天下》篇和《漢書·藝文志》這兩種關於諸子起源的說法，有著大量的史實可證，符合歷史的眞相，也爲我們進一步的探索提供了堅實可靠的支點。……在世界文化史上，軸心期三個地區同時發生了哲學的突破，共同構成了人類精神現象學的一大奇異的景觀，至於這三個地區的哲學之所以表現出不同的特色，追本溯源，關鍵在於其所突破的原生態的宗教母體不同。當我們站在世界歷史的高度來重新審視古代中國關於諸子起源的說法，就可以看出其所說的『古之道術』和『王官之學』實際上就是中國原生態的宗教母體，其所說的『百家之學』和『九流十家』實際上就是從宗教母體中孕育脫胎而出的中國哲學，這與印度和希臘的哲學起源於宗教的情形是完全一致的。由於宗教和哲學的關係是一種『源』與『流』的關係，因而我們爲了揭示這三個地區哲學的特色所在，不能局限於在『流』上做文章，而應該追溯到其發生學的源頭，對這三個地區的宗教傳統進行跨文化的宏觀比較。」〔註15〕

孫開泰《先秦諸子的爭鳴與融合》曰：「首先是《莊子·天下》倡導諸子百家出於六經之說；其次是班固根據劉歆的《七略》，在《漢書·藝文志》中提出諸子出於王官之說；第三是《淮南子·要略》提出諸子出於『應世之急』說。從漢代以後到近代的胡適，基本上沒有突破以上三種學說。侯外廬認爲，這三種學說，『其正誤參半之處姑且不論，充其量只是對春秋戰國之際諸子學說的所以誕生有所探究』。（《中國思想通史》第一卷，第 27 頁，人民出版社，1957 年版）而其中第一種與第二種有相通之處。主張第二種即『王官』說的班固在《漢書·藝文志》裏指出，諸子百家雖各有短長，但『合其要歸，亦六經之支與流裔』。即是說，諸子百家的要旨都是由六經演變出來的。而王官又是掌管六經的。章學誠《校讎通義》認爲，《易》由太卜掌管，《書》藏於外史，《禮》保存在宗伯那裏，《樂》隸屬於司樂保管，《詩》收藏於太師之處，《春秋》儲存於國史手中。可見，王官說與六經說，就實質而論是一樣的，只不過表述的形式不同而已。《莊子·天下》指出，《詩》是用來講明事理的，《禮》是用來講明行爲規範的，《樂》是用來表達和氣舒適的，《易》是用來表達陰陽變化的，《春秋》是用來表達褒貶、定其名分的。『其數散於天下而設於中國者，百家之學時或而道之。』即六經的陳跡散入各國，流佈民間，

---

〔註15〕 余敦康：《中國哲學的起源與目標》，首都師範大學出版社，2016 年版，第 111 ～125 頁。

諸子百家往往引用稱道。這段話把諸子百家思想資料的來源說得很清楚。可見，王官說與六經說；就其思想資料來源而論，是相同的。而《漢書‧藝文志》認爲，儒家出於司徒之官，道家出於吏官，陰陽家出於羲和之官，法家出於理官，名家出於禮官，墨家出於清廟之守，縱橫家出於行人之官，雜家出於議官，農家出於農稷之官，小說家出於稗官。這裡僅就思想資料的繼承而言，與六經說是一致的。因爲春秋以前學在官府，沒有私人講學和著述之說。由此看來，六經說與王官說，『對春秋戰國之際諸子學說的所以誕生有所探究』，僅僅是從思想資料的來源方面來進行的。當然這遠遠沒有接觸到問題的本質。因此，這兩說僅從思想資料來源來對諸子百家進行分類，顯然是不夠的。以上兩說在歷史上頗有影響，不少名家都如此主張。如章太炎《諸子略說》主王官說，並詳爲之解。而胡適《中國哲學史大綱》有〈諸子不出王官論〉，讚同《淮南子‧要略》的諸子出於『應世之急』說，並駁斥章太炎之說。應該說『應世之急』說所論學術之發生、發展，緊扣時代的需要，在一定程度上比僅從思想資料的來源來分類要進步。當然它本身仍有不足之處。侯外廬《中國思想通史》第一卷，以馬克思主義觀點來研究諸子百家的形成，突破了上述諸說的舊框框。他認爲，任何新學說，其根源都深藏於經濟的事實之中，因此必須從土地制度和階級關係上來論述諸子百家的起源。在西周，因爲『土地既然被氏族貴族公有制支配著，國民階級既然沒有在歷史上登場，則思想意識的生產……只有在氏族貴族的範圍之內發展，不會走到民間。』而要打破這種格局，『唯一關鍵在生產方式的改變，而春秋發現了鐵，則顯然是此種改變的主要物質根據。同時，也因爲階級的分化，出現了私學思想家，開始了嚴密語義的中國古代思想史』。（《中國思想通史》第一卷，第 27～32 頁）這種觀點才開闢了春秋戰國諸子百家研究的新階段。司馬談把先秦諸子劃分爲六家，劉歆、班固又在此基礎上進一步劃分爲十家或九流。應該說這對於春秋戰國思想的研究是有貢獻的。但是也應指出，這些劃分並不全面。比如楊朱學派在當時思想界的影響頗大，孟子常把他們與墨家相提並論。而且楊朱與老子、莊子不同，其階級立場更不一樣，不宜列入道家，而應該是獨立的一家。若是按六家或十家的框框來套，勉強將其歸入道家，甚至說成是道家的始祖，顯然不符合歷史事實。而兵家在《呂氏春秋‧不二》中就提到『孫臏貴勢』，並與老子、孔子、墨子等並列。兵家的代表人物孫武、吳起、孫臏、尉繚等對後世軍事史和思想史都有相當大的影響。就是在當時，因爲

戰爭的頻繁，兵家也佔有相當重要的地位。而在六家或十家中卻沒有兵家。《漢書‧藝文志》把兵家的著作或者列入道家，或者列入雜家，這樣歸類當然是不科學的。不過，班固並未否認兵家的存在。《漢書‧藝文志》指出：『兵家者，蓋出古司馬之職，王官之武備也。』看來他認為諸子十家出於王官，而把兵家作為王官之武備。然而既列縱橫家而不列兵家，就有點說不過去。縱橫家朝秦暮楚，頗能興風作浪。但是就其學術而言，實在談不上，遠不如兵家。因此，我們應該把兵家單獨列為一家。還應指出，一家之中，隨著社會的發展變化，他們之中有代表性的思想家，相互之間也有很大的區別。根據韓非所說，孔子死後，儒家分裂為八派……在儒家八派中，子思之儒、孟氏之儒、樂正氏之儒應屬一派，即思孟學派；孫氏之儒，即荀子一派。在戰國時期的儒家，影響較大的就是這兩派。孟子和荀子都不是簡單地繼承孔子，而是各有發展。孟、荀之間在許多問題上的看法是完全相反的。可見，同為儒家，差異卻相當的大。道家也有類似的情況，稷下學宮的宋鈃、尹文的思想和老子、莊子的思想頗多不同。如果以哲學的基本問題，即思維對存在的關係問題的不同回答作標準來分析諸子百家，就會發現，兩者雖然同屬一家，但在哲學上卻往往分屬不同的哲學陣營；相反，分屬兩家的思想家，有的在哲學上卻屬於同一陣營。如孟子和荀子同是儒家，孟子哲學是主觀唯心主義的，而荀子哲學則是唯物主義的。又比如，老、莊與稷下學宮的宋鈃、尹文同屬道家，但老、莊哲學偏於唯心主義，而宋鈃、尹文的哲學則是唯物主義的。雖然如此，司馬談、劉歆與班固從每一家的主體思想的繼承和發展關係來分類，或六家或十家的做法，給先秦諸子的分類標準，還是提供了重要的依據，也為春秋戰國思想史的研究工作帶來了方便，所以它被後世一直沿用下來。」〔註16〕又曰：「春秋戰國諸子百家爭鳴，相互詰難，進行了激烈的論爭，但這只是百家爭鳴的一個方面，在爭鳴的過程中，各家還有相互影響的一方面。過去學術界對百家爭鳴互相詰難的一面比較重視，而爭鳴中的相互影響的一面則往往被忽略了。百家爭鳴過程中的相互影響，在稷下學宮表現得十分明顯。……各家主張雖然各不一致，相互如水火一樣不相容。但是並非毫無關係，往往是相滅又相生，相反又相成。在學術發展過程中往往互相補充，而使學術思想水平不斷提高。比如老子首先提出『道』這個抽象概念，認為『道』是萬物的本源。這種客觀唯心主義哲學，片面地強調了抽象思維

---

〔註16〕 孫開泰：《先秦諸子的爭鳴與融合》，鳳凰出版社，2010年版，第6～9頁。

的作用墨子在認識論上特別強調經驗，即重視感性認識在認識中的重要作用，這就克服了老子哲學強調抽象思維的片面性。荀子吸取了墨子重視感性認識的長處，建立了他的唯物主義的認識論，同時又吸取了宋鈃、尹文的唯物主義的認識論，給理性認識以一定的地位。因而荀子的認識論就在前人的基礎上大大提高了一步。老子強調天道無爲，忽視了人的主觀能動作用。儒家糾止了老子這一弱點，強調了人的主觀能動性。但是，孟子又過份強調人的主觀能動性，陷入了，主觀唯心主義。荀子批判了孟子的主觀唯心主義哲學，吸取了他重視人的主觀能動性的合理部分，繼承了歷史上的唯物主義思想傳統，形成了他自己的唯物主義思想體系。諸子百家的相互影響到戰國後期更爲明顯。那時，由於政治上統一已成爲大勢所趨，百家爭鳴漸漸轉人了總結階段。荀子不僅是儒、法合流的關鍵人物，也是總結諸子百家的第一人。他的〈非十二子〉、〈戒解蔽〉、〈天論〉等篇，正是他總結諸子百家的著作。他善於批判地吸收諸家的優秀成果，因此，他的天道觀、認識論、邏輯學等都達到了先秦思想的最高水平。戰國末年的《呂氏春秋》，『兼儒、墨，合名、法』，使諸子百家融合在一起。這是政治上由封建割據走上全國統一的趨勢在思想意識形態領域的一種反映。百家爭鳴局面隨著秦統一六國，中央集權的封建專制國家的建立，也就相應地基本結束了。」〔註17〕

王錦民《古學經子》第八章《諸子起源》之二「諸子之學出於王官」曰：「諸子之學出於王官說，本於《漢書‧藝文志》。值得注意的是，《漢志》在〈六藝略〉諸小序中，將六藝的起源均溯源至古之聖人，如《易》之製作歸之於伏羲、文王、孔子，所謂『人更三聖，世歷三古』。《書》之起源歸之於『河出圖，洛出書』，《詩》之起源上溯至商、周，《禮》、《樂》的起源亦上推至黃帝及三代。而《漢志》於〈諸子略〉各小序中，止將諸子十家分別溯源至官守之學，以儒家出於司徒之官，道家出於史官，陰陽家出於羲和之官，法家出於理官，名家出於禮官，墨家出於清廟之守，縱橫家出於行人之官，雜家出於議官，農家出於農稷之官，小說家出於稗官，等等。《漢志》將六藝溯源至聖人，將諸子之學追溯到王官，二者之間有著重要的差異。這意味著劉向、劉歆及班固都是將六藝與諸子看作分別有其源頭的。後世如章學誠認爲諸子皆源於六藝，將二者並爲一源。其說不確。《漢志》提出的諸子出於王官說，是將諸子某家與古代某一官相對應，這種做法要面對的困難是，在戰

〔註17〕孫開泰：《先秦諸子的爭鳴與融合》，鳳凰出版社，2010年版，第12～14頁。

國時代，除儒、墨顯學之外，其餘諸子只稱子，而非稱家。以家概稱諸子，始於漢儒，如司馬談《論六家要旨》列儒、墨、名、法、陰陽、道德六家，其所分諸子家數實爲《漢志》前驅。《四庫全書總目提要》云：『自六經以外立說者，皆子書也。其初亦相淆，自《七略》區而列之，名品乃定，其初亦相軋，自董仲舒別而白之，醇駁乃分。』也就是說，戰國諸子本來是很難劃分家數的，至漢代才清楚地確立其名品與醇駁。漢儒將諸子分家，不徒爲圖書之著錄，當自有其歷史根據，後世的學者也多依據這種家數來看待諸子異同。陳寅恪嘗說：『中國古代史之材料，如儒家及諸子等經典，皆非一時代一作者之產物。昔人籠統認爲一人一時之作，其誤固不俟論。今人能知其非一人一時之所作，而不知以縱貫之眼光，視爲一種學術之叢書，或以宗傳燈之語錄；而斷斷致辯於其橫切方面。此亦缺乏史學之通識所致。』由此來看，將諸子歸之於子，與歸於家，各有其長短，而漢儒之分別諸子家數，對於辨章學術，考鏡源流具有十分獨到的意義。章學誠《校讎通義》云：『古者政教不分，官師合一。有官斯有法，故法具於官；有官斯有書，故官守其書；有書斯有學，故師傳其學；有學斯有業，故弟子習其業。官守學業皆出於一，而天下以同文爲治，故私門無著述文字。』章氏說明了古代官守既是職能部門，又各自保有其學術，諸子出主營是完全有可能的。但是，章氏所說的尚缺少一個環節，在官守之學未就藝時，並沒有私學，但是在官守之學既散之後，當首先演變爲私學，然後由私學化生出諸子。諸子之學並不是原封本動的官守之學，從官守之學到諸子之學，中間應該有私學這個必要的過渡。在諸子百家蜂起的時，官守之學已經逐步散落於民間，變化出了各種各樣的私學。原來的王官到了民間之後，廣辦私學，形成了從春秋『士競於教』的局面。……諸子之著書立說當是比較晚期之學術形式。起初，諸子將其學術概括出扼要的宗旨，以此遊說諸侯，意在現實政治，而各家諸子不免有所競爭，就其不同宗旨相互爭鳴論辯，皆在所難免，在這種交流的過程中，諸子思想之間也有所區分與融合，逐漸形成了各家學說。這時的諸子學說往往不是針對現實需要而提出的，而是純粹在思想的論辯中確立的，或者說是爲了思想而思想的，這時的諸子學說在觀念上更有獨立性，理論上則更爲完善。諸子之著書立說，主要是這樣一種思想活動的成果。」〔註18〕

今按：胡適《諸子不出於王官論》認爲：「(《漢志》)所說諸家所自出，

---

〔註18〕 王錦民：《古學經子》，華夏出版社，2008 年版，第 245～248 頁。

皆屬漢儒附會揣測之辭，其言全無憑據，而後之學者乃奉爲師法，以爲九流果皆出於王官。甚矣，先人之言之足以蔽人聰明也。夫言諸家之學說，間有近於王官之所守，如陰陽家之近於占候之官，此猶可說也。即謂古者學在宮府，非吏無所得師，亦猶可說也。至謂王官爲諸子所自出，甚至以墨家爲出於清廟之守，以法家爲出於理官，則不獨言之無所依據，亦大悖於學術思想興衰之跡矣。」但細究其文，全篇強詞奪理，似是而非，揭櫫四端，言之不成理，加以治學態度惡劣，厚誣古人，蔑古立說，將現代諸子學研究引向一條邪路，異哉！誠如張京華教授在《讀子卮言・出版弁言》中所言：「胡文一方面從時序上將中國古史『砍掉一半』，一方面從性質上否定王官，飆揚平民，使得子學取代經學，變流爲源，『婢作夫人』。由此而提升諸子學的崇高地位，甚至成爲新興的『中國哲學史』學科的主體骨幹。（一九三一至一九三五年出版的馮友蘭《中國哲學史》兩卷本以『子學時代』、『經學時代』架構，時序與內容均受此影響。）知晚清民國間多數時代潮流並不遵循學理之是非，往往在學術的旗號之下，遵循的乃是民眾的或說是人類本能唾利欲，晚清民國間的諸子學，胡適《諸子不出於王官論》之說乃是一個分水嶺，支持甚至承接援引其說的著作往往爲之蒙冒，愈辨而愈失離中道，著述日出，其謬益遠。按晚周諸子學本以二代王官學爲源，既已否定王官，又遂打倒經學，諸子紛紛，恰如有群龍而無其首，學理上要眞正有所建樹其實已無可能性，遑論用世通變了。」爲究先秦諸子學術之眞相，今不辭繁瑣之譏，窮搜博考，發憤撰成《漢志諸子略通考》，又擬再接再厲，完成一部集古今研究之大成的《漢志通考》，繼而撰寫《漢志通詮》，試圖在繼承前人研究的基礎上，斷以管窺之見，走出迷途，開拓新局。

# 徵引文獻要目

1. 王應麟：《漢書藝文志考證》，北京：清華大學出版社，2011 年。

2. 沈欽韓：《漢書疏證》，光緒二十六年浙江書局本。

3. 姚振宗：《漢書藝文志條理》，北京：清華大學出版社，2011 年。

4. 王先謙：《漢書補注》，北京：書目文獻出版社，1995 年。

5. 梁啓超：《漢書藝文志諸子略考釋》，《梁啓超全集》第八冊，北京：北京出版社，1999 年。

6. 陳朝爵：《漢書藝文志約説》，北京：清華大學出版社，2011 年。

7. 顧實：《漢書藝文志講疏》，北京：清華大學出版社，2011 年。

8. 姚明煇：《漢書藝文志注解》，北京：清華大學出版社，2011 年。

9. 楊樹達：《漢書窺管》，上海：上海古籍出版社，2007 年。

10. 陳國慶：《漢書藝文志注釋彙編》，北京：中華書局，1983 年。

11. 張舜徽：《漢書藝文志通釋》，《張舜徽集》，武漢：華中師範大學出版社，2004 年。

12. 孫德謙：《諸子通考》，長沙：嶽麓書社，2013 年。

13. 羅焌：《諸子學述》，長沙：嶽麓書社，1995 年。

14. 蔣伯潛：《諸子通考》，上海：上海古籍出版社，2013 年。

15. 江瑔：《讀子卮言》，上海：華東師範大學出版社，2012 年。

16. 呂思勉：《先秦學術概論》，長沙：嶽麓書社，2010 年。

17. 呂思勉：《經子解題》，上海：華東師範大學出版社，1996 年。

18. 郭沫若：《十批判書》，北京：人民出版社，2012 年。

19. 錢穆：《先秦諸子繫年》，北京：商務印書館，2005 年。

20. 陳柱：《諸子概論》，南寧：廣西師範大學出版社，2010 年。

21. 陳柱：《陳柱講諸子》，北京：長征出版社，2008 年。

22. 傅斯年：《戰國子家敍論·史學方法導論·史記研究》，上海：上海古籍出版社，2012 年。

23. 蔣伯潛、蔣祖怡：《諸子與理學》，北京：九州出版社，2011 年。

24. 王叔岷：《先秦道法思想講稿》，北京：中華書局，2007 年。

25. 許抗生：《先秦名家研究》，長沙：湖南人民出版社，1986 年。

26. 孫開泰：《先秦諸子的爭鳴與融合》，鳳凰出版社，2010 年。

27. 董英哲：《先秦名家四子研究》，上海：上海古籍出版社，2014 年。

28. 郭齊勇、吳根友：《諸子學通論》，北京：商務印書館，2015 年。

29. 白奚：《稷下學研究》，北京：生活·讀書·新知三聯書店，1998 年。

30. 高正：《諸子百家研究》，北京：中國社會科學出版社，2011 年。

31. 高華平：《先秦諸子與楚國諸子學》，北京：北京師範大學出版社，2016 年。

32. 王錦民：《古學經子》，北京：華夏出版社，2008 年。

33. 馬慶洲：《淮南子考論》，北京：北京大學出版社，2009 年。

34. 林誌鵬：《戰國諸子評述輯證》，上海：復旦大學出版社，2014 年。

35. 章學誠著，葉瑛校注：《文史通義校注》，北京：中華書局，1985 年。

36. 蔡元培：《中國倫理學史》，北京：商務印書館，2010 年。

37. 章太炎著，傅傑編校：《章太炎學術史論集》，北京：中國社會科學出版社，1997 年。

38. 顧頡剛：《古史辨》（五），上海：上海古籍出版社，1982 年。

39. 蒙文通：《古學甄微》，成都：巴蜀書社，1987 年。

40. 許地山：《道教史》，上海：華東師範大學出版社，1996 年。

41. 錢穆：《中國思想史》，北京：九州出版社，2012 年。

42. 馮友蘭：《中國哲學簡史》，天津：天津社會科學院出版社，2007 年。

43. 馮友蘭：《中國哲學史新編》，北京：人民出版社，1998 年。

44. 宗白華：《中國哲學史提綱》，重慶出版社，2014 年。

45. 侯外廬等：《中國思想通史》，北京：人民出版社，2011 年。

46. 蔡尚思：《中國學術大綱》，北京：知識產權出版社，2013 年。

47. 李源澄：《西漢思想之發展》，《李源澄學術論著初編》，重慶：路明書店，1944 年。

48. 勞思光：《新編中國哲學史》，桂林：廣西師範大學出版社，2005 年。

49. 祝瑞開：《兩漢思想史》，上海：上海古籍出版社，1989 年。

50. 韋政通：《中國思想史》，上海：上海書店出版社，2003 年。

51. 韋政通：《先秦七大哲學家》，南京：江蘇教育出版社，2006 年。

52. 余敦康：《中國哲學的起源與目標》，北京：首都師範大學出版社，2016 年。

53. 李澤厚：《中國古代思想史論》，北京：人民出版社，1986 年。

54. 鄺士元：《中國學術思想史》，上海：三聯書店，2014 年。

55. 金春峰：《漢代思想史》，北京：中國社會科學出版社，1997 年。

56. 馮達文、郭齊勇主編：《新編中國哲學史》，北京：人民出版社，2004 年。

57. 金觀濤、劉青峰：《中國思想史十講》，北京：法律出版社，2015 年。

58. 楊國榮主編：《中國哲學史》，北京：中國人民大學出版社，2012 年。

59. 清高宗欽定：《四庫全書總目》，北京：中華書局，1997 年。

60. 孫啟治、陳建華：《中國古佚書輯本目錄解題》，上海：上海古籍出版社，2009 年。

61. 黃盛璋：《雲夢秦簡辨正》，《歷史地理與考古論叢》，濟南：齊魯書社，1982 年。

62. 沈建華：《饒宗頤新出土文獻論證》，上海：上海古籍出版社，2005 年。

63. 李學勤：《簡帛佚籍與學術史》，南昌：江西教育出版社，2001 年。